2024 제27회 시험대비 전면개정판

박문각 주택관리사

핵심요약집 2차
주택관리관계법규

강경구 외 박문각 주택관리연구소 편

50년 시간이 만든 합격비결
합격 노하우가 다르다!

박문각
주택관리사
핵심요약집

이 책의 머리말

시험이 끝난 후, 수험생들이 한결같이 하는 말이 있습니다. "꾸준히 공부해서 준비하지 않으면 단기간에 이 시험에 합격은 어렵다.", "옳은 것을 묻는 항목이 너무 많아서 시간이 모자란다."라는 것이었습니다.

이와 같이 매년 시험은 합격자 인원수를 조절하기 위한 난이도가 겹쳐 과거보다 어렵게 출제되고 있는 추세입니다. 특히 2023년 주택관리사보 시험은 상대평가로서 합격예정자 수에서 성적순으로 합격인원을 정하게 되다 보니 단편적인 지식만으로는 힘든 시험이 되었습니다.

다가오는 제27회 주택관리사보 시험은 시험시행일 기준으로 법령이 개정된 부분까지 시험출제에 반영되므로 시험시행일까지는 늘 개정법령에 신경이 많이 써야 하는 것이 사실입니다.

관계법규는 먼저 기본적인 용어를 정확하게 파악하고 출제빈도가 높은 「주택법」, 「공동주택관리법」, 「건축법」 위주로 법체계의 흐름을 이해하고 나머지 법률들은 핵심적인 내용을 중심으로 요약하여 전체를 꾸준히 반복하는 학습만이 수험기간을 단축할 수 있다고 하겠습니다.

본서는 수험생 여러분의 수험기간을 줄이기 위해 창출된 저서로서 합격을 위한 도우미 역할을 충실히 하리라고 확신하며, 수험생 여러분의 합격을 진심으로 기원합니다.

끝으로 본서가 출간되기까지 많은 도움을 주신 박문각 종로학원 그리고 출판 관련 임직원님과 편집부 팀장님 그리고 편집부 직원 모든 분들의 도움에 감사드립니다.

2024년 4월

편저자 강경구

자격안내

자격개요

주택관리사보는 공동주택의 운영·관리·유지·보수 등을 실시하고 이에 필요한 경비를 관리하며, 공동주택의 공용부분과 공동소유인 부대시설 및 복리시설의 유지·관리 및 안전관리 업무를 수행하기 위해 주택관리사보 자격시험에 합격한 자를 말한다.

변천과정

1990년	주택관리사보 제1회 자격시험 실시
1997년	자격증 소지자의 채용을 의무화(시행일 1997. 1. 1.)
2006년	2005년까지 격년제로 시행되던 자격시험을 매년 1회 시행으로 변경
2008년	주택관리사보 자격시험의 시행에 관한 업무를 한국산업인력공단에 위탁(시행일 2008. 1. 1.)

주택관리사제도

❶ 주택관리사 등의 자격

주택관리사보 주택관리사보가 되려는 자는 국토교통부장관이 시행하는 자격시험에 합격한 후 시·도지사로부터 합격증서를 발급받아야 한다.

주택관리사 주택관리사는 주택관리사보 합격증서를 발급받고 대통령령으로 정하는 주택관련 실무경력이 있는 자로서 시·도지사로부터 주택관리사 자격증을 발급받은 자로 한다.

❷ 주택관리사 인정경력

시·도지사는 주택관리사보 자격시험에 합격하기 전이나 합격한 후 다음의 어느 하나에 해당하는 경력을 갖춘 자에 대하여 주택관리사 자격증을 발급한다.

- 사업계획승인을 받아 건설한 50세대 이상 500세대 미만의 공동주택의 관리사무소장으로 근무한 경력 3년 이상
- 사업계획승인을 받아 건설한 50세대 이상의 공동주택의 관리사무소의 직원(경비원, 청소원, 소독원 제외) 또는 주택관리업자의 직원으로 주택관리업무에 종사한 경력 5년 이상
- 한국토지주택공사 또는 지방공사의 직원으로 주택관리업무에 종사한 경력 5년 이상
- 공무원으로 주택관련 지도·감독 및 인·허가 업무 등에 종사한 경력 5년 이상
- 주택관리사단체와 국토교통부장관이 정하여 고시하는 공동주택관리와 관련된 단체의 임직원으로 주택관련 업무에 종사한 경력 5년 이상
- 위의 경력들을 합산한 기간 5년 이상

법적 배치근거

공동주택을 관리하는 주택관리업자·입주자대표회의(자치관리의 경우에 한함) 또는 임대사업자(「민간임대주택에 관한 특별법」에 의한 임대사업자를 말함) 등은 공동주택의 관리사무소장으로 주택관리사 또는 주택관리사보를 다음의 기준에 따라 배치하여야 한다.

- **500세대 미만의 공동주택:** 주택관리사 또는 주택관리사보
- **500세대 이상의 공동주택:** 주택관리사

주요업무

공동주택을 안전하고 효율적으로 관리하여 공동주택의 입주자 및 사용자의 권익을 보호하기 위하여 입주자대표회의에서 의결하는 공동주택의 운영·관리·유지·보수·교체·개량과 리모델링에 관한 업무 및 이와 같은 업무를 집행하기 위한 관리비·장기수선충당금이나 그 밖의 경비의 청구·수령·지출 업무, 장기수선계획의 조정, 시설물 안전관리계획의 수립 및 건축물의 안전점검에 관한 업무(단, 비용지출을 수반하는 사항에 대하여는 입주자대표회의의 의결을 거쳐야 함) 등 주택관리서비스를 수행한다.

진로 및 전망

주택관리사는 주택관리의 시장이 계속 확대되고 주택관리사의 지위가 제도적으로 발전하면서 공동주택의 효율적인 관리와 입주자의 편안한 주거생활을 위한 전문지식과 기술을 겸비한 전문가집단으로 자리매김하고 있다.

주택관리사의 업무는 주택관리서비스업으로서, 자격증 취득 후 아파트 단지나 빌딩의 관리소장, 공사 및 건설업체·전문용역업체, 공동주택의 운영·관리·유지·보수 책임자 등으로 취업이 가능하다.
과거 주택건설 및 공급 위주의 주택정책이 국가경제적인 측면에서 문제가 되었다는 점에서 지금은 공동주택의 수명연장 및 쾌적한 주거환경 조성을 우선으로 하는 주택관리의 시대가 되었다. 이러한 시대적 변화에 맞추어 전문자격자로서 주택관리사의 역할이 어느 때보다 중요해지고 있으며, 공동주택의 리모델링의 활성화로 주택관리사들이 전문기법을 연구·발전시켜 국가경제발전에도 크게 기여하게 될 것이다.

자격시험안내

소관부처 　국토교통부 주택건설공급과　　　　**실시기관**　한국산업인력공단(http://www.Q-net.or.kr)

응시자격

❶ **개관:** 응시자격에는 제한이 없으며 연령, 학력, 경력, 성별, 지역 등에 제한을 두지 않는다. 다만, 시험시행일 현재 주택관리사 등의 결격사유에 해당하는 자와 부정행위를 한 자로서 당해 시험시행일로부터 5년이 경과되지 아니한 자는 응시가 불가능하다.

❷ **주택관리사보 결격사유자**(공동주택관리법 제67조 제4항)

1. 피성년후견인 또는 피한정후견인
2. 파산선고를 받은 사람으로서 복권되지 아니한 사람
3. 금고 이상의 실형의 선고를 받고 그 집행이 끝나거나(집행이 끝난 것으로 보는 경우를 포함한다) 집행이 면제된 날부터 2년이 지나지 아니한 사람
4. 금고 이상의 형의 집행유예를 선고받고 그 집행유예기간 중에 있는 사람
5. 주택관리사 등의 자격이 취소된 후 3년이 지나지 아니한 사람(제1호 및 제2호에 해당하여 주택관리사 등의 자격이 취소된 경우는 제외한다)

❸ **시험 부정행위자에 대한 제재:** 주택관리사보 자격시험에 있어서 부정한 행위를 한 응시자에 대하여는 그 시험을 무효로 하고, 당해 시험시행일부터 5년간 시험응시자격을 정지한다.

시험방법

❶ 주택관리사보 자격시험은 제1차 시험 및 제2차 시험으로 구분하여 시행한다.

❷ 제1차 시험문제는 객관식 5지 선택형으로 하고 과목당 40문항을 출제한다.

❸ 제2차 시험문제는 객관식 5지 선택형을 원칙으로 하되, 과목별 16문항은 주관식(단답형 또는 기입형)을 가미하여 과목당 40문항을 출제한다.

❹ 객관식 및 주관식 문항의 배점은 동일하며, 주관식 문항은 부분점수가 있다.

문항수		주관식 16문항
배 점		각 2.5점(기존과 동일)
단답형 부분점수	3괄호	3개 정답(2.5점), 2개 정답(1.5점), 1개 정답(0.5점)
	2괄호	2개 정답(2.5점), 1개 정답(1점)
	1괄호	1개 정답(2.5점)

※ 법률 등을 적용하여 정답을 구하여야 하는 문제는 법에 명시된 정확한 용어를 사용하는 경우에만 정답으로 인정

❺ 제2차 시험은 제1차 시험에 합격한 자에 대하여 실시한다.

❻ 제1차 시험에 합격한 자에 대하여는 다음 회의 시험에 한하여 제1차 시험을 면제한다.

합격기준

❶ 1차시험 절대평가, 2차시험 상대평가

국토교통부장관은 직전 3년간 사업계획승인을 받은 공동주택 단지 수, 직전 3년간 주택관리사보 자격시험 응시인원, 주택관리사 등의 취업현황과 주택관리사보 시험위원회의 심의의견 등을 고려하여 해당 연도 주택관리사보 자격시험의 선발예정인원을 정한다. 이 경우 국토교통부장관은 선발예정인원의 범위에서 대통령령으로 정하는 합격자 결정 점수 이상을 얻은 사람으로서 전과목 총득점의 고득점자 순으로 주택관리사보 자격시험 합격자를 결정한다(공동주택관리법 제67조 제5항).

❷ 시험합격자의 결정(공동주택관리법 시행령 제75조)

> 1. **제1차시험** : 과목당 100점을 만점으로 하여 모든 과목 40점 이상이고 전 과목 평균 60점 이상의 득점을 한 사람
> 2. **제2차시험**
>   ① 과목당 100점을 만점으로 하여 모든 과목 40점 이상이고 전 과목 평균 60점 이상의 득점을 한 사람. 다만, 모든 과목 40점 이상이고 전 과목 평균 60점 이상의 득점을 한 사람의 수가 법 제67조 제5항 전단에 따른 선발예정인원(이하 "선발예정인원"이라 한다)에 미달하는 경우에는 모든 과목 40점 이상을 득점한 사람을 말한다.
>   ② 법 제67조 제5항 후단에 따라 제2차시험 합격자를 결정하는 경우 동점자로 인하여 선발예정인원을 초과하는 경우에는 그 동점자 모두를 합격자로 결정한다. 이 경우 동점자의 점수는 소수점 이하 둘째자리까지만 계산하며, 반올림은 하지 아니한다.

시험과목

(2024. 03. 29. 제27회 시험 시행계획 공고 기준)

시험구분		시험과목	시험범위	시험시간
제1차 (3과목)	1교시	회계원리	세부 과목 구분 없이 출제	100분
		공동주택 시설개론	• 목구조·특수구조를 제외한 일반건축구조와 철골구조 • 장기수선계획 수립 등을 위한 건축적산 • 홈네트워크를 포함한 건축설비개론	
	2교시	민 법	• 총칙 • 물권 • 채권 중 총칙·계약총칙·매매·임대차·도급·위임·부당이득·불법행위	50분
제2차 (2과목)		주택관리 관계법규	「주택법」·「공동주택관리법」·「민간임대주택에 관한 특별법」·「공공주택 특별법」·「건축법」·「소방기본법」·「화재의 예방 및 안전관리에 관한 법률」·「소방시설 설치 및 관리에 관한 법률」·「승강기 안전관리법」·「전기사업법」·「시설물의 안전 및 유지관리에 관한 특별법」·「도시 및 주거환경정비법」·「도시재정비 촉진을 위한 특별법」·「집합건물의 소유 및 관리에 관한 법률」 중 주택관리에 관련되는 규정	100분
		공동주택 관리실무	• 공동주거관리이론 • 공동주택회계관리·입주자관리, 대외업무, 사무·인사관리 • 시설관리, 환경관리, 안전·방재관리 및 리모델링, 공동주택 하자관리(보수공사 포함) 등	

※ 1. 시험과 관련하여 법률·회계처리기준 등을 적용하여 답을 구하여야 하는 문제는 시험시행일 현재 시행 중인 법령 등을 적용하여 정답을 구하여야 한다.
  2. 회계처리 등과 관련된 시험문제는 「한국채택국제회계기준(K-IFRS)」을 적용하여 출제된다.
  3. 기활용된 문제, 기출문제 등도 변형·활용되어 출제될 수 있다.

Contents

이 책의 차례

주택관리
관계법규

Contents

이 책의 차례

주택법

총 설

1 주 택

주택이란 세대의 세대원이 장기간 독립된 주거생활을 영위할 수 있는 구조로 된 건축물의 전부 또는 일부 및 그 부속토지를 말한다.

주 택		내 용
단독 주택	단독주택	—
	다중주택	다음의 요건을 모두 갖춘 주택을 말한다. ① 학생 또는 직장인 등 여러 사람이 장기간 거주할 수 있는 구조로 되어 있는 것 ② 독립된 주거의 형태를 갖추지 아니한 것(각 실별로 욕실은 설치할 수 있으나, 취사시설은 설치하지 아니한 것을 말한다) ③ 1개 동의 주택으로 쓰이는 바닥면적(부설 주차장 면적은 제외한다)의 합계가 660m² 이하이고 주택으로 쓰는 층수(지하층은 제외한다)가 3개 층 이하일 것. 다만, 1층의 전부 또는 일부를 필로티 구조로 하여 주차장으로 사용하고 나머지 부분을 주택 외의 용도로 쓰는 경우에는 해당 층을 주택의 층수에서 제외한다. ④ 적정한 주거환경을 조성하기 위하여 건축조례로 정하는 실별 최소면적, 창문의 설치 및 크기 등의 기준에 적합할 것
	다가구 주택	다음의 요건을 모두 갖춘 주택으로서 공동주택에 해당하지 아니하는 것을 말한다. ① 주택으로 쓰는 층수(지하층은 제외)가 3개 층 이하일 것. 다만, 1층의 전부 또는 일부를 필로티 구조로 하여 주차장으로 사용하고 나머지 부분을 주택 외의 용도로 쓰는 경우에는 해당 층을 주택의 층수에서 제외한다. ② 1개 동의 주택으로 쓰이는 바닥면적(부설 주차장 면적은 제외한다)의 합계가 660m² 이하일 것 ③ 19세대(대지 내 동별 세대수를 합한 세대를 말한다) 이하가 거주할 수 있을 것

도시형 생활 주택	도시지역에 건설하는 300세대 미만의 국민주택규모의 공동주택	
	단지형 연립주택	연립주택 중 소형 주택을 제외한 주택. 건축위원회의 심의를 받은 경우에는 주택으로 쓰는 층수를 5층까지 건축할 수 있다.
	단지형 다세대 주택	다세대주택 중 소형 주택을 제외한 주택. 건축위원회의 심의를 받은 경우에는 주택으로 쓰는 층수를 5층까지 건축할 수 있다.
	소형 주택	다음 요건을 모두 갖춘 공동주택 ① 세대별 주거전용면적은 60m² 이하일 것 ② 세대별로 독립된 주거가 가능하도록 욕실 및 부엌을 설치할 것 ③ 지하층에는 세대를 설치하지 아니할 것
	① 하나의 건축물에는 도시형 생활주택과 그 밖의 주택을 함께 건축할 수 없다. 다만, 다음의 경우는 예외로 한다. 　㉠ 소형 주택과 주거전용면적이 85m²를 초과하는 주택 1세대를 함께 건축하는 경우 　㉡ 준주거지역 또는 상업지역에서 소형 주택과 도시형 생활주택 외의 주택을 함께 건축하는 경우 ② 단지형 다세대주택 또는 단지형 연립주택과 소형 주택을 함께 건축할 수 없다.	
공동 주택	**아파트**	주택으로 쓰는 층수가 5개 층 이상인 주택
	연립주택	주택으로 쓰는 1개 동의 바닥면적 합계가 660m²를 초과하고, 층수가 4개 층 이하인 주택
	다세대 주택	주택으로 쓰는 1개 동의 바닥면적 합계가 660m² 이하이고, 층수가 4개 층 이하인 주택
준주택	주택 외의 건축물과 그 부속토지로서 주거시설로 이용가능한 시설로서 오피스텔, 다중생활시설, 노인복지주택, 기숙사가 이에 해당한다.	
국민 주택	국민주택이란 다음의 어느 하나에 해당하는 주택으로서 국민주택규모 이하인 주택을 말한다. ① 국가·지방자치단체, 한국토지주택공사 또는 지방공사가 건설하는 주택 ② 국가·지방자치단체의 재정 또는 주택도시기금으로부터 자금을 지원받아 건설되거나 개량되는 주택으로서 주거전용면적이 1호 또는 1세대당 85m² 이하(「수도권정비계획법」에 따른 수도권을 제외한 도시지역이 아닌 읍 또는 면지역은 1호 또는 1세대당 주거전용면적이 100m² 이하)인 주택을 말한다.	
민영 주택	국민주택을 제외한 주택을 말한다.	

임대주택	임대주택이란 임대를 목적으로 하는 주택으로서, 「공공주택 특별법」에 따른 공공임대주택과 「민간임대주택에 관한 특별법」에 따른 민간임대주택으로 구분	
토지임대부 분양주택	토지임대부 분양주택이란 토지의 소유권은 사업계획의 승인을 받아 토지임대부 분양주택 건설사업을 시행하는 자가 가지고, 건축물 및 복리시설 등에 대한 소유권(건축물의 전유부분에 대한 구분소유권은 이를 분양받은 자가 가지고, 건축물의 공용부분·부속건물 및 복리시설은 분양받은 자들이 공유한다)은 주택을 분양받은 자가 가지는 주택을 말한다.	
세대구분형 공동주택	세대구분형 공동주택이란 공동주택의 주택 내부 공간의 일부를 세대별로 구분하여 생활이 가능한 구조로 하되, 그 구분된 공간의 일부를 구분소유할 수 없는 주택으로서 대통령령으로 정하는 건설기준, 면적기준 등에 적합하게 건설된 주택이란 다음의 요건을 모두 갖추어 건설된 공동주택을 말한다.	
	① 법 제15조에 따른 사업계획의 승인을 받아 건설하는 공동주택의 경우: 다음 각 목의 요건을 모두 충족할 것 ㉠ 세대별로 구분된 각각의 공간마다 별도의 욕실, 부엌과 현관을 설치할 것 ㉡ 하나의 세대가 통합하여 사용할 수 있도록 세대 간에 연결문 또는 경량구조의 경계벽 등을 설치할 것 ㉢ 세대구분형 공동주택의 세대수가 해당 주택단지 안의 공동주택 전체 세대수의 3분의 1을 넘지 않을 것 ㉣ 세대별로 구분된 각각의 공간의 주거전용면적합계가 해당 주택단지 전체 주거전용면적 합계의 3분의 1을 넘지 않는 등 국토교통부장관이 정하여 고시하는 주거전용면적의 비율에 관한 기준을 충족할 것	② 「공동주택관리법」 제35조에 따른 행위의 허가를 받거나 신고를 하고 설치하는 공동주택의 경우: 다음 각 목의 요건을 모두 충족할 것 ㉠ 구분된 공간의 세대수는 기존 세대를 포함하여 2세대 이하일 것 ㉡ 세대별로 구분된 각각의 공간마다 별도의 욕실, 부엌과 구분 출입문을 설치할 것 ㉢ 세대구분형 공동주택의 세대수가 해당 주택단지 안의 공동주택 전체 세대수의 10분의 1과 해당 동의 전체 세대수의 3분의 1을 각각 넘지 않을 것 ㉣ 구조, 화재, 소방 및 피난 안전 등 관계 법령에서 정하는 안전 기준을 충족할 것

에너지 절약형 친환경 주택	저에너지 건물 조성기술 등 대통령령으로 정하는 기술을 이용하여 에너지 사용량을 절감하거나 이산화탄소 배출량을 저감할 수 있도록 건설된 주택으로 사업계획의 승인을 받아 건설하는 공동주택으로 아파트, 연립주택, 다세대주택을 말한다.
건강 친화형 주택	건강하고 쾌적한 실내환경의 조성을 위하여 실내공기의 오염물질 등을 최소화할 수 있도록 건설된 주택을 말한다. 사업주체가 500세대 이상의 공동주택을 건설하려는 경우에는 친환경 건축자재사용 등 대통령령으로 정하는 바에 따라 건강친화형 주택으로 건설하여야 한다.
장수명 주택	장수명주택이란 구조적으로 오랫동안 유지·관리될 수 있는 내구성을 갖추고, 입주자의 필요에 따라 내부 구조를 쉽게 변경할 수 있는 가변성과 수리 용이성 등이 우수한 주택을 말한다.

[주택법령] 세대수 정리
1. 사업계획승인대상 : 에너지절약형친환경주택
2. 50세대 이상 : 관리사무소
3. 100호(세대) 이상 주택건설 : 간선시설 설치의 무자
4. 100세대 이상 : 주민공동시설
5. 300세대 미만 : 도시형생활주택, 건축사사무소 개설신고한 자 또는 건설엔지니어링사업자 감리
6. 300세대 이상 : 시공품질점검, 공구별 세대수, 건설엔지니어링사업자 감리
7. 500세대 이상 : 결로방지, 건강친화형주택, 공동주택성능등급표시, 어린이안전보호구역
8. 600세대 이상 : 분할사업시행
9. 1,000세대 이상 : 장수명주택
10. 2,000세대 이상 : 유치원

2 주택단지 등

1. 주택단지

다음의 시설로 분리된 토지는 이를 각각 <u>별개의 주택단지</u>로 본다.

1. 철도·고속도로·자동차전용도로
2. 폭 20m 이상인 일반도로
3. 폭 8m 이상인 도시계획예정도로
4. 도시·군계획시설인 도로
5. 일반국도·특별시도·광역시도 또는 지방도

2. 부대시설

1. 주차장·관리사무소·담장 및 주택단지 안의 도로
2. 「건축법」에 따른 건축설비
3. 보안등·대문·경비실·자전거보관소
4. 조경시설·옹벽·축대
5. 안내표지판·공중화장실
6. 저수시설·지하양수시설·대피시설
7. 쓰레기수거 및 처리시설·오수처리시설·정화조
8. 소방시설·냉난방공급시설(지역난방공급시설은 제외) 및 방범설비
9. 전기자동차에 전기를 충전하여 공급하는 시설
10. 「전기통신사업법」 등 다른 법령에 따라 거주자의 편익을 위해 주택단지에 의무적으로 설치해야 하는 시설로서 사업주체 또는 입주자의 설치 및 관리 의무가 없는 시설

3. 복리시설

> 1. 어린이놀이터 · 유치원 · 주민운동시설 및 경로당
> 2. 제1종 근린생활시설 및 제2종 근린생활시설(장의사 · 총포판매소 · 단란주점 및 안마시술소 · 다중생활시설은 제외)
> 3. 종교시설
> 4. 판매시설 중 소매시장 · 상점
> 5. 교육연구시설, 노유자시설 및 수련시설
> 6. 업무시설 중 금융업소
> 7. 공동작업장 · 지식산업센터 · 사회복지관(종합사회복지관을 포함한다)
> 8. 주민공동시설
> 9. 도시 · 군계획시설인 시장

4. 기반시설

기반시설이란 「국토의 계획 및 이용에 관한 법률」 제2조 제6호에 따른 기반시설을 말한다.

5. 기간시설

기간시설이란 도로 · 상하수도 · 전기시설 · 가스시설 · 통신시설 · 지역난방시설 등을 말한다.

6. 간선시설

간선시설이란 도로 · 상하수도 · 전기시설 · 가스시설 · 통신시설 및 지역난방시설 등 주택단지(둘 이상의 주택단지를 동시에 개발하는 경우에는 각각의 주택단지를 말한다) 안의 기간시설을 그 주택단지 밖에 있는 같은 종류의 기간시설에 연결시키는 시설을 말한다. 다만, 가스시설 · 통신시설 및 지역난방시설의 경우에는 주택단지 안의 기간시설을 포함한다.

7. 공 구

구 분	내 용
공구의 의의	하나의 주택단지에서 대통령령으로 정하는 기준에 따라 둘 이상으로 구분되는 일단의 구역으로, 착공신고 및 사용검사를 별도로 수행할 수 있는 구역
공구의 기준	① 공구 간 경계: 6m 이상의 너비로 설정할 것 　　㉠ 도로 　　㉡ 부설주차장 　　㉢ 옹벽 또는 축대 　　㉣ 식재, 조경이 된 녹지 　　㉤ 어린이놀이터 등 부대시설이나 복리시설 ② 공구별 세대수: 300세대 이상으로 할 것
주택단지 공구별 분할기준	전체 세대수가 600세대 이상인 주택단지

3 공공택지

공공택지란 다음의 하나에 해당하는 공공사업에 의하여 개발·조성되는 공동주택이 건설되는 용지를 말한다.

1. 국민주택건설사업 또는 대지조성사업
2. 산업단지개발사업
3. 공공주택지구조성사업
4. 택지개발사업
5. 공공지원민간임대주택 공급촉진지구 조성사업(시행자가 수용 또는 사용의 방식으로 시행하는 사업만 해당)
6. 도시개발사업(시행자가 수용 또는 사용의 방식으로 시행하는 사업과 혼용방식 중 수용 또는 사용방식이 적용되는 구역에서 시행하는 사업만 해당)
7. 경제자유구역개발사업(수용 또는 사용의 방식으로 시행하는 사업과 혼용방식 중 수용 또는 사용방식이 적용되는 구역에서 시행하는 사업만 해당한다)
8. 혁신도시개발사업
9. 행정중심복합도시건설사업
10. 공익사업

리모델링 비교

구 분	주택법	건축법
리모델링 범위	대수선 증축	대수선 증축 개축
리모델링 대상	공동 주택	건축물

4 리모델링

구 분	내 용
리모델링 기본계획	세대수 증가형 리모델링으로 인한 도시과밀, 이주수요 집중 등을 체계적으로 관리하기 위하여 수립하는 계획을 말한다. ① 리모델링기본계획의 수립권자: 특별시장·광역시장 및 대도시의 시장 ② 수립단위: 10년 단위로 수립, 5년마다 타당성 검토
의 의	건축물의 노후화억제 또는 기능향상 등을 위한 대수선 또는 증축행위
리모델링 기간	1. 대수선인 리모델링 : 사용검사일 또는 사용승인일부터 10년 경과 2. 증축인 리모델링 : 사용검사일 또는 사용승인일부터 15년 (15년 이상 20년 미만의 연수 시·도조례가 정하는 경우 그 연수)이 경과
증축범위	공동주택 각 세대의 주거전용면적의 30% 이내(세대의 주거전용면적이 85m² 미만인 경우에는 40% 이내)에서 전유부분을 증축. 단, 공동주택의 기능향상 등을 위하여 공용부분에 대해서도 별도로 증축할 수 있다.
세대수 증가형 리모델링	증축 가능 면적을 합산한 면적의 범위에서 기존 세대수의 15% 이내로 세대수를 증가하는 증축행위
수직증축형 리모델링	수직증축형 리모델링은 다음 요건을 모두 충족하는 경우로 한정한다. ① 수직증축형 리모델링의 대상이 되는 기존건축물의 층수가 15층 이상인 경우에는 3개 층, 기존건축물의 층수가 14층 이하인 경우에는 2개 층 ② 수직증축형 리모델링 대상 기존건축물의 신축 당시의 구조도를 보유하고 있는 것

5 사업주체

사업주체란 주택건설사업계획 또는 대지조성사업계획의 승인을 받아 그 사업을 시행하는 다음의 자를 말한다.

> 1. 국가 · 지방자치단체
> 2. 한국토지주택공사 또는 지방공사
> 3. 「주택법」에 따라 등록한 주택건설사업자 또는 대지조성사업자
> 4. 그 밖에 「주택법」에 따라 주택건설사업 또는 대지조성사업을 시행하는 자

6 입주자등

입주자등이란 입주자 및 사용자를 포함한 개념이다.

7 관리주체

> 1. 자치관리기구의 대표자인 공동주택의 관리사무소장
> 2. 관리업무를 인계하기 전의 사업주체
> 3. 주택관리업자
> 4. 임대사업자
> 5. 「민간임대주택에 관한 특별법」 제2조 제11호에 따른 주택임대관리업자 (시설물 유지 · 보수 · 개량 및 그 밖의 주택관리 업무를 수행하는 경우에 한정한다)

주택의 건설

1 사업주체

1. 사업주체의 의의

(1) 사업주체의 구분

등록 사업자	**대지조성 사업**	연간 1만m² 이상		
	주택건설 사업	**단독 주택**	연간 20호 이상	
		공동 주택	원 칙	연간 20세대 이상
			도시형 생활주택	연간 30세대 이상
			소형 주택과 도시형 생활주택 외의 주택 1세대를 함께 건축하는 경우	
비등록 사업자	**공공사업 주체**	국가·지방자치단체·한국토지주택공사·지방공사· 공익법인		
	공동사업 주체	토지소유자 + 등록사업자 ⇨ 공동시행할 수 있다.		
		주택조합(세대수를 증가하지 않는 리모델링주택조합 제외) + 등록사업자·지방자치단체·한국토지주택 공사·지방공사 ⇨ 공동시행할 수 있다.		
		고용자 + 등록사업자 ⇨ 공동시행하여야 한다.		

(2) 등록사업자의 등록

등록기관	국토교통부장관에게 등록
등록사항 변경신고	변경사유가 발생한 날로부터 30일 이내에 국토교통부장관에게 신고(단, 경미한 사항은 제외)
필연적 등록말소	① 거짓 그 밖의 부정한 방법으로 등록 ② 등록증의 대여 등을 한 경우
재등록제한	등록이 말소된 후 2년이 지나지 아니한 자는 주택건설사업 등의 등록을 할 수 없다.

(3) 등록사업자의 각 요건

구 분	등록요건	시공요건	주택상환사채발행요건
자본금	3억원(개인인 경우에는 자산평가액 6억원) 이상	5억원(개인인 경우에는 자산평가액 10억원) 이상	5억원 이상 법인
기술 능력	• 주택건설사업 : 건축분야 기술인 1명 이상 • 대지조성사업 : 토목분야 기술인 1명 이상	건축분야 및 토목분야 기술인 3명 이상 (건축시공기술사 또는 건축기사 및 토목분야 기술인 각 1명이 포함)	「건설산업기본법」에 따른 건설업 등록을 한 자일 것
사무실	사업의 수행에 필요한 사무장비를 갖출 수 있는 면적	—	—
실 적	—	최근 5년간의 주택건설실적 100호 또는 100세대 이상	최근 3년간 연평균 주택건설실적이 300세대 이상일 것

보충학습

➤ **건설사업자로 간주되는 등록사업자가 건설할 수 있는 주택**

1. 원칙 : 주택으로 쓰는 층수 5개 층 이하 건설
   건설사업자로 간주되는 등록사업자가 건설할 수 있는 주택은 주택으로 쓰는 층수가 5개 층 이하의 주택으로 한다. 다만, 각 층 거실의 바닥면적 300m² 이내마다 1개소 이상의 직통계단을 설치한 경우에는 주택으로 쓰는 층수가 6개 층인 주택을 건설할 수 있다.
2. 예외 : 주택으로 쓰는 층수 6개 층 이상 건설
   다음의 어느 하나에 해당하는 건설사업자로 간주되는 등록사업자는 주택으로 쓰는 층수가 6개 층 이상인 주택을 건설할 수 있다.
   ① 주택으로 쓰는 층수가 6개 층 이상인 아파트를 건설한 실적이 있는 자
   ② 최근 3년간 300세대 이상의 공동주택을 건설한 실적이 있는 자

2. 주택조합

(1) 주택조합의 종류 및 조합원의 자격

조 합	조합원의 자격
지역주택조합	① 조합설립인가신청일(해당 주택건설대지가 투기과열지구 안에 있는 경우에는 주택조합설립인가신청일 1년 전의 날)부터 해당 조합주택의 입주가능일까지 주택을 소유하지 아니하거나 주거전용면적 85m² 이하의 주택 1채를 소유한 세대주인 자 ② 조합설립인가신청일 현재 동일한 특별시·광역시·도·특별자치도·특별자치시에서 6개월 이상 거주하여 온 자일 것
직장주택조합	① 조합설립인가신청일(해당 주택건설대지가 투기과열지구 안에 있는 경우에는 주택조합설립인가신청일 1년 전의 날)부터 해당 조합주택의 입주가능일까지 주택을 소유하지 아니하거나 주거전용면적 85m² 이하의 주택 1채를 소유한 세대주인 자. 다만, 국민주택을 공급을 받기 위한 직장조합의 경우에는 무주택세대주로 한정한다. ② 조합설립인가신청일 현재 동일한 특별시·광역시·특별자치시·특별자치도·시 또는 군(광역시의 관할 구역에 있는 군은 제외)에 소재하는 동일한 국가기관·지방자치단체·법인에 근무하는 자일 것
리모델링 주택조합	① 사업계획승인을 받아 건설한 공동주택의 소유자 ② 복리시설을 함께 리모델링하는 경우에는 해당 복리시설의 소유자 ③ 「건축법」에 따른 건축허가를 받아 분양을 목적으로 건설한 공동주택의 소유자와 그 건축물 중 공동주택 외의 시설의 소유자

(2) 주택조합의 설립

주택조합	내 용
조합원의 수	20명 이상으로서 주택건설예정세대수의 2분의 1 이상 (리모델링주택조합 제외)
설립인가	관할 시장·군수·구청장의 인가(국민주택을 공급 받기 위하여 직장주택조합을 설립하려는 자는 신고)를 받아야 한다.

조합원의 모집	지역주택조합 또는 직장주택조합의 설립인가를 받기 위하여 조합원을 모집하려는 자는 해당 주택건설대지의 50% 이상에 해당하는 토지의 사용권원을 확보하여 관할 시장·군수·구청장에게 신고하고, 공개모집의 방법으로 조합원을 모집하여야 한다.
지역·직장 주택조합 설립인가신청요건	해당 주택건설대지의 15% 이상에 해당하는 토지의 소유권을 확보하고 80% 이상에 해당하는 토지의 사용권원을 확보할 것
리모델링 주택조합의 설립인가신청시 결의요건	① 주택단지 전체를 리모델링하고자 하는 경우에는 주택단지 전체의 구분소유자와 의결권의 각 3분의 2 이상의 결의 및 각 동의 구분소유자와 의결권의 각 과반수의 결의 ② 동을 리모델링하고자 하는 경우에는 그 동의 구분소유자 및 의결권의 각 3분의 2 이상의 결의
주택조합의 업무대행자	① 등록사업자 ② 중개업자 ③ 정비사업전문관리업자 ④ 부동산개발업 등록사업자 ⑤ 신탁업자(업무 중 계약금 등 자금의 보관 업무대행)
업무대행자의 자본금	① 법인인 경우 : 5억원 이상의 자본금을 보유한 자 ② 개인인 경우 : 10억원 이상의 자산평가액을 보유한 사람
주택조합사업의 종결여부 결정	주택조합의 발기인은 조합원 모집 신고가 수리된 날부터 2년이 되는 날까지 주택조합설립인가를 받지 못하는 경우 주택조합 가입 신청자 전원으로 구성되는 총회 의결을 거쳐 주택조합 사업의 종결여부를 결정하도록 하여야 한다.
주택조합 해산여부 결정	주택조합은 주택조합의 설립인가를 받은 날부터 3년이 되는 날까지 사업계획승인을 받지 못하였을 경우 대통령령으로 정하는 바에 따라 총회의 의결을 거쳐 해산여부를 결정하여야 한다.
사업계획 승인신청	주택조합은 설립인가를 받은 날부터 2년 이내에 사업계획승인(30세대 이상 세대수가 증가하지 않는 리모델링의 경우에는 시장·군수·구청장의 허가)을 신청하여야 한다.
주택조합의 설립인가취소	① 거짓이나 그 밖의 부정한 방법으로 설립인가를 받은 경우 ② 법 제94조(사업주체 등에 대한 지도·감독)에 따른 명령이나 처분을 위반한 경우

주택조합의 업무대행자의 업무
1. 조합원 모집, 토지 확보, 조합설립인가 신청 등 조합설립을 위한 업무의 대행
2. 사업성 검토 및 사업계획서 작성업무의 대행
3. 설계자 및 시공자 선정에 관한 업무의 지원
4. 사업계획승인 신청 등 사업계획승인을 위한 업무의 대행
5. 계약금 등 자금의 보관 및 그와 관련된 업무의 대행(신탁업자 한정)
6. 그 밖에 총회의 운영업무 지원 등 국토교통부령으로 정하는 사항

주택조합의 총회의 의결
총회의 의결을 하는 경우에는 조합원의 100분의 10 이상이 직접 출석하여야 한다. 다만, 창립총회 또는 다음의 사항을 의결하는 총회의 경우에는 조합원의 100분의 20 이상이 직접 출석하여야 한다.
1. 조합규약의 변경
2. 자금의 차입과 그 방법·이자율 및 상환방법
3. 예산으로 정한 사항 외에 조합원에게 부담이 될 계약의 체결
4. 업무대행자의 선정·변경 및 업무대행계약의 체결
5. 시공자의 선정·변경 및 공사계약의 체결
6. 조합임원의 선임 및 해임
7. 사업비의 조합원별 분담명세 확정
8. 조합해산의 결의 및 해산시의 회계 보고

회계감사 (외부감사): 다음의 각 어느 하나	① 주택조합 설립인가를 받은 날부터 3개월이 지난 날부터 30일 이내 ② 사업계획승인(사업계획승인대상이 아닌 리모델링인 경우에는 허가)을 받은 날부터 3개월이 지난 날부터 30일 이내 ③ 사용검사 또는 임시사용승인을 신청한 날부터 30일 이내

2 주택건설사업

1. 사업계획승인

(1) 사업계획승인대상

대지조성사업	1만m² 이상의 대지조성사업			
주택건설사업	구 분	원 칙		예 외
	단독주택	30호 이상	50호 이상	① 공공사업에 따라 조성된 용지를 일단의 토지로 공급받아 해당토지에 건설하는 단독주택 ② 「건축법 시행령」에 따른 한옥
	공동주택	30세대 이상	50세대 이상	① 도시형 생활주택 중 단지형 연립주택 또는 단지형 다세대주택 ② 주거환경개선사업(자력방법으로 한정)을 시행하기 위한 정비구역에서 건설하는 공동주택

(2) 사업계획승인권자

1) **대지면적이 10만m² 이상인 경우**
   시·도지사 또는 대도시 시장

2) **대지면적이 10만m² 미만인 경우**
   특별시장·광역시장·특별자치시장·특별자치도지사 또는 시장 또는 군수

3) 국토교통부장관의 사업계획승인대상

> 1. 사업주체가 국가·한국토지주택공사인 경우
> 2. 면적 330만㎡ 이상의 규모로 택지개발사업 또는 도시개발사업을 추진하는 지역 중 국토교통부장관이 지정·고시하는 지역 안에서 주택건설사업을 시행하는 경우
> 3. 수도권·광역시 지역의 긴급한 주택난 해소가 필요하거나 지역균형개발 또는 광역적 차원의 조정이 필요하여 국토교통부장관이 지정·고시하는 지역 안에서 주택건설사업을 시행하는 경우
> 4. 국가·지방자치단체·한국토지주택공사·지방공사가 단독 또는 공동으로 총지분의 100분의 50을 초과하여 출자한 위탁관리부동산투자회사(해당 부동산투자회사의 자산관리회사가 한국토지주택공사인 경우만 해당한다)가 공공주택건설사업을 시행하는 경우

(3) 사업계획승인대상에서 제외되는 경우

1) 복합건축물로서 일정한 경우

상업지역(유통상업지역을 제외한다) 또는 준주거지역 안에서 300세대 미만의 주택과 주택 외의 시설을 동일건축물로 건축하는 경우로서 다음의 요건을 충족하는 경우

> 해당 건축물의 연면적에 대한 주택의 연면적이 차지하는 비율이 90% 미만일 것

2) 농어촌정비법에 따른 사업

농어촌생활환경정비사업 중 농업협동조합중앙회가 조달하는 자금으로 시행하는 사업

(4) 사업계획승인 신청요건

주택건설사업계획의 승인을 받으려는 자는 해당 주택건설대지의 소유권을 확보하여야 한다. 다만, 다음의 어느 하나에 해당하는 경우에는 제외된다.

1. 지구단위계획의 결정이 필요한 주택건설사업으로서 해당 대지면적의 100분의 80 이상을 사용할 수 있는 권원[등록사업자와 공동으로 사업을 시행하는 주택조합(리모델링주택조합을 제외한다)의 경우에는 지구단위계획의 결정이 필요한 사업으로 100분의 95 이상의 소유권을 말한다]을 확보하고, 확보하지 못한 대지가 매도청구 대상이 되는 대지에 해당하는 경우
2. 사업주체가 주택건설대지의 소유권을 확보하지 못하였으나 그 대지를 사용할 수 있는 권원을 확보한 경우
3. 국가·지방자치단체·한국토지주택공사 또는 지방공사가 주택건설사업을 하는 경우
4. 리모델링 결의를 한 리모델링주택조합이 매도청구를 하는 경우

(5) 매도청구

1) 사용권원 미확보대지에 대한 매도청구

사업계획승인을 받은 사업주체는 해당 주택건설대지 중 사용할 수 있는 권원을 확보하지 못한 대지(건축물을 포함)의 소유자에게 그 대지를 시가로 매도할 것을 청구할 수 있다(3개월 이상 사전협의).

1. 주택건설대지면적 중 100분의 95 이상에 대하여 사용권원을 확보한 경우: 사용권원을 확보하지 못한 대지의 모든 소유자에게 매도청구 가능
2. 100분의 80 이상 100분의 95 미만: 사용권원을 확보하지 못한 대지의 소유자 중 지구단위계획구역 결정고시일 10년 이전에 해당 대지의 소유권을 취득하여 계속 보유하고 있는 자를 제외한 소유자에게 매도청구 가능

2) 리모델링 결의에 찬성하지 않는 자에 대한 매도청구

리모델링 허가를 신청하기 위한 동의율을 확보한 경우 리모델링 결의를 한 리모델링주택조합은 그 리모델링 결의에 찬성하지 아니한 자의 주택 및 토지에 대하여 매도청구를 할 수 있다.

(6) 사업계획승인의 통보

사업계획승인권자는 사업계획승인의 신청을 받은 때에는 정당한 사유가 없는 한 그 신청을 받은 날부터 60일 이내에 사업주체에게 승인여부를 통보하여야 한다.

📖 **토지소유자를 확인하기 곤란한 대지 등에 대한 처분**

1. 사업계획승인을 받은 사업주체는 해당 주택건설대지 중 사용할 수 있는 권원을 확보하지 못한 대지의 소유자가 있는 곳을 확인하기가 현저히 곤란한 경우에는 전국적으로 배포되는 둘 이상의 일간신문에 두 차례 이상 공고하고, 공고한 날부터 30일 이상이 지났을 때에는 매도청구 대상의 대지로 본다.
2. 사업주체는 매도청구 대상 대지의 감정평가액에 해당하는 금액을 법원에 공탁(供託)하고 주택건설사업을 시행할 수 있다.
3. 대지의 감정평가액은 사업계획승인권자가 추천하는 「감정평가 및 감정평가사에 관한 법률」에 따른 감정평가법인등 2인 이상이 평가한 금액을 산술평균하여 산정한다.

(7) **사업계획승인의 취소**

다음의 어느 하나에 해당하는 경우 사업계획승인을 취소할 수 있다.

사업계획승인을 받은 날로부터 5년 이내	공사를 시작하지 아니한 경우
주택건설사업을 분할하여 시행하기 위하여 사업계획승인을 받은 경우로서 최초로 공사를 진행하는 공구를 승인받은 날로부터 5년 이내	공사를 시작하지 아니한 경우
사업주체가 경매·공매 등으로	대지소유권을 상실한 경우
사업주체의 부도·파산 등으로	공사의 완료가 불가능한 경우

2. 주택건설사업시행

(1) **공사의 착수**

1) **공사착수기간**

> 1. 사업계획승인을 받은 경우: 사업계획승인받은 날부터 5년 이내
> 2. 주택건설사업을 분할하여 시행하기 위하여 사업계획승인을 받은 경우
>   ① 최초로 공사를 진행하는 공구: 승인받은 날부터 5년 이내
>   ② 최초로 공사를 진행하는 공구 외의 공구: 해당 주택단지에 대한 최초 착공신고일부터 2년 이내

2) **공사착수기간의 연장**

사업주체의 신청을 받아 그 사유가 없어진 날부터 1년의 범위에서 일정한 공사의 착수기간을 연장할 수 있다[위의 1)의 1. 또는 2.의 ①].

> 1. 「매장유산 보호 및 조사에 관한 법률」에 따라 국가유산청장의 매장유산 발굴허가를 받은 경우
> 2. 해당 사업시행지에 대한 소유권 분쟁(소송절차가 진행중인 경우에 한한다)으로 인하여 공사착수가 지연되는 경우
> 3. 사업계획승인의 조건으로 부과된 사항을 이행함에 따라 공사착수가 지연되는 경우
> 4. 천재지변 또는 사업주체에게 책임이 없는 불가항력적인 사유로 인하여 공사착수가 지연되는 경우
> 5. 공공택지의 개발·조성을 위한 계획에 포함된 기반시설의 설치 지연으로 공사착수가 지연되는 경우
> 6. 해당 지역의 미분양주택 증가 등으로 사업성이 악화될 우려가 있거나 주택건설경기가 침체되는 등 공사에 착수하지 못할 부득이한 사유가 있다고 사업계획승인권자가 인정하는 경우

(2) 감리자

1) 감리자 지정권자 : 사업계획승인권자

사업계획승인권자는 주택건설사업계획을 승인하였을 때와 시장·군수·구청장이 리모델링의 허가를 하였을 때에는 「건축사법」 또는 「건설기술진흥법」에 따른 감리자격이 있는 자를 대통령령으로 정한 바에 따라 주택건설공사를 감리할 자로 지정하여야 한다. 다만, 사업주체가 국가·지방자치단체·한국토지주택공사·지방공사 또는 위탁관리부동산투자회사와 「건축법」에 따라 공사감리를 하는 도시형 생활주택의 경우에는 감리자를 지정하지 아니한다.

2) 감리자의 지정구분

300세대 미만의 주택건설공사	「건축사법」에 따라 건축사 사무소 개설신고를 한 자 및 건설엔지니어링사업자
300세대 이상의 주택건설공사	건설엔지니어링사업자

3) 위반사항 발견시 감리자의 조치

감리자는 업무를 수행하면서 위반사항을 발견하였을 때에는 지체 없이 시공자 및 사업주체에게 위반사항을 시정할 것을 통지하고 7일 이내에 사업계획승인권자에게 그 내용을 보고하여야 한다.

4) 시정조치 및 이의신청

시공자 및 사업주체는 시정통지를 받은 경우에는 즉시 해당 공사를 중지하고 위반사항을 시정한 후 감리자의 확인을 받아야 한다. 이 경우 감리자의 시정통지에 이의가 있을 때에는 즉시 그 공사를 중지하고 사업계획승인권자에게 서면으로 이의신청을 할 수 있다.

5) 처리결과의 회신 및 통보

사업계획승인권자는 이의신청을 받은 날부터 10일 이내 그 처리결과를 회신하여야 한다. 이 경우 감리자에게도 그 결과를 통보하여야 한다.

01

(3) 사용검사 등

사용검사권자	원 칙	시장·군수·구청장
	예 외	국토교통부장관(국가·한국토지주택공사가 사업주체인 경우와 국토교통부장관으로부터 사업계획승인을 받은 경우)
분할사용검사		공구별로 사용검사를 받을 수 있다.
동별 사용검사		① 사업계획승인 조건의 미이행 ② 하나의 주택단지의 입주자를 분할 모집하여 전체 단지의 사용검사를 마치기 전에 입주가 필요한 경우 ③ 사업계획승인권자가 동별로 사용검사를 받을 필요가 있다고 인정하는 경우
사용검사기간		사용검사 신청일부터 15일 이내에 하여야 한다.
임시사용승인		① 주택건설사업의 경우: 건축물의 동별(공동주택: 세대별도 가능)로 공사가 완료된 경우 ② 대지조성사업의 경우: 구획별로 공사가 완료된 경우
사용검사 후 매도청구		① 주택(복리시설을 포함한다)의 소유자들은 주택단지 전체 대지에 속하는 일부의 토지에 대한 소유권이전등기 말소소송 등에 따라 사용검사를 받은 이후에 해당 토지의 실소유자에게 해당 토지를 시가로 매도할 것을 청구할 수 있다. ② 주택의 소유자들은 대표자를 선정하여 매도청구에 관한 소송을 제기할 수 있다. 이 경우 대표자는 주택의 소유자 전체의 4분의 3 이상의 동의를 받아 선정한다. ③ 매도청구에 관한 소송에 대한 판결은 주택의 소유자 전체에 대하여 효력이 있다. ④ 매도청구를 하려는 경우에는 해당 토지의 면적이 주택단지 전체 대지 면적의 5퍼센트 미만이어야 한다. ⑤ 매도청구의 의사표시는 실소유자가 해당 토지 소유권을 회복한 날부터 2년 이내에 해당 실소유자에게 송달되어야 한다. ⑥ 주택의 소유자들은 매도청구로 인하여 발생한 비용의 전부를 사업주체에게 구상(求償)할 수 있다.

3 주택의 건설기준 등에 관한 규정

1. 장수명주택 인증제도

장수명주택	구조적으로 오래 유지관리될 수 있는 내구성을 갖추고, 입주자의 필요에 따라 내부 구조를 쉽게 변경할 수 있는 가변성과 수리 용이성 등이 우수한 주택
장수명주택 인증제도	국토교통부장관은 장수명주택의 공급 활성화를 유도하기 위하여 건설기준에 따라 장수명주택 인증제도를 시행할 수 있다.
장수명주택의 등급	1. 최우수 등급　　　　　2. 우수 등급 3. 양호 등급　　　　　4. 일반 등급
1천세대 이상	사업주체가 1천세대 이상의 주택을 공급하고자 하는 때에는 장수명주택의 등급인증제도에 따라 일반 이상의 등급을 인정받아야 한다.
우수 등급 이상 완화	장수명주택의 인증제도에 따라 우수 등급 이상을 인정받은 경우 건폐율(115% 이내)·용적률(115% 이내)·높이 제한을 완화할 수 있다.

2. 공동주택성능등급의 표시

사업주체가 500세대 이상의 공동주택을 공급할 때에는 다음의 공동주택성능에 대한 등급을 발급받아 입주자 모집공고에 표시하여야 한다.

1. 경량충격음·중량충격음·화장실소음·경계소음 등 소음 관련 등급
2. 리모델링 등에 대비한 가변성 및 수리 용이성 등 구조 관련 등급
3. 조경·일조확보율·실내공기질·에너지절약 등 환경 관련 등급
4. 커뮤니티시설, 사회적 약자 배려, 홈네트워크, 방범안전 등 생활환경 관련 등급
5. 화재·소방·피난안전 등 화재·소방 관련 등급

3. 공동주택 단지 안의 시설의 배치

(1) 소음 등으로부터의 보호

실외소음도가 65데시벨 미만이 되도록 하여야 한다.

(2) **위해시설로부터의 거리제한**

시 설	배치 거리
공동주택 · 어린이놀이터 · 의료시설(약국을 제외한다) · 유치원 · 다함께돌봄센터 · 어린이집 및 경로당	공해성공장 · 위험물저장 및 처리시설 · 기타 사업계획승인권자가 주거환경에 특히 위해하다고 인정하는 시설로부터 50m 이상 떨어진 곳에 이를 배치하여야 한다.
공동주택 · 경로당 · 의료시설(약국을 제외한다) · 어린이놀이터	주유소(석유판매취급소를 포함한다) 또는 시내버스 차고지에 설치된 자동차용 천연가스 충전소로부터 25m 이상 떨어진 곳에 배치할 수 있다.

(3) **공동주택의 경계벽 및 층간바닥**

① 공동주택의 경계벽

구 조	경계벽두께
철근콘크리트조 · 철골철근콘크리트	15cm 이상
무근콘크리트 · 콘크리트블럭조 · 벽돌조 또는 석조	20cm 이상
조립식 주택부재인 콘크리트판	12cm 이상
한국건설기술연구원장	차음성능을 인정하여 지정하는 구조

② 공동주택의 세대 간의 층간바닥(화장실의 바닥은 제외한다)은 다음의 기준을 모두 충족해야 한다.

각 층간 바닥충격음	구 조
콘크리트 슬래브 두께	210mm[라멘구조(보와 기둥을 통해서 내력이 전달되는 구조를 말한다)의 공동주택은 150mm] 이상으로 할 것. 다만, 인정받은 공업화주택의 층간바닥은 제외한다.
경량 · 중량충격음	49데시벨 이하

(4) **벽체와 창호기준**

500세대 이상의 공동주택을 건설하는 경우 벽체의 접합부위나 난방설비가 설치되는 공간의 창호는 국토교통부장관이 정하여 고시하는 기준에 적합한 결로방지 성능을 갖추어야 한다.

(5) 승강기

공동주택	승강기 설치의무
6층 이상인 공동주택	대당 6인승 이상인 승용승강기(제외 : 6층 + 각 층 바닥면적 300m² 이내마다 1개소 이상 직통계단 설치한 건축물)
10층 이상인 공동주택	비상용승강기의 구조
	화물용승강기

(6) 계 단

계단의 종류	유효폭	단높이	단너비
공동으로 사용하는 계단	120cm 이상	18cm 이하	26cm 이상
세대내 계단 또는 건축물의 옥외계단	90cm 이상(세대내 계단의 경우는 75cm 이상)	20cm 이하	24cm 이상

(7) 난 간

1. 난간의 높이 : 바닥의 마감면으로부터 120cm 이상. 다만, 건축물 내부 계단에 설치하는 난간, 계단중간에 설치하는 난간, 그 밖에 이와 비슷한 것으로 위험이 적은 장소에 설치하는 난간의 경우에는 90cm 이상으로 할 수 있다.
2. 난간의 간살의 간격 : 안목치수 10cm 이하

4. 부대시설

(1) 진입도로

① 진입도로가 1개인 경우

주택단지의 총세대수	기간도로와 접하는 폭 또는 진입도로의 폭
300세대 미만	6m 이상
300세대 이상 500세대 미만	8m 이상
500세대 이상 1천세대 미만	12m 이상
1천세대 이상 2천세대 미만	15m 이상
2천세대 이상	20m 이상

② **진입도로가 2 이상 있는 경우**

주택단지의 총세대수	폭 4m 이상의 진입도로 중 2개의 진입도로 폭의 합계
300세대 미만	10m 이상
300세대 이상 500세대 미만	12m 이상
500세대 이상 1천세대 미만	16m 이상
1천세대 이상 2천세대 미만	20m 이상
2천세대 이상	25m 이상

⑵ **주택단지 안의 도로**

① 공동주택을 건설하는 주택단지에는 폭 1.5m 이상의 보도를 포함한 폭 7m 이상의 도로를 설치하여야 한다.

② 주택단지 안의 도로는 유선형도로로 설계하거나 도로 노면의 요철 포장 또는 과속방지턱의 설치 등을 통하여 도로의 설계속도가 시속 20km 이하가 되도록 하여야 한다.

③ 500세대 이상의 공동주택을 건설하는 주택단지 안의 도로에는 어린이 통학버스의 정차가 가능하도록 한 <u>어린이 안전보호구역</u>을 1개소 이상 설치하여야 한다.

⑶ **주차장**

주택단지의 주차장 설치기준	세대당 주차대수가 1대(세대당 전용면적이 60m² 이하인 경우에는 0.7대) 이상
도시형 생활주택 중 소형 주택	세대당 0.6대(세대당 전용면적이 30m² 미만인 경우에는 0.5대) 이상이 되도록 주차장을 설치하여야 한다.

⑷ **관리사무소 등**

50세대 이상의 공동주택을 건설하는 주택단지에는 10m²에 50세대를 넘는 매 세대마다 500cm²를 더한 면적 이상의 관리사무소 및 휴게시설(경비원 등 공동주택관리업무에 종사하는 근로자를 위한 휴게시설)을 설치하여야 한다. 다만, 그 면적의 합계가 100m²를 초과하는 경우에는 설치면적을 100m²로 할 수 있다.

⑸ **보안등**

주택단지 안의 어린이놀이터 및 도로(폭 15m 이상인 도로의 경우에는 도로의 양측)에는 보안등을 설치하여야 한다. 이 경우 당해 도로에 설치하는 보안등의 간격은 50m 이내로 하여야 한다.

⑹ **영상정보처리기기**

의무관리공동주택을 건설하는 주택단지에는 해상도 130만 화소 이상의 보안 및 방범 목적을 위한 영상정보처리기기(즉, 폐쇄회로 텔레비전 또는 네트워크카메라)를 설치하여야 한다.

⑺ **전기시설**

주택에 설치하는 전기시설의 용량은 각 세대별로 3kW(세대당 전용면적이 60m² 이상인 경우에는 3kW에 60m²를 초과하는 10m²마다 0.5kW를 더한 값) 이상이어야 한다.

5. 복리시설

근린생활시설		하나의 건축물에 설치하는 근린생활시설 및 소매시장·상점을 합한 면적이 1천m²를 넘는 경우에는 주차 또는 물품의 하역 등에 필요한 공터를 설치하여야 한다.
유치원		2천세대 이상의 주택을 건설하는 주택단지에는 유치원을 설치할 수 있는 대지를 확보하여 그 시설의 설치 희망자에게 분양하여 건축하게 하거나 유치원을 건축하여 이를 운영하려는 자에게 공급해야 한다.
주민공동시설	설치대상	100세대 이상의 주택을 건설하는 주택단지
	설치면적	① 100세대 이상 1,000세대 미만 : 세대당 2.5m²를 더한 면적 ② 1,000세대 이상 : 500m²에 세대당 2m²를 더한 면적
	함께 설치하는 시설	① 150세대 이상 : 경로당, 어린이놀이터 ② 300세대 이상 : 경로당, 어린이놀이터, 어린이집 ③ 500세대 이상 : 경로당, 어린이놀이터, 어린이집, 주민운동시설, 작은도서관, 다함께돌봄센터

6. 간선시설

간선시설 설치	원칙: 해당 사업주체가 설치
	설치의무자에 의한 설치: 100호(리모델링의 경우에는 증가하는 세대수가 100세대) 이상의 주택건설사업을 시행하는 경우 또는 16,500m² 이상의 대지조성사업을 시행할 경우 다음의 설치의무자가 설치하여야 한다. ① 지방자치단체: 도로 및 상·하수도시설 ② 해당 지역에 전기·통신·가스 또는 난방을 공급하는 자: 전기시설·통신시설·가스시설 또는 지역난방시설 ③ 국가: 우체통
설치기한	간선시설의 설치는 특별한 사유가 없으면 사용검사일까지 설치를 완료하여야 한다.
설치비용	간선시설의 설치비용은 그 설치의무자가 이를 부담한다. 이 경우 도로 및 상·하수도시설의 설치비용은 그 비용의 50%의 범위에서 국가가 보조할 수 있다.

4 주택건설사업의 효율화를 위한 조치

1. 토지 등의 수용 또는 사용

토지수용·사용	국가·지방자치단체·한국토지주택공사·지방공사가 사업계획승인을 받아 국민주택을 건설하거나 국민주택을 건설하기 위한 대지를 조성하는 경우에는 토지나 토지에 정착한 물건 및 토지나 물건에 관한 소유권 외의 권리(이하 '토지 등'이라 한다)를 수용하거나 사용할 수 있다.
사업인정의제	「공익사업을 위한 토지 등의 취득 및 보상에 관한 법률」을 준용하는 경우에는 「공익사업을 위한 토지 등의 취득 및 보상에 관한 법률」에 따른 "사업인정"을 "사업계획승인"으로 본다.
재결신청	재결신청은 「공익사업을 위한 토지 등의 취득 및 보상에 관한 법률」에도 불구하고 사업계획승인을 받은 주택건설사업 기간 이내에 할 수 있다.

2. 국·공유지 등의 우선 매각 또는 임대

국·공유지 우선매각·임대	국가 또는 지방자치단체는 그가 소유하는 토지를 매각하거나 임대할 때 다음 각 호의 어느 하나의 목적으로 그 토지의 매수 또는 임차를 원하는 자가 있으면 그에게 우선적으로 그 토지를 매각하거나 임대할 수 있다. ① 국민주택규모의 주택을 50% 이상으로 건설하는 주택의 건설 ② 주택조합이 건설하는 주택(이하 '조합주택'이라 한다)의 건설 ③ ①, ②의 주택을 건설하기 위한 대지의 조성
환매·임대 계약 취소	국가 또는 지방자치단체는 국가 또는 지방자치단체로부터 토지를 매수하거나 임차한 자가 그 매수일 또는 임차일부터 2년 이내에 국민주택규모의 주택 또는 조합주택을 건설하지 아니하거나 그 주택을 건설하기 위한 대지조성사업을 시행하지 아니한 경우에는 환매(還買)하거나 임대계약을 취소할 수 있다.

3. 환지방식에 의한 도시개발사업으로 조성된 대지의 활용

(1) 국민주택용지로 사용하기 위한 체비지의 우선 매각

사업주체가 국민주택용지로 사용하기 위하여 도시개발사업시행자 [「도시개발법」에 따른 환지(換地)방식에 의하여 사업을 시행하는 도시개발사업의 시행자를 말한다]에게 체비지(替費地)의 매각을 요구한 경우 그 도시개발사업시행자는 대통령령으로 정하는 바에 따라 체비지의 총면적의 50%의 범위에서 이를 우선적으로 사업주체에게 매각할 수 있다.

(2) 매각방법

도시개발사업시행자는 체비지를 사업주체에게 국민주택용지로 매각하는 경우에는 경쟁입찰로 하여야 한다. 다만, 매각을 요구하는 사업주체가 하나일 때에는 수의계약으로 매각할 수 있다.

(3) 체비지의 양도가격

체비지의 양도가격은 감정평가법인등 2인 이상이 감정평가한 감정가격을 기준으로 한다. 다만, 주거전용면적 85m² 이하의 임대주택을 건설하거나 주거전용면적 60m² 이하의 국민주택을 건설하는 경우에는 조성원가를 기준으로 할 수 있다.

4. 임대주택의 건설비율

① 용적률을 완화하여 적용하는 경우 사업주체는 완화된 용적률의 60% 이하의 범위에서 대통령령으로 정하는 비율 이상에 해당하는 면적을 임대주택으로 공급하여야 한다.

② "대통령령으로 정하는 비율"이란 30% 이상 60% 이하의 범위에서 시·도의 조례로 정하는 비율을 말한다.

5. 공업화주택의 인정

공업화 주택의 의의	주요 구조부의 전부 또는 일부 또는 세대별 주거 공간의 전부 또는 일부를 국토교통부령으로 정하는 성능기준 및 생산기준에 따라 맞춤식 등 공업화공법으로 건설하는 주택을 말한다.
인정의 유효기간	공고일부터 5년으로 한다.
인정취소	① 거짓이나 그 밖의 부정한 방법으로 인정을 받은 경우(필연적 취소) ② 인정을 받은 기준보다 낮은 성능으로 공업화주택을 건설한 경우

6. 사전방문 및 품질점검

사전방문	① 사업주체는 사전방문을 주택공급계약에 따라 정한 입주지정기간 시작일 45일 전까지 2일 이상 실시해야 한다. ② 사업주체가 사전방문을 실시하려는 경우에는 사전방문기간 시작일 1개월 전까지 사전방문계획을 수립하여 사용검사권자에게 제출하고, 입주예정자에게 그 내용을 서면(전자문서를 포함한다)으로 알려야 한다.
시공품질 점검 대상	국가·지방자치단체·한국토지주택공사·지방공사 외의 사업주체가 건설하는 300세대 이상인 공동주택을 말한다. 다만, 시·도지사가 필요하다고 인정하는 경우에는 조례로 정하는 바에 따라 300세대 미만인 공동주택으로 정할 수 있다.
품질 점검단의 품질점검	① 사업주체로부터 사전방문계획을 제출받은 사용검사권자는 해당 공동주택이 민간사업주체가 건설하는 300세대 이상인 공동주택(다만, 시·도지사가 필요하다고 인정하는 경우에는 조례로 정하는 바에 따라 300세대 미만인 공동주택으로 정할 수 있다)에 해당하는 경우 지체 없이 시·도지사·대도시 시장에게 품질점검단의 점검을 요청해야 한다.

품질 점검단의 품질점검	② 품질점검을 요청받은 시·도지사는 사전방문기간 종료일 부터 10일 이내에 품질점검단이 해당 공동주택의 품질을 점검하도록 해야 한다. ③ 시·도지사는 품질점검단의 점검 시작일 7일 전까지 사용 검사권자 및 사업주체에게 점검일시, 점검내용 및 품질점 검단 구성 등이 포함된 점검계획을 통보해야 한다. ④ 점검계획을 통보받은 사용검사권자는 세대의 전유부분 점검을 위하여 3세대 이상을 선정하여 품질점검단에 통보 해야 한다. ⑤ 품질점검단은 품질점검을 실시한 후 점검 종료일부터 5일 이내에 점검결과를 시·도지사와 사용검사권자에게 제출 해야 한다.
보수·보강 조치	사용검사권자는 대통령령으로 정하는 바에 따라 품질점검단의 점검결과에 대한 사업주체의 의견을 청취한 후 하자가 있다고 판단하는 경우 보수·보강 등 필요한 조치를 명하여야 한다.
품질점검단 위원 자격	시·도지사가 다음의 자 중에서 임명하거나 위촉한다. ① 건축사, 건축 분야 기술사, 주택관리사 자격을 취득한 사람, 특급건설기술인, 대학교에서 주택 관련 분야의 조교수 이상 ② 건축물이나 시설물의 설계·시공 관련 분야의 박사학위 를 취득한 사람 ③ 건축물이나 시설물의 설계·시공 관련 분야의 석사학위를 취 득한 후 이와 관련된 분야에서 5년 이상 종사한 사람 ④ 공무원으로서 공동주택 관련 지도·감독 및 인·허가 업 무 등에 종사한 경력이 5년 이상인 사람 ⑤ 공공기관, 지방공기업의 임직원으로서 건축물 및 시설물 의 설계·시공 및 하자보수와 관련된 업무에 5년 이상 재 직한 사람
정보시스템 등록	사용검사권자는 공동주택의 시공품질 관리를 위하여 사업주 체에게 통보받은 사전방문 후 조치결과, 조치명령, 조치결과, 이의신청 등에 관한 사항을 대통령령으로 정하는 정보시스템 에 등록하여야 한다.

주택의 공급

1 분양가상한제 적용주택

1. 분양가상한제 적용주택의 뜻

사업주체가 일반인에게 공급하는 공동주택 중 다음의 어느 하나에 해당하는 지역에서 공급하는 주택의 경우에는 분양가격 이하로 공급하여야 한다.

1. 공공택지
2. 공공택지 외의 택지에서 주택가격 상승 우려가 있어 제58조에 따라 국토교통부장관이 「주거기본법」 제8조에 따른 주거정책심의위원회의 심의를 거쳐 지정하는 지역

2. 분양가상한제를 적용하지 않는 주택

1. 도시형 생활주택
2. 경제자유구역에서 건설·공급하는 공동주택으로서 경제자유구역위원회에서 외자유치 촉진과 관련이 있다고 인정하여 분양가격 제한을 적용하지 아니하기로 심의·의결한 경우
3. 관광특구에서 건설·공급하는 공동주택으로서 해당 건축물의 층수가 50층 이상이거나 높이가 150m 이상인 경우
4. 한국토지주택공사 또는 지방공사가 정비사업이나 소규모주택정비사업의 시행자로 참여하는 등 대통령령으로 정하는 공공성 요건을 충족하는 경우로서 해당 사업에서 건설·공급하는 주택
5. 주거환경개선사업 및 공공재개발사업에서 건설·공급하는 주택
6. 주거재생혁신지구에서 시행하는 혁신지구재생사업에서 건설·공급하는 주택
7. 도심공공주택복합사업에서 건설·공급하는 주택

3. 분양가상한제 적용지역 지정기준

국토교통부장관은 투기과열지구 중 다음의 어느 하나에 해당하는 지역을 대상으로 주거정책심의위원회 심의를 거쳐 분양가상한제 적용지역으로 지정할 수 있다.

분양가격상승률	분양가상한제 적용직전월부터 소급하여 12개월간의 아파트 분양가격상승률이 물가상승률의 2배를 초과한 지역
주택매매거래량	분양가상한제 적용직전월부터 소급하여 3개월간의 주택매매거래량이 전년 동기 대비 20% 이상 증가한 지역
월평균 청약경쟁률	분양가상한제 적용직전월부터 소급하여 주택공급이 있었던 2개월 동안 해당 지역에서 공급되는 주택의 월평균 청약경쟁률이 모두 5 대 1을 초과하였거나 해당 지역에서 공급되는 국민주택규모 주택의 월평균 청약경쟁률이 모두 10 대 1을 초과한 지역

(1) 분양가심사위원회

① 시장·군수·구청장은 사업계획승인 신청(「도시 및 주거환경정비법」에 따른 사업시행인가와 「건축법」에 따른 건축허가를 포함한다)이 있는 날로부터 20일 이내에 분양가심사위원회(10명 이내)를 설치·운영하여야 한다.

② 사업주체가 국가·지방자치단체·한국토지주택공사 또는 지방공사인 경우에는 해당 기관의 장이 위원회를 설치·운영하여야 한다.

(2) 분양가심사위원회의 심의사항

위원회는 다음의 사항을 심의한다.

> 1. 분양가격 및 발코니 확장비용 산정의 적정성 여부
> 2. 특별자치시·특별자치도·시·군·구(구는 자치구를 말하며, 이하 "시·군·구"라 한다)별 기본형건축비 산정의 적정성 여부
> 3. 분양가격 공시내용의 적정성 여부
> 4. 분양가상한제 적용주택과 관련된 「주택도시기금법 시행령」에 따른 제2종 국민주택채권 매입예정상한액 산정의 적정성 여부
> 5. 분양가상한제 적용주택의 전매행위 제한과 관련된 인근지역 주택매매가격 산정의 적정성 여부

4. 분양가상한제 적용주택의 거주의무기간

(1) **사업주체가 수도권에서 건설·공급하는 분양가상한제 적용주택의 경우**

　① **공공택지에서 건설·공급되는 주택의 경우**

　　㉠ 분양가격이 인근지역주택매매가격의 80% 미만인 주택 : 5년

　　㉡ 분양가격이 인근지역주택매매가격의 80% 이상 100% 미만인 주택 : 3년

　② **공공택지 외의 택지에서 건설·공급되는 주택의 경우**

　　㉠ 분양가격이 인근지역주택매매가격의 80% 미만인 주택 : 3년

　　㉡ 분양가격이 인근지역주택매매가격의 80% 이상 100% 미만인 주택 : 2년

(2) **행정중심복합도시 중 투기과열지구에서 건설·공급하는 주택으로서 국토교통부령으로 정하는 기준에 따라 행정중심복합도시로 이전하거나 신설되는 기관 등에 종사하는 사람에게 입주자 모집조건을 달리 정하여 별도로 공급되는 주택의 경우** : 3년

(3) **「도시 및 주거환경정비법」에 따른 공공재개발사업**(공공택지 외의 지역에 한정한다)**에서 건설·공급하는 주택으로서 분양가격이 인근지역주택매매가격의 100% 미만인 주택의 경우** : 2년

2 주택의 공급질서확립

1. 주택의 공급질서확립을 위한 행위제한

(1) **주택공급증서 및 지위 양도 또는 양도알선의 금지**

다음의 주택을 공급 받을 수 있는 증서 또는 지위를 양도 또는 양수(매매·증여 그 밖에 권리변동을 수반하는 모든 행위를 포함하되, 상속·저당의 경우는 제외한다)하거나 이를 알선하거나 양도·양수 또는 이를 알선할 목적으로 하는 광고를 하여서는 아니 되며, 누구든지 거짓 그 밖의 부정한 방법으로 「주택법」에 따라 건설·공급되는 증서나 지위 또는 주택을 공급 받거나 공급 받게 하여서는 아니 된다(위반시 3년 이하의 징역 또는 3천만원 이하의 벌금에 처한다).

> 1. 주택조합원으로서 주택을 공급 받을 수 있는 지위
> 2. 주택상환사채
> 3. 입주자저축증서
> 4. 시장·군수·구청장이 발행한 무허가건물확인서·건물철거예정증명서 또는 건물철거확인서
> 5. 공공사업의 시행으로 인한 이주대책에 의하여 주택을 공급 받을 수 있는 지위 또는 이주대책대상자확인서

(2) **사업주체의 저당권설정 등의 행위제한**

① 사업주체는 사업계획승인을 받아 시행하는 주택건설사업에 의하여 건설된 주택 및 대지에 대하여는 <u>입주자모집공고 승인신청일</u>(주택조합의 경우에는 사업계획승인 신청일을 말한다) 이후부터 입주예정자가 그 주택 및 대지의 <u>소유권 이전등기를 신청할 수 있는 날</u>(사업주체가 입주예정자에게 통보한 입주가능일을 말한다) 이후 60일까지의 기간 동안 입주예정자의 동의 없이 저당권 설정 등의 행위를 하여서는 아니 된다.

② **벌칙**: 저당권설정 등의 제한에 관한 규정을 위반하여 행위를 한 자는 2년 이하의 징역 또는 2천만원 이하의 벌금에 처한다.

③ **부기등기의무**: 저당권설정 등의 제한을 할 때 사업주체는 해당 주택 또는 대지가 입주예정자 동의 없이는 양도하거나 제한물권을 설정하거나 압류·가압류·가처분 등의 목적물이 될 수 없는 재산임을 소유권등기에 부기등기를 하여야 한다(제외: 사업주체가 국가, 지방자치단체, 한국토지주택공사, 지방공사인 경우 등).

부기등기의 시기	주택건설대지	입주자모집공고 승인신청과 동시에 부기등기
	건설된 주택	소유권보존등기와 동시에 부기등기
부기등기의 효력	부기등기일 이후에 해당 대지나 주택을 양수하거나 제한물권을 설정 받은 경우 또는 압류·가압류·가처분 등의 목적물로 한 경우에는 그 효력을 무효로 한다.	
부기등기의 말소	① 사업계획승인이 취소된 경우 ② 입주예정자가 소유권 이전등기를 신청한 경우 ③ 소유권 이전등기를 신청할 수 있는 날부터 60일이 경과한 때	

2. 투기과열지구

(1) 지정대상

국토교통부장관 또는 시·도지사는 주택가격의 안정을 위하여 필요한 경우에는 해당 지역의 주택가격의 상승률이 물가상승률보다 현저히 높은 지역으로서 그 지역의 청약경쟁률·주택가격·주택보급률 및 주택공급계획 등과 지역주택시장 여건 등을 고려하였을 때 주택에 대한 투기가 성행하고 있거나 우려되는 지역 중 대통령령으로 정하는 기준에 충족하는 곳이어야 한다.

1. 투기과열지구로 지정하는 날이 속하는 달의 바로 전달(이하 "투기과열지구지정직전월"이라 한다)부터 소급하여 주택공급이 있었던 2개월 동안 해당 지역에서 공급되는 주택의 월별 평균 청약경쟁률이 모두 5 대 1을 초과했거나 국민주택규모 주택의 월별 평균 청약경쟁률이 모두 10 대 1을 초과한 곳
2. 다음에 해당하는 곳으로서 주택공급이 위축될 우려가 있는 곳
   ① 투기과열지구지정직전월의 주택분양실적이 전달보다 30% 이상 감소한 곳
   ② 사업계획승인 건수나 건축허가 건수(투기과열지구지정직전월부터 소급하여 6개월간의 건수를 말한다)가 직전 연도보다 급격하게 감소한 곳
3. 신도시 개발이나 주택 전매행위의 성행 등으로 투기 및 주거불안의 우려가 있는 곳으로서 다음에 해당하는 곳
   ① 해당 지역이 속하는 시·도의 주택보급률이 전국 평균 이하인 곳
   ② 해당 지역이 속하는 시·도의 자가주택비율이 전국 평균 이하인 곳
   ③ 해당 지역의 분양주택(투기과열지구로 지정하는 날이 속하는 연도의 직전 연도에 분양된 주택을 말한다)의 수가 입주자저축에 가입한 사람으로서 국토교통부령으로 정하는 사람의 수보다 현저히 적은 곳

(2) 지정권자

국토교통부장관 또는 시·도지사는 주거정책심의위원회(시·도지사의 경우에는 시·도 주거정책심의위원회를 말한다)의 심의를 거쳐 지정하거나 해제할 수 있다.

(3) 투기과열지구에서 건설·공급되는 주택의 전매행위 제한기간

전매행위 제한기간은 해당 주택의 입주자로 선정된 날부터 기산한다.

① **수도권**: 3년

② **수도권 외의 지역**: 1년

⑷ **투기과열지구 지정의 해제**

① 투기과열지구로 지정된 지역의 시·도지사, 시장·군수 또는 구청장은 투기과열지구 지정 후 해당 지역의 주택가격이 안정되는 등 지정 사유가 없어졌다고 인정되는 경우에는 국토교통부장관 또는 시·도지사에게 투기과열지구 지정의 해제를 요청할 수 있다.

② 투기과열지구 지정의 해제를 요청받은 국토교통부장관 또는 시·도지사는 요청받은 날부터 40일 이내에 주거정책심의위원회의 심의를 거쳐 투기과열지구 지정의 해제 여부를 결정하여 그 투기과열지구를 관할하는 지방자치단체장에게 심의결과를 통보하여야 한다.

3. 조정대상지역

국토교통부장관은 다음의 어느 하나에 해당하는 지역으로서 다음의 기준을 충족하는 지역을 주거정책심의위원회의 심의를 거쳐 조정대상지역으로 지정할 수 있다. 아래 1.의 과열지역의 지정은 그 지정 목적을 달성할 수 있는 최소한의 범위로 한다.

> 1. 과열지역(주택가격, 청약경쟁률, 분양권 전매량 및 주택보급률 등을 고려하였을 때 주택 분양 등이 과열되어 있거나 과열될 우려가 있는 지역): 조정대상지역으로 지정하는 날이 속하는 달의 바로 전달(이하 "조정대상지역지정직전월"이라 한다)부터 소급하여 3개월간의 해당 지역 주택가격상승률이 그 지역이 속하는 시·도 소비자물가상승률의 1.3배를 초과한 지역으로서 다음에 해당하는 지역
>   ① 조정대상지역지정직전월부터 소급하여 주택공급이 있었던 2개월 동안 해당 지역에서 공급되는 주택의 월별 평균 청약경쟁률이 모두 5대 1을 초과했거나 국민주택규모 주택의 월별 평균 청약경쟁률이 모두 10대 1을 초과한 지역
>   ② 조정대상지역지정직전월부터 소급하여 3개월간의 분양권(주택의 입주자로 선정된 지위를 말한다)전매거래량이 직전연도의 같은 기간보다 30% 이상 증가한 지역
>   ③ 해당 지역이 속하는 시·도의 주택보급률 또는 자가주택비율이 전국평균 이하인 지역

2. 위축지역(주택가격, 주택거래량, 미분양주택의 수 및 주택보급률 등을 고려하여 주택의 분양·매매 등 거래가 위축되어 있거나 위축될 우려가 있는 지역): 조정대상지역지정직전월부터 소급하여 6개월간의 평균 주택가격상승률이 마이너스 1% 이하인 지역으로서 다음에 해당하는 지역

① 조정대상지역지정직전월부터 소급하여 3개월 연속 주택매매거래량이 직전 연도의 같은 기간보다 20% 이상 감소한 지역

② 조정대상지역지정직전월부터 소급하여 3개월간의 평균 미분양주택(사업계획승인을 받아 입주자를 모집했으나 입주자가 선정되지 않은 주택을 말한다)의 수가 직전 연도의 같은 기간보다 2배 이상인 지역

③ 해당 지역이 속하는 시·도의 주택보급률 또는 자가주택비율이 전국 평균을 초과하는 지역

4. 주택의 전매제한

(1) 주택의 전매행위제한 대상

사업주체가 건설·공급하는 주택[해당 주택의 입주자로 선정된 지위(입주자로 선정되어 그 주택에 입주할 수 있는 권리·자격·지위 등을 말한다)를 포함한다]으로서 다음의 어느 하나에 해당하는 경우에는 10년 이내의 범위에서 대통령령으로 정하는 기간(이하 "전매제한기간"이라한다) 지나기 전에는 그 주택을 전매(매매·증여나 그 밖에 권리의 변동을 수반하는 모든 행위를 포함하되, 상속의 경우는 제외한다)하거나 이의 전매를 알선할 수 없다.(위반시: 3년 이하의 징역 또는 3천만원 이하의 벌금형 처벌대상).

1. 투기과열지구에서 건설·공급되는 주택
2. 조정대상지역에서 건설·공급되는 주택
3. 분양가상한제 적용주택
4. 공공택지 외의 택지에서 건설·공급되는 주택
5. 공공재개발사업(공공택지 외의 택지에서 국토교통부장관이 지정하는 지역)에서 건설·공급하는 주택
6. 토지임대부 분양주택

전매행위제한 주택의 부기등기

1. 부기등기 의무 주택: 사업주체가 분양가상한제 적용주택과 수도권의 지역으로서 공공택지 외의 택지에서 건설하는 주택 및 토지임대부 분양주택을 공급하는 경우(한국주택토지공사가 주택을 재공급하는 경우도 포함한다)에는 그 주택의 소유권을 제3자에게 이전할 수 없음을 소유권에 관한 등기에 부기등기하여야 한다.

2. 부기등기 내용: 부기등기는 주택의 소유권보존등기와 동시에 하여야 하며, 부기등기에는 "이 주택은 최초로 소유권이전등기가 된 후에는 전매제한기간이 지나기 전에 한국토지주택공사(한국토지주택공사가 우선 매입한 주택을 공급받는 자를 포함한다) 외의 자에게 소유권을 이전하는 어떠한 행위도 할 수 없음"을 명시하여야 한다.

3. 부기등기 말소 신청: 부기등기를 한 경우에는 해당 주택의 소유자가 전매행위 제한기간이 지났을 때에 그 부기등기의 말소를 신청할 수 있다.

⑵ **주택의 전매행위제한의 예외**

다음의 어느 하나에 해당되어 사업주체의 동의를 받은 경우에는 전매
행위제한 규정을 적용하지 아니한다.

> 1. 세대원(세대주가 포함된 세대의 구성원을 말한다)이 근무 또는 생업상
>   의 사정이나 질병치료·취학·결혼으로 인하여 세대원 전원이 다른 광
>   역시, 특별자치시, 특별자치도, 시 또는 군(광역시의 관할 구역에 있는
>   군을 제외한다)으로 이전하는 경우. 다만, 수도권으로 이전하는 경우를
>   제외한다.
> 2. 상속에 의하여 취득한 주택으로 세대원 전원이 이전하는 경우
> 3. 세대원 전원이 해외로 이주하거나 2년 이상의 기간 해외에 체류하고자
>   하는 경우
> 4. 이혼으로 인하여 입주자로 선정된 지위 또는 주택을 그 배우자에게 이
>   전하는 경우
> 5. 「공익사업을 위한 토지 등의 취득 및 보상에 관한 법률」에 따라 공익사
>   업의 시행으로 주거용 건축물을 제공한 자가 사업시행자로부터 이주대
>   책용 주택을 공급 받은 경우(사업시행자의 알선으로 공급 받은 경우를
>   포함한다)로서 시장·군수 또는 구청장이 확인하는 경우
> 6. 주택의 소유자가 국가·지방자치단체 및 금융기관에 대한 채무를 이행
>   하지 못하여 경매 또는 공매가 시행되는 경우
> 7. 입주자로 선정된 지위 또는 주택의 일부를 그 배우자에게 증여하는 경우
> 8. 실직·파산 또는 신용불량으로 경제적 어려움이 발생한 경우

리모델링

1. 리모델링 동의

(1) 입주자 · 사용자 · 관리주체인 경우

공사기간 공사방법 등이 적혀있는 동의서에 입주자 전체의 동의를 받아야 한다.

(2) 리모델링주택조합

구 분		리모델링주택조합 설립인가신청시 동의요건	리모델링허가신청시 동의비율
동 리모델링		구분소유자와 의결권의 각 2/3 이상	구분소유자와 의결권의 각 75% 이상
주택단지 전체 리모델링	동	구분소유자와 의결권의 각 과반수	구분소유자와 의결권의 각 50% 이상
	주택단지 전체	구분소유자와 의결권의 각 2/3 이상	구분소유자와 의결권의 각 75% 이상

(3) 입주자대표회의의 경우

결의서에 주택단지의 소유자 전원의 동의를 받아야 한다.

2. 리모델링의 허가

① 공동주택(부대시설과 복리시설을 포함한다)의 입주자 · 사용자 또는 관리주체가 공동주택을 리모델링하려고 하는 경우에는 허가와 관련된 면적, 세대수 또는 입주자등의 동의비율에 관하여 대통령령으로 정하는 기준 및 절차 등에 따라 시장 · 군수 · 구청장의 허가를 받아야 한다.

② 대통령령으로 정하는 경우에는 리모델링주택조합이나 소유자 전원의 동의를 받은 입주자대표회의가 시장 · 군수 · 구청장의 허가를 받아 리모델링을 할 수 있다.

3. 시공자 선정

리모델링을 하는 경우 설립인가를 받은 리모델링주택조합의 총회 또는 소유자 전원의 동의를 받은 입주자대표회의에서 「건설산업기본법」에 따른 건설사업자 또는 건설사업자로 보는 등록사업자를 시공자로 선정하여야 한다.

4. 세대수 증가형 리모델링

⑴ 허가에 대한 심의

시장·군수·구청장이 세대수 증가형 리모델링(50세대 이상으로 세대수가 증가하는 경우로 한정한다)을 허가하려는 경우에는 기반시설에의 영향이나 도시·군관리계획과의 부합 여부 등에 대하여 「국토의 계획 및 이용에 관한 법률」에 따라 설치된 시·군·구도시계획위원회의 심의를 거쳐야 한다.

⑵ 리모델링 기본계획 부합

리모델링 기본계획 수립 대상지역에서 세대수 증가형 리모델링을 허가하려는 시장·군수·구청장은 해당 리모델링 기본계획에 부합하는 범위에서 허가하여야 한다.

⑶ 권리변동계획

세대수가 증가되는 리모델링을 하는 경우에는 다음의 권리변동계획을 수립하여 사업계획승인 또는 행위허가를 받아야 한다.

> 1. 리모델링 전후의 대지 및 건축물의 권리변동 명세
> 2. 조합원의 비용분담
> 3. 사업비
> 4. 조합원 외의 자에 대한 분양계획
> 5. 그 밖에 리모델링과 관련된 권리 등에 대하여 해당 시·도 또는 시·군의 조례로 정하는 사항

5. 증축형 리모델링의 안전진단

(1) 안전진단 요청에 따른 안전진단

증축형 리모델링을 하려는 자는 시장·군수·구청장에게 안전진단을 요청하여야 하며, 안전진단을 요청받은 시장·군수·구청장은 해당 건축물의 증축 가능 여부의 확인 등을 위하여 안전진단을 실시하여야 한다.

(2) 안전진단 실시기관

시장·군수·구청장은 안전진단을 실시하는 경우에는 다음의 기관에 안전진단을 의뢰하여야 한다.

> 1. 「시설물의 안전관리에 관한 특별법」에 따라 등록한 안전진단전문기관
> 2. 「국토안전관리원법」에 따른 국토안전관리원
> 3. 「과학기술분야 정부출연연구기관 등의 설립·운영 및 육성에 관한 법률」에 따른 한국건설기술연구원

📎 「도시 및 주거환경정비법」 상의 재건축사업의 안전진 단기관과 동일하다.
(안전진단의뢰 : 정비계획입 안권자)

보 칙

1 토지임대부 분양주택

임대차기간	토지임대부 분양주택의 토지에 대한 임대차기간은 40년 이내로 한다. 이 경우 토지임대부 분양주택 소유자의 75% 이상이 계약갱신을 청구하는 경우 40년의 범위에서 이를 갱신할 수 있다.
임대차계약 체결한 경우	토지임대부 분양주택을 공급받은 자가 토지소유자와 임대차계약을 체결한 경우 해당 주택의 구분소유권을 목적으로 그 토지 위에 임대차기간 동안 지상권이 설정된 것으로 본다.
토지임대료	토지임대료는 월별 임대료를 원칙으로 하되, 토지소유자와 주택을 공급받은 자가 합의한 경우 대통령령으로 정하는 바에 따라 임대료를 보증금으로 선납하거나 전환하여 납부할 수 있다.
재건축	토지임대부 분양주택의 소유자가 임대차기간이 만료되기 전에 해당 주택을 철거하고 재건축을 하고자 하는 경우 토지소유자의 동의를 받아 재건축할 수 있다. 이 경우 토지소유자는 정당한 사유 없이 이를 거부할 수 없다.
재건축한 주택	재건축한 주택은 토지임대부 분양주택으로 한다.
분양주택전환	토지소유자와 주택소유자가 합의한 경우에는 토지임대부 분양주택이 아닌 주택으로 전환할 수 있다.
토지임대료 증액 제한	토지임대료약정을 체결한 후 2년이 지나기 전에는 토지임대료의 증액을 청구할 수 없다.
양 도	토지임대부 분양주택을 공급받은 자가 토지임대부 분양주택을 양도하려는 경우에는 대통령령으로 정하는 바에 따라 한국토지주택공사에 해당 주택의 매입을 신청하여야 한다.

2 주택상환사채

발행자	한국토지주택공사 또는 등록사업자는 국토교통부장관의 승인을 받아야 한다.
등록사업자의 발행요건	법인으로서 자본금이 5억원 이상으로 건설업 등록을 하고 최근 3년간 연평균 주택건설실적이 300세대 이상이며 금융기관 또는 주택도시보증공사의 보증을 받은 경우 발행 가능
발행방법	기명증권으로 액면 또는 할인의 방법으로 발행한다.
상환기간	상환기간은 3년을 초과할 수 없다. 이 경우 상환기간은 주택상환사채발행일부터 주택의 공급계약체결일까지의 기간으로 한다.
법 적용	주택상환사채의 발행에 관하여 「주택법」에서 규정한 것 외에는 「상법」 중 사채발행에 관한 규정을 적용한다.
납입금의 관리	주택상환사채의 납입금은 해당 보증기관과 주택상환사채 발행자가 협의하여 정하는 금융기관에서 관리한다.
사채효력	등록사업자의 등록이 말소된 경우에도 등록사업자가 발행한 주택상환사채의 효력에는 영향을 미치지 아니한다.

3 국민주택사업특별회계

설치·운용	지방자치단체는 국민주택사업을 시행하기 위하여 국민주택사업특별회계를 설치·운용하여야 한다.
재 원	① 자체부담금 ② 주택도시기금으로부터의 차입금 ③ 정부로부터의 보조금 ④ 농협은행으로부터의 차입금 ⑤ 외국으로부터의 차입금 ⑥ 국민주택사업특별회계에 속하는 재산의 매각대금 ⑦ 국민주택사업특별회계자금의 회수금·이자수입금 그 밖의 수익 ⑧ 「재건축초과이익환수에 관한 법률」에 따른 재건축부담금 중 지방자치단체 귀속분

공동주택관리법

용 어

용 어	내 용
공동주택	① 「주택법」에 따른 공동주택 ② 「건축법」에 따른 건축허가를 받아 주택 외의 시설과 주택을 동일 건축물로 건축하는 건축물 ③ 「주택법」에 따른 부대시설 및 복리시설(일반인에게 분양되는 복리시설은 제외한다)
의무관리대상 공동주택	① 300세대 이상의 공동주택 ② 150세대 이상으로서 승강기가 설치된 공동주택 ③ 150세대 이상으로서 중앙집중식난방방식(지역난방방식을 포함한다)의 공동주택 ④ 「건축법」에 따른 건축허가를 받아 주택 외의 시설과 주택을 동일 건축물로 건축한 건축물로서 주택이 150세대 이상인 건축물 ⑤ ①부터 ④까지 해당하지 아니하는 공동주택 중 전체 입주자 등의 3분의 2 이상이 서면으로 동의하여 정하는 공동주택
공동주택단지	「주택법」 제2조 제12호에 따른 주택단지를 말한다.
혼합주택단지	"혼합주택단지"란 분양을 목적으로 한 공동주택과 임대주택이 함께 있는 공동주택단지를 말한다.
입주자등	"입주자등"이란 입주자와 사용자를 말한다. ① 입주자 : 입주자란 공동주택의 소유자 또는 그 소유자를 대리하는 배우자 및 직계존비속을 말한다. ② 사용자 : 사용자란 공동주택을 임차하여 사용하는 사람(임대주택의 임차인은 제외한다) 등을 말한다.
입주자 대표회의	"입주자대표회의"란 공동주택의 입주자등을 대표하여 관리에 관한 주요사항을 결정하기 위하여 구성하는 자치 의결기구를 말한다.
관리규약	"관리규약"이란 공동주택의 입주자등을 보호하고 주거생활의 질서를 유지하기 위하여 입주자등이 정하는 자치규약을 말한다.

관리주체	"관리주체"란 공동주택을 관리하는 다음의 자를 말한다.
	① 자치관리기구의 대표자인 공동주택의 관리사무소장
	② 관리업무를 인계하기 전의 사업주체
	③ 주택관리업자
	④ 임대사업자
	⑤ 「민간임대주택에 관한 특별법」에 따른 주택임대관리업자
	   (시설물 유지·보수·개량 및 그 밖의 주택관리업무를 수
	   행하는 경우에 한정한다)

주택관리사등	"주택관리사등"이란 주택관리사보와 주택관리사를 말한다.
	① 주택관리사보 : "주택관리사보"란 주택관리사보 합격증서
	   를 발급받은 사람을 말한다.
	② 주택관리사 : "주택관리사"란 주택관리사 자격증을 발급
	   받은 사람을 말한다.

주택관리업	"주택관리업"이란 공동주택을 안전하고 효율적으로 관리하기 위하여 입주자등으로부터 의무관리대상 공동주택의 관리를 위탁받아 관리하는 업(業)을 말한다.
주택관리업자	"주택관리업자"란 주택관리업을 하는 자로서 등록한 자를 말한다.
장기수선계획	"장기수선계획"이란 공동주택을 오랫동안 안전하고 효율적으로 사용하기 위하여 필요한 주요 시설의 교체 및 보수 등에 관하여 수립하는 장기계획을 말한다.
임대주택	"임대주택"이란 「민간임대주택에 관한 특별법」에 따른 민간임대주택 및 「공공주택 특별법」에 따른 공공임대주택을 말한다.
임대사업자	"임대사업자"란 「민간임대주택에 관한 특별법」 제2조 제7호에 따른 임대사업자 및 「공공주택 특별법」 제4조 제1항에 따른 공공주택사업자를 말한다.
임차인대표회의	"임차인대표회의"란 「민간임대주택에 관한 특별법」 제52조에 따른 임차인대표회의 및 「공공주택 특별법」 제50조에 따라 준용되는 임차인대표회의를 말한다.

공동주택의 관리방법

1 주택의 관리방법 등

1. 관리주체별 관리

(1) 사업주체의 의무관리

1) 의무관리대상 공동주택

다음의 의무관리대상 공동주택을 건설한 사업주체는 입주예정자의 과반수가 입주할 때까지 그 공동주택을 직접 관리하여야 한다.

> 1. 300세대 이상의 공동주택
> 2. 150세대 이상으로서 승강기가 설치된 공동주택
> 3. 150세대 이상으로서 중앙집중식난방방식(지역난방방식을 포함한다)의 공동주택
> 4. 「건축법」에 따른 건축허가를 받아 주택 외의 시설과 주택을 동일건축물로 건축한 건축물로서 주택이 150세대 이상인 건축물
> 5. 1.부터 4.까지 해당하지 아니하는 공동주택 중 입주자등이 대통령령으로 정하는 기준에 따라 동의하여 정하는 공동주택

2) 관리방법요구

사업주체는 입주예정자의 과반수가 입주하였을 때에는 입주자등에게 그 사실을 통지하고 해당 공동주택을 관리할 것을 요구하여야 한다.

3) 관리방법의 결정

① 입주자등이 공동주택의 관리 요구를 받았을 때에는 그 요구를 받은 날부터 3개월 이내에 입주자를 구성원으로 하는 입주자대표회의를 구성하여야 한다.

② 입주자대표회의의 회장은 입주자등이 해당 공동주택의 관리방법을 결정(위탁관리하는 방법을 선택한 경우에는 그 주택관리업자의 선정을 포함한다)한 경우에는 이를 사업주체 또는 의무관리대상 전환 공동주택의 관리인에게 통지하고, 대통령령으로 정하는 바에 따라 관할 시장·군수·구청장에게 신고하여야 한다. 신고한 사항이 변경되는 경우에도 또한 같다.

4) 의무관리대상 공동주택의 전환 등

① **의무관리대상 공동주택 전환신고**: 의무관리대상 전환 공동주택의 관리인은 관할 시장·군수·구청장에게 의무관리대상 공동주택 전환신고를 하여야 한다. 다만, 관리인이 신고하지 않는 경우에는 입주자등의 10분의 1 이상이 연서하여 신고할 수 있다.

② **의무관리대상 전환 공동주택의 입주자대표회의 구성 및 관리방법 결정**: 의무관리대상 전환 공동주택의 입주자등은 관리규약의 제정 신고가 수리된 날부터 3개월 이내에 입주자대표회의를 구성하여야 하며, 입주자대표회의의 구성 신고가 수리된 날부터 3개월 이내에 공동주택의 관리방법을 결정하여야 한다.

③ **의무관리대상 전환 공동주택의 위탁관리**: 의무관리대상 전환 공동주택의 입주자등이 공동주택을 위탁관리할 것을 결정한 경우 입주자대표회의는 입주자대표회의의 구성 신고가 수리된 날부터 6개월 이내에 주택관리업자를 선정하여야 한다.

(2) **자치관리**

① 의무관리대상 공동주택의 입주자등이 공동주택을 자치관리할 것을 정한 경우에는 입주자대표회의는 사업주체의 관리 요구가 있은 날(의무관리대상 전환 공동주택으로 전환되는 경우에는 입주자대표회의의 구성 신고가 수리된 날)부터 6개월 이내에 공동주택의 관리사무소장을 자치관리기구의 대표자로 선임하고, 대통령령으로 정하는 기술인력 및 장비를 갖춘 자치관리기구를 구성하여야 한다.

② 주택관리업자에게 위탁관리하다가 자치관리로 관리방법을 변경하는 경우 입주자대표회의는 그 위탁관리의 종료일까지 자치관리기구를 구성하여야 한다.

③ 입주자대표회의는 자치관리기구의 관리사무소장을 그 구성원 과반수의 찬성으로 선임한다.

④ 입주자대표회의는 선임된 관리사무소장이 해임, 그 밖의 사유로 결원이 된 때에는 그 사유가 발생한 날부터 30일 이내에 새로운 관리사무소장을 선임하여야 한다.

⑤ 입주자대표회의의 구성원은 자치관리기구의 직원을 겸할 수 없다.

(3) 위탁관리

1) 주택관리업자의 선정

의무관리대상 공동주택의 입주자등이 공동주택을 위탁관리할 것을 정한 경우에는 입주자대표회의는 다음의 기준에 따라 주택관리업자를 선정하여야 한다.

> 1. 전자입찰방식으로 할 것. 다만, 선정방법 등이 전자입찰방식을 적용하기 곤란한 경우로서 국토교통부장관이 정하여 고시하는 경우에는 전자입찰방식으로 선정하지 아니할 수 있다.
> 2. 그 밖에 국토교통부장관이 고시하는 경우 외에는 경쟁입찰로 할 것

2) 입찰참가 제한

입주자등은 기존 주택관리업자의 관리 서비스가 만족스럽지 못한 경우에는 대통령령으로 정하는 바에 따라 새로운 주택관리업자 선정을 위한 입찰에서 기존 주택관리업자의 참가를 제한하도록 입주자대표회의에 요구할 수 있다. 이 경우 입주자대표회의는 그 요구에 따라야 한다. 입주자등이 새로운 주택관리업자 선정을 위한 입찰에서 기존 주택관리업자의 참가를 제한하도록 입주자대표회의에 요구하려면 전체 입주자등 과반수의 서면동의가 있어야 한다.

3) 주택관리업자의 등록

① 주택관리업을 하려는 자는 시장·군수·구청장에게 등록하여야 하며, 등록 사항이 변경된 경우에는 국토교통부령으로 정하는 바에 따라 변경신고를 하여야 한다.
② 등록은 주택관리사(임원 또는 사원의 3분의 1 이상이 주택관리사인 상사법인을 포함한다)가 신청할 수 있다.

③ 주택관리업의 등록기준

구 분		등록기준
자본금		2억원 이상
기술능력	전기 분야 기술자	전기산업기사 이상의 기술자 1명 이상
	연료사용기기 취급 관련 기술자	에너지관리산업기사 이상의 기술자 또는 에너지관리기능사 1명 이상
	고압가스 관련 기술자	가스기능사의 자격을 가진 사람 1명 이상
	위험물취급 관련 기술자	위험물기능사 이상의 기술자 1명 이상
주택관리사		주택관리사 1명 이상
시설 · 장비		• 5마력 이상의 양수기 1대 이상 • 절연저항계(누전측정기를 말한다) 1대 이상 • 사무실

④ **주택관리업의 등록말소사유** : 시장·군수·구청장은 주택관리업자가 다음의 어느 하나에 해당하면 그 등록을 말소하거나 1년 이내의 기간을 정하여 영업의 전부 또는 일부의 정지를 명할 수 있다. 다만, 아래 1. 2. 또는 9.에 해당하는 경우에는 그 등록을 말소하여야 하고, 7. 또는 8.에 해당하는 경우에는 1년 이내의 기간을 정하여 영업의 전부 또는 일부의 정지를 명하여야 한다.

1. 거짓이나 그 밖의 부정한 방법으로 등록을 한 경우
2. 영업정지기간 중에 주택관리업을 영위한 경우 또는 최근 3년간 2회 이상의 영업정지처분을 받은 자로서 그 정지처분을 받은 기간이 합산하여 12개월을 초과한 경우
3. 고의 또는 과실로 공동주택을 잘못 관리하여 소유자 및 사용자에게 재산상의 손해를 입힌 경우
4. 공동주택 관리 실적이 매년 12월 31일을 기준으로 최근 3년간 공동주택의 관리실적이 없는 경우
5. 등록요건에 미달하게 된 경우
6. 관리방법 및 업무내용 등을 위반하여 공동주택을 관리한 경우
7. 부정하게 재물 또는 재산상의 이익을 취득하거나 제공한 경우
8. 관리비·사용료와 장기수선충당금을 이 법에 따른 용도 외의 목적으로 사용한 경우
9. 다른 자에게 자기의 성명 또는 상호를 사용하여 이 법에서 정한 사업이나 업무를 수행하게 하거나 그 등록증을 대여한 경우

10. 보고, 자료의 제출, 조사 또는 검사를 거부·방해 또는 기피하거나 거짓으로 보고를 한 경우
11. 제93조 제3항·제4항에 따른 감사를 거부·방해 또는 기피한 경우

⑤ **시장·군수·구청장의 사전 통지**: 시장·군수·구청장은 주택관리업자에 대하여 등록말소 또는 영업정지 처분을 하려는 때에는 처분일 1개월 전까지 해당 주택관리업자가 관리하는 공동주택의 입주자대표회의에 그 사실을 통보하여야 한다.

⑥ **과징금부과**: 시장·군수·구청장은 주택관리업자가 앞의 ④의 3. 4. 5. 6. 10. 11.의 어느 하나에 해당하는 경우에는 대통령령으로 정하는 바에 따라 영업정지를 갈음하여 2천만원 이하의 과징금을 부과할 수 있다.

2. 혼합주택단지의 관리

(1) 공동결정사항

혼합주택단지의 입주자대표회의와 임대사업자가 혼합주택단지의 관리에 관하여 공동으로 결정하여야 하는 사항은 다음과 같다.

1. 관리방법의 결정 및 변경
2. 주택관리업자의 선정
3. 장기수선계획의 조정
4. 장기수선충당금 및 특별수선충당금(「민간임대주택에 관한 특별법」 또는 「공공주택 특별법」에 따른 특별수선충당금을 말한다)을 사용하는 주요시설의 교체 및 보수에 관한 사항
5. 관리비 등을 사용하여 시행하는 각종 공사 및 용역에 관한 사항

(2) 불합의시 결정사항

공동으로 결정하기 위한 입주자대표회의와 임대사업자 간의 합의가 이루어지지 아니하는 경우에는 다음의 구분에 따라 혼합주택단지의 관리에 관한 사항을 결정한다.

1. 앞의 (1)의 1. 및 2.의 사항: 해당 혼합주택단지 공급면적의 2분의 1을 초과하는 면적을 관리하는 입주자대표회의 또는 임대사업자가 결정
2. 앞의 (1)의 3. 4. 5.의 사항: 해당 혼합주택단지 공급면적의 3분의 2 이상을 관리하는 입주자대표회의 또는 임대사업자가 결정

(3) 조정 신청

입주자대표회의 또는 임대사업자는 혼합주택단지의 관리에 관한 공동 결정사항에 관한 결정이 이루어지지 아니하는 경우에는 공동주택관리 분쟁조정위원회에 분쟁의 조정을 신청할 수 있다.

2 공동주택의 관리업무 등

1. 관리주체의 업무

> 1. 공동주택의 공용부분의 유지·보수 및 안전관리
> 2. 공동주택단지 안의 경비·청소·소독 및 쓰레기 수거
> 3. 관리비 및 사용료의 징수와 공과금 등의 납부대행
> 4. 장기수선충당금의 징수·적립 및 관리
> 5. 관리규약으로 정한 사항의 집행
> 6. 입주자대표회의에서 의결한 사항의 집행
> 7. 공동주택관리업무의 공개·홍보 및 공동시설물의 사용방법에 관한 지도·계몽
> 8. 입주자등의 공동사용에 제공되고 있는 공동주택단지 안의 토지·부대시설 및 복리시설에 대한 무단점유행위의 방지 및 위반행위시의 조치
> 9. 공동주택단지 안에서 발생한 안전사고 및 도난사고 등에 대한 대응조치
> 10. 하자보수 청구 등의 대행

2. 관리사무소장 등

(1) 관리사무소장의 배치 및 업무보증설정

의무관리대상 공동주택을 관리하는 주택관리업자·입주자대표회의 (자치관리의 경우에 한한다)·공동주택 관리업무를 인계하기 전의 사업주체·임대사업자는 다음의 구분에 따라 주택관리사등을 공동주택의 관리사무소장 등으로 배치하여야 한다.

공동주택의 세대수	관리사무소장 자격	업무보증 설정	보증설정방법
500세대 미만	주택관리사 또는 주택관리사보	3천만원	보증보험 또는 공제에 가입하거나 공탁
500세대 이상	주택관리사	5천만원	

주택관리사등의 업무보증설정

1. 주택관리사등은 손해배상책임을 보장하기 위한 보증보험 또는 공제에 가입하거나 공탁을 한 후 해당 공동주택의 관리사무소장으로 배치된 날에 다음의 어느 하나에 해당하는 자에게 보증보험 등에 가입한 사실을 입증하는 서류를 제출하여야 한다.
   ① 입주자대표회의의 회장
   ② 임대주택의 경우에는 임대사업자
   ③ 입주자대표회의가 없는 경우에는 시장·군수·구청장
2. 보증보험 또는 공제에 가입한 주택관리사등으로서 보증기간이 만료되어 다시 보증설정을 하려는 자는 그 보증기간이 만료되기 전에 다시 보증설정을 하여야 한다.
3. 주택관리사등은 보증보험금·공제금 또는 공탁금으로 손해배상을 한 때에는 15일 이내에 보증보험 또는 공제에 다시 가입하거나 공탁금 중 부족하게 된 금액을 보전하여야 한다.

(2) 관리사무소장의 업무

> 1. 입주자대표회의에서 의결하는 다음의 업무
>   ① 공동주택의 운영·관리·유지·보수·교체·개량
>   ② ①의 업무를 집행하기 위한 관리비·장기수선충당금이나 그 밖의 경비의 청구·수령·지출 및 그 금원을 관리하는 업무
> 2. 하자의 발견 및 하자보수의 청구, 장기수선계획의 조정, 시설물 안전관리계획의 수립 및 건축물의 안전점검에 관한 업무. 다만, 비용지출을 수반하는 사항에 대하여는 입주자대표회의의 의결을 거쳐야 한다.
> 3. 관리사무소 업무의 지휘·총괄
> 4. 그 밖에 공동주택관리에 관하여 국토교통부령으로 정하는 업무
>   ① 관리주체의 업무를 지휘·총괄하는 업무
>   ② 입주자대표회의 및 선거관리위원회의 운영에 필요한 업무 지원 및 사무처리
>   ③ 안전관리계획의 조정. 이 경우 3년마다 조정하되, 관리여건상 필요하여 관리사무소장이 입주자대표회의 구성원 과반수의 서면동의를 받은 경우에는 3년이 지나기 전에 조정할 수 있다.
>   ④ 영 제23조 제1항부터 제5항까지의 규정에 따른 관리비 등이 예치된 금융기관으로부터 매월 말일을 기준으로 발급받은 잔고증명서의 금액과 법 제27조 제1항 제1호에 따른 장부상 금액이 일치하는지 여부를 관리비 등이 부과된 달의 다음 달 10일까지 확인하는 업무

3. 주택관리사등

(1) 주택관리사등의 결격사유

> 1. 피성년후견인 또는 피한정후견인
> 2. 파산선고를 받은 자로서 복권되지 아니한 자
> 3. 금고 이상의 실형을 선고 받고 그 집행이 끝나거나(끝난 것으로 보는 경우를 포함한다) 집행이 면제된 날부터 2년이 지나지 아니한 자
> 4. 금고 이상의 형의 집행유예를 선고 받고 그 유예기간 중에 있는 자
> 5. 주택관리사등의 자격이 취소된 후 3년이 지나지 아니한 자

(2) 주택관리사등의 자격취소

시·도지사는 주택관리사등이 다음의 어느 하나에 해당하면 그 자격을 취소하거나 1년 이내의 기간을 정하여 그 자격을 정지시킬 수 있다. 다만, 다음의 1·2·3·4·7에 해당하는 경우에는 그 자격을 취소하여야 한다.

1. 거짓이나 그 밖의 부정한 방법으로 자격을 취득한 경우
2. 공동주택의 관리업무와 관련하여 금고 이상의 형을 선고받은 경우
3. 의무관리대상 공동주택에 취업한 주택관리사등이 다른 공동주택 및 상가·오피스텔 등 주택 외의 시설에 취업한 경우
4. 주택관리사등이 자격정지기간에 공동주택관리업무를 수행한 경우
5. 고의 또는 중대한 과실로 공동주택을 잘못 관리하여 소유자 및 사용자에게 재산상의 손해를 입힌 경우
6. 주택관리사등이 업무와 관련하여 금품수수 등 부당이득을 취한 경우
7. 다른 사람에게 자기의 명의를 사용하여 이 법에서 정한 업무를 수행하게 하거나 자격증을 대여한 경우
8. 공동주택관리에 관한 감독(법 제93조 제1항)에 따른 보고, 자료의 제출, 조사 또는 검사를 거부·방해 또는 기피하거나 거짓으로 보고를 한 경우
9. 지자체장의 감사 실시에 관한 규정(제93조 제3항·제4항)에 따른 감사를 거부·방해 또는 기피한 경우

(3) 주택관리교육과 윤리교육

주택관리교육 (시·도지사가 위탁한 교육수탁기관)	① 주택관리업자: 주택관리업의 등록을 한 날부터 3개월 이내 교육과 윤리교육 이수의무 ② 관리사무소장: 관리사무소장으로 배치된 날(주택관리사보로서 관리사무소장이던 사람이 주택관리사의 자격을 취득한 경우에는 그 자격취득일을 말한다)부터 3개월 이내 교육과 윤리교육 이수의무
무경력자의 교육 및 윤리교육	관리사무소장 배치예정일부터 직전 5년 이내에 관리사무소장·공동주택관리기구의 직원 또는 주택관리업자의 임직원으로서 종사한 경력이 없는 경우에는 시·도지사가 실시하는 공동주택관리에 관한 교육과 윤리교육을 이수하여야 관리사무소장으로 배치받을 수 있다.
정기교육	공동주택의 관리사무소장으로 배치받아 근무 중인 주택관리사는 교육을 받은 후 3년마다 공동주택주택관리에 관한 교육과 윤리교육을 받아야 한다.
교육기간	주택관리업자(법인인 경우에는 그 대표자를 말한다)와 관리사무소장, 배치예정 관리사무소장, 기존 관리사무소장의 공동주택관리에 관한 교육과 윤리교육기간은 3일로 한다.

3 공동주택의 의사결정 등

1. 입주자대표회의

(1) 입주자대표회의의 구성

① 입주자대표회의는 <u>4명 이상으로 구성</u>하되, 동별 세대수에 비례하여 관리규약으로 정한 선거구에 따라 선출된 대표자(이하 "동별 대표자"라 한다)로 구성한다. 이 경우 선거구는 2개 동 이상으로 묶거나 통로나 층별로 구획하여 정할 수 있다.

② 하나의 공동주택단지를 수개의 공구로 구분하여 순차적으로 건설하는 경우(임대주택은 분양전환된 경우를 말한다)에는 먼저 입주한 공구의 입주자등은 입주자대표회의를 구성할 수 있다. 다만, 다음 공구의 입주예정자의 과반수가 입주한 때에는 다시 입주자대표회의를 구성하여야 한다.

(2) 동별 대표자의 선출

① 동별 대표자는 동별 대표자 선출공고에서 정한 각종 서류 제출 마감일을 기준으로 다음의 요건을 갖춘 입주자(입주자가 법인인 경우에는 그 대표자를 말한다) 중에서 대통령령으로 정하는 바에 따라 선거구 입주자등의 보통·평등·직접·비밀선거를 통하여 선출한다.

> 1. 해당 공동주택단지 안에서 주민등록을 마친 후 계속하여 3개월 이상 거주하고 있을 것(최초의 입주자대표회의를 구성하거나 입주자대표회의를 구성하기 위하여 동별 대표자를 선출하는 경우는 제외한다)
> 2. 해당 선거구에 주민등록을 마친 후 거주하고 있을 것

② 동별 대표자는 선거구별로 1명씩 선출하되 그 선출방법은 다음의 구분에 따른다.

> 1. 후보자가 2명 이상인 경우: 해당 선거구 전체 입주자등의 과반수가 투표하고 후보자 중 최다득표자를 선출
> 2. 후보자가 1명인 경우: 해당 선거구 전체 입주자등의 과반수가 투표하고 투표자 과반수의 찬성으로 선출

③ **동별 대표자의 결격사유**: 서류 제출 마감일을 기준으로 다음의 어느 하나에 해당하는 사람은 동별 대표자가 될 수 없으며 그 자격을 상실한다.

02

1. 미성년자, 피성년후견인 또는 피한정후견인
2. 파산자로서 복권되지 아니한 사람
3. 이 법 또는 「주택법」, 「민간임대주택에 관한 특별법」, 「공공주택 특별법」, 「건축법」, 「집합건물의 소유 및 관리에 관한 법률」을 위반한 범죄로 금고 이상의 실형선고를 받고 그 집행이 끝나거나(집행이 끝난 것으로 보는 경우를 포함한다) 집행이 면제된 날부터 2년이 지나지 아니한 사람
4. 금고 이상의 형의 집행유예선고를 받고 그 유예기간 중에 있는 사람
5. 이 법 또는 「주택법」, 「민간임대주택에 관한 특별법」, 「공공주택 특별법」, 「건축법」, 「집합건물의 소유 및 관리에 관한 법률」을 위반한 범죄로 벌금형을 선고받은 후 2년이 지나지 아니한 사람
6. 선거관리위원회 위원(사퇴하거나 해임 또는 해촉된 사람으로서 그 남은 임기 중에 있는 사람을 포함한다)
7. 공동주택의 소유자가 서면으로 위임한 대리권이 없는 소유자의 배우자나 직계존비속
8. 해당 공동주택 관리주체의 소속 임직원과 해당 공동주택 관리주체에 용역을 공급하거나 사업자로 지정된 자의 소속 임원. 이 경우 관리주체가 주택관리업자인 경우에는 해당 주택관리업자를 기준으로 판단한다.
9. 해당 공동주택의 동별 대표자를 사퇴한 날부터 1년(해당 동별 대표자에 대한 해임이 요구된 후 사퇴한 경우에는 2년을 말한다)이 지나지 아니하거나 해임된 날부터 2년이 지나지 아니한 사람
10. 관리비등을 최근 3개월 이상 연속하여 체납한 사람
11. 동별 대표자로서 임기 중에 위의 10.에 해당하여 법 제14조 제5항에 따라 퇴임한 사람으로서 그 남은 임기(남은 임기가 1년을 초과하는 경우에는 1년을 말한다) 중에 있는 사람

④ **동별 대표자의 임기**

㉠ 동별 대표자의 임기는 2년으로 한다. 다만, 보궐선거로 선출된 동별 대표자의 임기는 전임자 임기의 남은 기간으로 한다.

㉡ 동별 대표자는 한 번만 중임할 수 있다. 이 경우 보궐선거로 선출된 동별 대표자의 임기가 6개월 미만인 경우에는 임기의 횟수에 포함하지 아니한다.

⑤ **동별 대표자의 후보자가 없는 선거구**: 동별 대표자의 선출방법(영 제11조 제1항) 및 중임제한(영 제13조 제2항)에도 불구하고 2회의 선출공고(직전 선출공고일부터 2개월 이내에 공고하는 경우만 2회로 계산한다)에도 불구하고 동별 대표자의 후보자가 없거나 선출된 사람이 없는 선거구에서 직전 선출공고일부터 2개월 이내에 선출공고를 하는 경우에는 동별 대표자를 중임한 사람 또는 사용자도 해당 선거구 입주자등의 과반수의 찬성으로 다시 동별 대표자로 선출될 수 있다.

⑥ **동별 대표자 후보자 등의 범죄경력 조회 등**: 선거관리위원회 위원장(선거관리위원회가 구성되지 아니하였거나 위원장이 사퇴, 해임 등으로 궐위된 경우에는 입주자대표회의의 회장을 말하며, 입주자대표회의의 회장도 궐위된 경우에는 관리사무소장을 말한다)은 동별 대표자 후보자 또는 동별 대표자의 결격사유 해당 여부를 확인하기 위하여 동별 대표자 후보자 또는 동별 대표자의 동의를 받아 범죄경력을 관계 기관의 장(즉, 관할 경찰관서의 장)에게 확인하여야 한다.

(3) **입주자대표회의의 임원**

임 원	동별 대표자 중에서 회장 1명, 감사 2명 이상, 이사 1명 이상

임원은 동별 대표자 중에서 다음의 구분에 따른 방법으로 선출한다.

① **회장 선출방법**

　㉠ 입주자등의 보통·평등·직접·비밀선거를 통하여 선출

　㉡ 후보자가 2명 이상인 경우: 전체 입주자등의 10분의 1 이상이 투표하고 후보자 중 최다득표자를 선출

　㉢ 후보자가 1명인 경우: 전체 입주자등의 10분의 1 이상이 투표하고 투표자 과반수의 찬성으로 선출

　㉣ 다음의 경우에는 입주자대표회의 구성원 과반수의 찬성으로 선출하며, 입주자 대표회의 구성원 과반수 찬성으로 선출할 수 없는 경우로서 최다득표자가 2인 이상인 경우에는 추첨으로 선출

> 1. 후보자가 없거나 위의 ㉠부터 ㉢까지의 규정에 따라 선출된 자가 없는 경우
> 2. 위의 ㉠부터 ㉢까지의 규정에도 불구하고 500세대 미만의 공동주택단지에서 관리규약으로 정하는 경우

② **감사 선출방법**

　㉠ 입주자등의 보통·평등·직접·비밀선거를 통하여 선출

　㉡ 후보자가 선출필요인원을 초과하는 경우 : 전체 입주자등의 10분의 1 이상이 투표하고 후보자 중 다득표자 순으로 선출

　㉢ 후보자가 선출필요인원과 같거나 미달하는 경우 : 후보자별로 전체 입주자등의 10분의 1 이상이 투표하고 투표자 과반수의 찬성으로 선출

　㉣ 다음의 경우에는 입주자대표회의 구성원 과반수의 찬성으로 선출하며, 입주자 대표회의 구성원 과반수 찬성으로 선출할 수 없는 경우로서 최다득표자가 2인 이상인 경우에는 추첨으로 선출

> 1. 후보자가 없거나 ㉠부터 ㉢까지의 규정에 따라 선출된 자가 없는 경우(선출된 자가 선출필요인원에 미달하여 추가선출이 필요한 경우를 포함한다)
> 2. 위의 ㉠부터 ㉢까지의 규정에도 불구하고 500세대 미만의 공동주택단지에서 관리규약으로 정하는 경우

③ **이사 선출방법**

　입주자대표회의 구성원 과반수의 찬성으로 선출하며, 입주자 대표회의 구성원 과반수 찬성으로 선출할 수 없는 경우로서 최다득표자가 2인 이상인 경우에는 추첨으로 선출

⑷ **동별 대표자 및 입주자대표회의의 임원의 해임**

동별 대표자 및 입주자대표회의의 임원은 관리규약으로 정한 사유가 있는 경우에 다음의 구분에 따른 방법으로 해임한다.

① **동별 대표자** : 해당 선거구 전체 입주자등의 과반수가 투표하고 투표자 과반수의 찬성으로 해임

② **입주자대표회의의 임원** : 다음의 구분에 따른 방법으로 해임

> 1. 회장 및 감사(500세대 미만의 공동주택인 경우의 회장 및 감사 선출방법에 따라 입주자대표회의에서 선출된 회장 및 감사는 관리규약으로 정하는 절차에 따라 해임한다) : 전체 입주자등의 10분의 1 이상이 투표하고 투표자 과반수의 찬성으로 해임
> 2. 이사 : 관리규약으로 정하는 절차에 따라 해임

⑸ **입주자대표회의의 의결사항**

입주자대표회의는 그 구성원 과반수의 찬성으로 다음의 사항을 의결한다.

> 1. 관리규약 개정안의 제안(제안서에는 개정안의 취지, 내용, 제안유효기간 및 제안자 등을 포함)
> 2. 관리규약에서 위임한 사항과 그 시행에 필요한 규정의 제정·개정 및 폐지
> 3. 공동주택 관리방법의 제안
> 4. 관리비등의 집행을 위한 사업계획 및 예산의 승인(변경승인을 포함한다)
> 5. 공용시설물의 사용료 부과기준의 결정
> 6. 관리비등의 회계감사의 요구 및 회계감사보고서의 승인
> 7. 관리비등의 결산의 승인
> 8. 단지 안의 전기·도로·상하수도·주차장·가스설비·냉난방설비 및 승강기 등의 유지 및 운영기준
> 9. 자치관리를 하는 경우 자치관리기구 직원의 임면에 관한 사항
> 10. 장기수선계획에 따른 공동주택의 공용부분의 보수·교체 및 개량
> 11. 공동주택의 행위허가 또는 신고행위의 제안
> 12. 공동주택에 대한 리모델링의 제안 및 리모델링의 시행
> 13. 주민공동시설 위탁운영의 제안(어린이집·다함께돌봄센터·공동육아나눔터는 제외)
> 14. 장기수선계획 및 안전관리계획의 수립 또는 조정(비용지출을 수반하는 경우에 한한다)
> 15. 입주자등 상호간에 이해가 상반되는 사항의 조정
> 16. 공동체 생활의 활성화 및 질서유지에 관한 사항
> 17. 그 밖에 공동주택의 관리와 관련하여 관리규약으로 정하는 사항

⑹ **입주자대표회의의 운영 및 윤리교육**

입주자대표회의의 구성원은 매년 4시간의 운영·윤리교육을 이수하여야 한다.

⑺ **입주자대표회의의 소집**

입주자대표회의는 관리규약이 정하는 바에 따라 회장이 그 명의로 소집한다. 다만, 다음의 어느 하나에 해당하는 때에는 회장은 <u>해당일부터 14일 이내</u>에 입주자대표회의를 소집하여야 한다.

1. 입주자대표회의 구성원 3분의 1 이상이 청구하는 때
2. 입주자등의 10분의 1 이상이 요청하는 때
3. 전체 입주자의 10분의 1 이상이 요청하는 때(장기수선계획의 수립 또는 조정에 관한 사항만 해당한다)

2. 공동주택의 선거관리위원회

(1) 동별 대표자등의 선거관리위원회

입주자등은 동별 대표자나 입주자대표회의의 임원을 선출하거나 해임하기 위하여 선거관리위원회를 구성한다.

(2) 선거관리위원회의 위원의 결격사유

다음의 어느 하나에 해당하는 사람은 선거관리위원회 위원이 될 수 없으며 그 자격을 상실한다.

1. 동별 대표자 또는 그 후보자
2. 1.에 해당하는 사람의 배우자 또는 직계존비속
3. 미성년자, 피성년후견인 또는 피한정후견인
4. 동별 대표자를 사퇴하거나 그 지위에서 해임 또는 퇴임한 사람으로서 그 남은 임기 중에 있는 사람
5. 선거관리위원회 위원을 사퇴하거나 그 지위에서 해임 또는 해촉된 사람으로서 그 남은 임기 중에 있는 사람

(3) 선거관리위원회의 구성원의 수 등

① 선거관리위원회의 구성원 수, 위원장의 선출 방법, 의결의 방법 등 선거관리위원회의 구성 및 운영에 필요한 사항은 대통령령으로 정한다.
② 선거관리위원회는 입주자등 중에서 위원장을 포함하여 다음의 구분에 따른 위원으로 구성한다.

1. 500세대 이상인 공동주택 : 5명 이상 9명 이하
2. 500세대 미만인 공동주택 : 3명 이상 9명 이하

(4) 선거관리위원회의 위원장

선거관리위원회 위원장은 위원 중에서 호선한다.

3. 공동주택관리규약

1. 사업주체는 입주예정자와 관리계약을 체결할 때 관리규약 제정안을 제안하여야 한다. 다만, 사업주체가 입주자대표회의가 구성되기 전에 공동주택의 어린이집·다함께돌봄센터·공동육아나눔터의 임대계약을 체결하려는 경우에는 입주개시일 3개월 전부터 관리규약 제정안을 제안할 수 있다.
2. 최초의 관리규약의 경우 사업주체는 해당 공동주택단지의 인터넷 홈페이지(인터넷 홈페이지가 없는 경우에는 인터넷 포털을 통해 관리주체가 운영·통제하는 유사한 기능의 웹사이트 또는 관리사무소의 게시판을 말한다)에 제안내용을 공고하고 입주예정자에게 개별 통지해야 한다.
3. 의무관리대상 전환 공동주택의 관리규약 제정안은 의무관리대상 전환 공동주택의 관리인이 제안하고, 그 내용을 전체 입주자등 과반수의 서면동의로 결정한다.

관리규약의 준칙		시·도지사
최초 관리규약의 제정	제 안	사업주체
	결 정	해당 입주예정자의 과반수가 서면동의하는 방법으로 결정
관리규약의 개정	제 안	입주자대표회의 의결 또는 전체 입주자등의 10분의 1 이상이 제안
	결 정	전체 입주자등의 과반수가 찬성하는 방법에 따른다.
관리규약의 신고		관리규약이 제정·개정되거나 입주자대표회의가 구성·변경된 날부터 30일 이내에 신고서를 시장·군수·구청장에게 제출해야 한다.
관리규약의 효력		관리규약은 입주자등의 지위를 승계한 사람에 대하여도 그 효력이 있다.
관리규약의 보관		공동주택의 관리주체는 관리규약을 보관하여 입주자등이 열람을 청구하거나 자기의 비용으로 복사를 요구하면 응하여야 한다.

공동주택의 운영

1 관리비 및 회계운영

1. 관리비등

(1) 관리비등의 명세

관리비는 다음 비목의 월별 금액의 합계액으로 하며, 비목별 세부명세는 다음과 같다.

관리비 항목	구성내역
일반관리비	• 인건비 : 급여 · 제수당 · 상여금 · 퇴직금 · 산재보험료 · 고용보험료 · 국민연금 · 국민건강보험료 및 식대 등 복리후생비 • 제사무비 : 일반사무용품비 · 도서인쇄비 · 교통통신비 등 관리사무에 직접 소요되는 비용 • 제세공과금 : 관리기구가 사용한 전기료 · 통신료 · 우편료 및 관리기구에 부과되는 세금 등 • 피복비 • 교육훈련비 • 차량유지비 : 연료비 · 수리비 및 보험료 등 차량유지에 직접 소요되는 비용 • 그 밖의 부대비용 : 관리용품 구입비 · 회계감사비 그 밖에 관리업무에 소요되는 비용
청소비	용역시에는 용역금액, 직영시에는 청소원인건비 · 피복비 및 청소용품비 등 청소에 직접 소요된 비용
경비비	용역시에는 용역금액, 직영시에는 경비원인건비 · 피복비 등 경비에 직접 소요된 비용
소독비	용역시에는 용역금액, 직영시에는 소독용품비 등 소독에 직접 소요된 비용
승강기 유지비	용역시에는 용역금액, 직영시에는 제부대비 · 자재비 등. 다만, 전기료는 공동으로 사용되는 시설의 전기료에 포함한다.
지능형 홈네트워크 설비 유지비	용역시에는 용역금액, 직영시에는 지능형 홈네트워크설비 관련 인건비, 자재비 등 지능형 홈네트워크설비의 유지 및 관리에 직접 소요되는 비용. 다만, 전기료는 공동으로 사용되는 시설의 전기료에 포함한다.

난방비	난방 및 급탕에 소요된 원가(유류대·난방비 및 급탕용수비)에서 급탕비를 뺀 금액
급탕비	급탕용 유류대 및 급탕용수비
수선유지비	• 장기수선계획에서 제외되는 공동주택의 공용부분의 수선·보수에 소요되는 비용으로 보수용역시에는 용역금액, 직영시에는 자재 및 인건비 • 냉난방시설의 청소비·소화기충약비 등 공동으로 이용하는 시설의 보수유지비 및 제반 검사비 • 건축물의 안전점검비용 • 재난 및 재해 등의 예방에 따른 비용
위탁관리 수수료	주택관리업자에게 위탁하여 관리하는 경우로서 입주자대표회의와 주택관리업자 간의 계약으로 정한 월간 비용

(2) **관리비와 구분하여 징수하는 비용**

① **구분징수**

> 1. 장기수선충당금
> 2. 안전진단 실시비용(공동주택의 내력구조부에 중대한 하자가 있다고 인정되는 경우에 안전진단기관에 의뢰하여 실시하는 안전진단 실시비용)

② **납부대행 사용료**

> 1. 전기료(공동으로 사용되는 시설의 전기료를 포함한다)
> 2. 수도료(공동으로 사용하는 수도료를 포함한다)
> 3. 가스사용료
> 4. 지역난방방식인 공동주택의 난방비와 급탕비
> 5. 정화조오물수수료
> 6. 생활폐기물수수료
> 7. 공동주택단지 안의 건물 전체를 대상으로 하는 보험료
> 8. 입주자대표회의의 운영경비
> 9. 선거관리위원회의 운영경비

(3) **관리비등의 예치·관리**

관리주체는 관리비등을 입주자대표회의가 지정하는 금융기관에 예치하여 관리하되, 장기수선충당금은 별도의 계좌로 예치·관리하여야 한다. 이 경우 계좌는 관리사무소장의 직인 외에 입주자대표회의의 회장 인감을 복수로 등록할 수 있다.

(4) 관리비등의 공개의무

관리비등을 입주자등에게 부과한 관리주체는 관리비등의 그 명세를 다음 달 말일까지 해당 공동주택단지의 인터넷 홈페이지 및 동별게시판과 공동주택관리정보시스템에 공개하여야 한다. 잡수입의 경우에도 동일한 방법으로 공개하여야 한다.

(5) 관리비등의 집행을 위한 사업자 선정

1. 관리주체가 사업자를 선정하고 집행하는 다음의 사항
   ① 청소, 경비, 소독, 승강기유지, 지능형 홈네트워크, 수선·유지(냉방·난방시설의 청소를 포함한다)를 위한 용역 및 공사
   ② 주민공동시설의 위탁, 물품의 구입과 매각, 잡수입의 취득(공동주택의 어린이집 임대에 따른 잡수입의 취득은 제외한다), 보험계약 등 국토교통부장관이 정하여 고시하는 사항
2. 입주자대표회의가 사업자를 선정하고 집행하는 다음의 사항
   ① 하자보수보증금을 사용하여 보수하는 공사
   ② 사업주체로부터 지급받은 공동주택 공용부분의 하자보수비용을 사용하여 보수하는 공사
3. 입주자대표회의가 사업자를 선정하고 관리주체가 집행하는 다음의 사항
   ① 장기수선충당금을 사용하는 공사
   ② 전기안전관리(「전기사업법」에 따라 전기설비의 안전관리에 관한 업무를 위탁 또는 대행하게 하는 경우를 말한다)를 위한 용역

(6) 관리비등의 사업계획 및 예산안 수립 등

① 의무관리대상 공동주택의 관리주체는 다음 회계연도에 관한 관리비등의 사업계획 및 예산안을 매 회계연도 개시 1개월 전까지 입주자대표회의에 제출하여 승인을 받아야 하며, 승인사항에 변경이 있는 때에는 변경승인을 받아야 한다.

② 사업주체로부터 공동주택의 관리업무를 인계받은 관리주체는 지체 없이 다음 회계연도가 시작되기 전까지의 기간에 대한 사업계획 및 예산안을 수립하여 입주자대표회의의 승인을 받아야 한다. 다만, 다음 회계연도가 시작되기 전까지의 기간이 3개월 미만인 경우로서 입주자대표회의 의결이 있는 경우에는 생략할 수 있다.

(7) **사업실적서 및 결산서 제출**

의무관리대상 공동주택의 관리주체는 회계연도마다 사업실적서 및 결산서를 작성하여 회계연도 종료 후 2개월 이내에 입주자대표회의에 제출하여야 한다.

2. 감사인의 회계감사

(1) 회계감사

의무관리대상 공동주택의 관리주체는 대통령령으로 정하는 바에 따라 「주식회사 등의 외부감사에 관한 법률」 제2조 제7호에 따른 감사인의 회계감사를 매년 1회 이상 받아야 한다. 다만, 다음 각 호의 구분에 따른 연도에는 그러하지 아니하다(제26조 제1항).

> 1. 300세대 이상인 공동주택: 해당 연도에 회계감사를 받지 아니하기로 입주자 등의 3분의 2 이상의 서면동의를 받은 경우 그 연도
> 2. 300세대 미만인 공동주택: 해당 연도에 회계감사를 받지 아니하기로 입주자 등의 과반수의 서면동의를 받은 경우 그 연도

(2) 회계감사 대상 재무제표

회계감사를 받아야 하는 공동주택의 관리주체는 매 회계연도 종료 후 9개월 이내에 다음의 재무제표에 대하여 회계감사를 받아야 한다.

> 1. 재무상태표
> 2. 운영성과표
> 3. 이익잉여금처분계산서(또는 결손금처리계산서)
> 4. 주석(註釋)

(3) 회계감사 결과 보고 및 공개

관리주체는 회계감사를 받은 경우에는 감사보고서 등 회계감사의 결과를 제출받은 날부터 1개월 이내에 입주자대표회의에 보고하고 해당 공동주택단지의 인터넷 홈페이지 및 동별게시판에 공개하여야 한다.

(4) 감사인의 선정

회계감사의 감사인은 입주자대표회의가 선정한다. 이 경우 입주자대표회의는 시장·군수·구청장 또는 「공인회계사법」에 따른 한국공인회계사회에 감사인의 추천을 의뢰할 수 있으며, 입주자등의 10분의 1 이상이 연서하여 감사인의 추천을 요구하는 경우 입주자대표회의는 감사인의 추천을 의뢰한 후 추천을 받은 자 중에서 감사인을 선정하여야 한다.

> **보충학습**
>
> ➤ **회계처리기준, 회계감사기준**
>
> 1. 회계처리기준
>   재무제표를 작성하는 회계처리기준은 국토교통부장관이 정하여 고시한다.
> 2. 회계감사기준
>   회계감사기준은 「공인회계사법」 제41조에 따른 한국공인회계사회가 정하되, 국토교통부장관의 승인을 받아야 한다.

2 시설관리 및 행위허가

1. 장기수선계획 및 장기수선충당금

(1) 장기수선계획

수립대상	① 300세대 이상의 공동주택 ② 승강기가 설치된 공동주택 ③ 중앙집중식난방방식 또는 지역난방방식의 공동주택 ④ 건축허가를 받아 주택 외의 시설과 주택을 동일 건축물로 건축한 건축물	
수립권자	공동주택을 건설·공급하는 사업주체(건축주) 또는 리모델링을 하는 자	
제 출	사용검사를 신청할 때에 사용검사권자에게 제출	
인 계	사용검사권자는 이를 그 공동주택의 관리주체에게 인계하여야 한다.	
조 정	조정주체	입주자대표회의 및 관리주체
	조정시기	3년마다 검토하고 필요한 경우 이를 국토교통부령으로 정하는 바에 따라 조정하여야 한다. 전체 입주자 과반수의 서면동의를 받은 경우에는 3년이 경과하기 전에 장기수선계획을 조정할 수 있다.
조정교육	시·도지사 실시	

(2) 장기수선충당금

적립대상	① 300세대 이상의 공동주택 ② 승강기가 설치된 공동주택 ③ 중앙집중식난방방식 또는 지역난방방식의 공동주택 ④ 건축허가를 받아 주택 외의 시설과 주택을 동일 건축물로 건축한 건축물
징 수	해당 주택의 소유자로부터 징수
분양되지 아니한 세대의 장기수선충당금	사업주체가 부담한다.
대신 납부한 경우	소유자를 대신하여 장기수선충당금을 납부한 경우 해당 주택의 소유자에게 그 납부금액의 지급을 청구
적립시기	사용검사일부터 1년이 경과한 날이 속하는 달부터 매월 적립 건설임대주택에서 분양전환된 공동주택의 경우에는 임대사업자가 관리주체에게 관리업무를 인수인계한 날이 속하는 달부터 매월 적립한다.
요 율	관리규약으로 정한다(당해 공동주택의 공용부분의 내구연한 등을 고려).
산정공식	월간 세대별 장기수선충당금 = [장기수선계획기간 중의 수선비총액 ÷ {총공급면적 × 12 × 계획기간(년)}] × 세대당 주택공급면적
적립금액	장기수선계획에서 정한다.
사 용	장기수선충당금 사용계획서를 장기수선계획에 따라 작성하고 입주자대표회의의 의결을 거쳐 사용한다.

> **보충학습**

> ▶ **월별 세대별 장기수선충당금**

$$\text{월별 세대별 장기수선충당금} = \frac{\text{장기수선계획 중의 수선비 총액}}{\text{총공급면적} \times 12 \times \text{계획기간(년)}} \times \text{세대당 주택공급면적}$$

2. 시설물의 안전관리

(1) 안전관리계획

의무관리대상 공동주택의 관리주체는 다음의 시설에 관한 안전관리계획을 수립하여야 한다.

> 1. 고압가스·액화석유가스 및 도시가스시설
> 2. 중앙집중식난방시설
> 3. 발전 및 변전시설
> 4. 위험물 저장시설
> 5. 소방시설
> 6. 승강기 및 인양기
> 7. 연탄가스배출기(세대별로 설치된 것은 제외한다)
> 8. 주차장
> 9. 그 밖에 국토교통부령으로 정하는 시설
>   ① 석축, 옹벽, 담장, 맨홀, 정화조 및 하수도
>   ② 옥상 및 계단 등의 난간
>   ③ 우물 및 비상저수시설
>   ④ 펌프실, 전기실 및 기계실
>   ⑤ 경로당 또는 어린이놀이터에 설치된 시설

(2) 안전관리진단

구 분	대상시설	점검횟수
해빙기진단	석축·옹벽·법면·교량·우물·비상저수시설	연 1회(2월 또는 3월)
우기진단	석축·옹벽·법면·담장·하수도·주차장	연 1회(6월)
월동기진단	연탄가스배출기·중앙집중식난방시설·노출배관의 동파방지, 수목보온	연 1회(9월 또는 10월)
안전진단	변전실·고압가스시설·도시가스시설·액화석유가스시설·소방시설·맨홀(정화조의 뚜껑을 포함한다)·유류저장시설·펌프실·승강기·인양기·전기실·기계실·어린이놀이터	매분기 1회 이상(다만, 승강기의 경우에는 「승강기 안전관리법」에 정하는 바에 따른다)
위생진단	저수시설·우물·어린이놀이터	연 2회 이상

(3) 방범교육 및 안전교육

방범교육 및 안전교육실시기관	시장 · 군수 · 구청장
교육기관	연 2회 이내, 매회별 4시간
교육대상자	① 방범교육: 경비책임자 ② 소방에 관한 안전교육: 시설물 안전관리책임자 ③ 시설물에 관한 안전교육: 시설물 안전관리책임자
교육의 위탁	① 방범교육: 관할 경찰서장 또는 공동주택관리 지원기구 ② 소방에 관한 안전교육: 관할 소방서장 또는 공동주택관리 지원기구 ③ 시설물에 관한 안전교육: 주택관리사단체 또는 공동주택관리 지원기구

(4) 공동주택의 안전점검

의무관리대상 공동주택		관리주체는 반기마다 안전점검을 실시하여야 한다.
16층 이상인 공동주택 (15층 이하의 공동주택으로서 사용검사일부터 30년이 경과되었거나 안전등급이 C등급 · D등급 또는 E등급에 해당하는 공동주택을 포함한다)		① 책임기술자로서 해당 공동주택단지의 관리직원인 자 ② 안전진단전문기관 ③ 주택관리사등이 된 후 정기안전점검교육을 이수한 자 중 관리사무소장으로 배치된 자 또는 해당 공동주택단지의 관리직원인 자 ④ 유지관리업자
안전점검의 결과 통보 · 보고	**재해 및 재난 등이 발생할 우려가 있는 경우**	관리주체는 지체 없이 ⇨ 입주자대표회의 통보한 후 시장 · 군수 또는 구청장에게 그 사실을 보고 ⇨ 보고를 받은 공동주택에 대하여는 매월 1회 이상 점검을 실시하여야 한다.
예산의 확보	**입주자대표회의 및 관리주체** (의무관리대상 공동주택)	건축물의 안전점검과 재난예방에 필요한 예산을 매년 확보하여야 한다.
소규모 공동주택의 안전관리	**지방자치단체장**	① 시설물에 대한 안전관리계획의 수립 및 시행 ② 공동주택에 대한 안전점검 ③ 그 밖에 지방자치단체의 조례로 정하는 사항

3 행위허가 기준 등

1. 행위의 허가 · 신고

(1) 허가 · 신고사항

공동주택(부대시설 및 복리시설을 포함한다)의 입주자 · 사용자 또는 관리주체가 공동주택의 용도변경, 증축, 개축, 대수선, 용도폐지, 재축 및 비내력벽의 철거, 세대구분형 공동주택을 설치하려는 경우에는 <u>시장 · 군수 · 구청장의 허가</u>를 받거나 <u>신고</u>를 하여야 한다.

🗂 행위허가시 동의요건

🗂 행위허가 또는 신고 제외
입주자 공유가 아닌 복리시설의 비내력벽 철거

전체 입주자 3분의 2 이상 동의	용도변경(공동주택, 부대시설, 공유인 복리시설)
	부대시설 및 공유인 복리시설의 개축 · 재축 · 대수선 · 용도폐지 · 파손 · 철거 · 비내력벽 철거 · 증축(단, 건축물 내부 철거 · 증설의 경우 구조안전에 이상이 없다고 시장 · 군수 · 구청장이 인정하는 경우에 한정하여 전체 입주자등의 2분의 1 이상 동의, 그 밖의 경우는 전체 입주자등의 3분의 2 이상 동의)
해당 동의 입주자 3분의 2 이상 동의	공동주택 개축 · 재축 · 대수선 · 용도폐지
	공동주택 공용부분의 철거(시설물의 철거로 구조안전에 이상이 없다고 시장 · 군수 · 구청장이 인정하는 경우에 한정한다. 단, 비내력벽 철거는 해당 동의 입주자등 2분의 1 이상 동의)
	세대구분형 공동주택의 설치(대수선이 포함된 경우로서 내력벽에 배관설비를 설치하는 경우를 제외한 그 밖의 경우)
해당 동의 입주자등 2분의 1 이상 동의	공동주택 철거(시설물의 철거로 구조안전에 이상이 없다고 시장 · 군수 · 구청장이 인정하는 전유부분이거나, 위해 등 방지를 목적으로 부득이하다고 시장 · 군수 · 구청장이 인정하는 경우)
	세대구분형 공동주택의 설치(대수선이 포함된 경우로서 내력벽에 배관설비를 설치하는 경우 또는 대수선을 제외한 경우로서 시장 · 군수 · 구청장이 구조안전에 이상이 없다고 인정하는 경우)

(2) 허가 · 신고 비대상

1. 창틀 · 문틀의 교체
2. 세대내 천장 · 벽 · 바닥의 마감재 교체
3. 급 · 배수관 등 배관설비의 교체
4. 세대내 난방설비의 변경(시설물의 파손 · 철거는 제외한다)
5. 구내통신선로설비, 경비실과 통화가 가능한 구내전화, 지능형 홈네트워크 설비, 방송수신을 위한 공동수신설비 또는 영상정보처리기기의 교체(폐쇄회로 텔레비전과 네트워크 카메라 간의 교체를 포함한다)
6. 보안등, 자전거보관소, 안내표지판, 담장(축대는 제외한다) 또는 보도블록의 교체
7. 폐기물보관시설(재활용품 분류보관시설을 포함한다), 택배보관함 또는 우편함의 교체
8. 조경시설 중 수목의 일부 제거 및 교체
9. 주민운동시설의 교체(다른 운동종목을 위한 시설로 변경하는 것을 말하며, 면적이 변경되는 경우는 제외한다)
10. 부대시설 중 각종 설비나 장비의 수선 · 유지 · 보수를 위한 부품의 일부 교체
11. 그 밖에 위의 규정에서 정한 사항과 유사한 행위로서 시장 · 군수 · 구청장이 인정하는 행위

2. 관리주체에 대한 동의사항

1. 주택 내부의 구조물과 설비를 교체하는 행위
2. 공용부분에 물건을 적재하여 통행 · 피난 및 소방을 방해하는 행위
3. 공동주택에 광고물 · 표지물 또는 표지를 부착하는 행위
4. 가축(장애인 보조견 제외)을 사육하거나 방송시설 등을 사용함으로써 공동주거생활에 피해를 미치는 행위
5. 공동주택의 발코니 난간 또는 외벽에 돌출물을 설치하는 행위
6. 전기실 · 기계실 · 정화조시설 등에 출입하는 행위
7. 「환경친화적 자동차의 개발 및 보급 촉진에 관한 법률」에 따른 전기자동차의 이동형 충전기를 이용하기 위한 차량무선인식장치[전자태그(RFID tag)를 말한다]를 콘센트 주위에 부착하는 행위

하자담보책임 및 하자분쟁조정

1 하자담보책임 및 하자보수

1. 하자담보책임

하자담보책임을 지는 자	① 공동주택을 건설한 사업주체 ② 건축허가를 받아 분양을 목적으로 하는 공동주택을 건축한 건축주 ③ 공동주택을 증축·개축·대수선 또는 리모델링행위를 한 시공자 ④ 분양전환 공공임대주택(이하 "공공임대주택"이라 한다)을 공급한 사업주체
하자보수이행을 청구할 수 있는 자	① 전유부분 : 입주자 또는 공공임대주택의 임차인 ② 공용부분 : 다음의 어느 하나에 해당하는 자 　㉠ 입주자대표회의 또는 공공임대주택의 임차인대표회의 　㉡ 관리주체(하자보수청구 등에 관하여 입주자 또는 입주자대표회의를 대행하는 관리주체를 말한다) 　㉢ 「집합건물의 소유 및 관리에 관한 법률」에 따른 관리단

2. 하자담보책임기간

하자담보 책임기간	공동주택의 시설공사
10년	기초공사·지정공사 등 지반공사, 「건축법」상의 주요구조부
5년	대지조성공사, 철근콘크리트공사, 철골공사, 조적공사, 지붕공사, 방수공사
3년	옥외급수·위생 관련 공사, 난방·냉방·환기, 공기조화 설비공사, 급·배수 및 위생설비공사, 가스설비공사, 목공사, 창호공사, 조경공사, 전기 및 전력설비공사, 신재생 에너지 설비공사, 정보통신공사, 지능형 홈네트워크 설비공사, 소방시설공사, 단열공사, 잡공사
2년	마감공사[미장공사, 수장공사, 도장공사, 도배공사, 타일공사, 석공사(건물 내부 공사), 옥내가구공사, 주방기구공사, 가전제품]

3. 하자보수의 절차 등

입주자대표회의등 ⇨ 사업주체에게 하자보수청구	① 하자보수를 청구받은 날부터 15일 이내에 그 하자를 보수하거나 보수일정을 명시한 하자보수계획을 입주자대표회의등에 서면으로 통보하고 그 계획에 따라 하자를 보수하여야 한다. ② 입주자대표회의는 사업주체가 하자보수를 이행하지 아니하는 경우에는 하자보수보증서 발급기관에 하자보수보증금의 지급을 청구할 수 있다.
사업주체등의 하자진단의뢰에 따른 안전진단기관	건축분야 안전진단전문기관, 엔지니어링사업자, 기술사, 건축사·한국건설기술연구원, 국토안전관리원
하자분쟁조정위원회의 하자감정요청에 따른 안전진단기관	건축분야 안전진단전문기관, 엔지니어링사업자·기술사·건축사·한국건설기술연구원, 국토안전관리원, 국립 또는 공립의 주택 관련 시험·검사기관, 대학 및 산업대학의 주택 관련 부설 연구기관
시장등의 안전진단의뢰	건축분야 안전진단전문기관, 한국건설기술연구원, 국토안전관리원, 대한건축사협회, 대학 및 산업대학의 부설연구기관
비용부담	① 안전진단에 드는 비용은 사업주체가 부담한다. 다만, 하자의 원인이 사업주체 외의 자에게 있는 경우에는 그 자가 부담한다. ② 하자진단에 드는 비용과 감정에 드는 비용은 국토교통부령으로 정하는 바에 따라 당사자가 부담한다.
하자보수의 종료통지	사업주체는 하자담보책임기간이 <u>만료되기 30일 전</u>까지 그 만료예정일을 해당 공동주택의 입주자대표회의에 서면으로 통보하여야 한다.
이의제기	보수결과를 통보받은 입주자대표회의등은 통보받은 날부터 <u>30일 이내</u>에 이유를 명확히 기재한 서면으로 사업주체에게 이의를 제기할 수 있다.
담보책임 종료확인서	사업주체와 입주자(전유부분) 및 입주자대표회의 회장(공용부분)에 따른 자는 하자보수가 끝난 때에는 공동으로 담보책임 종료확인서를 작성하여야 한다.

4. 하자보수보증금

예치의무자	① 하자담보책임을 지는 자(사업주체 등) ② 건설임대주택을 분양전환하려는 경우에는 그 임대사업자	
예치의무 면제자	국가 · 지방자치단체 · 한국토지주택공사 및 지방공사인 사업주체	
예치명의	처 음	사용검사권자의 명의
	나 중	입주자대표회의의 명의
예치방법	현금 또는 보증서	
예 치	사용검사권자가 지정하는 금융기관	
하자보수 보증서 제출	현금예치증서 또는 보증서를 사용검사신청서를 제출할 때 사용검사권자에게 제출	
예치금액	하자보수보증금은 다음의 어느 하나에 해당하는 금액의 100분의 3으로 한다. 다만, 건설임대주택이 분양전환되는 경우에는 아래 ① 또는 ②에 따른 금액에 임대주택 세대 중 분양전환을 하는 세대의 비율을 곱한 금액으로 한다. ① 대지조성과 함께 공동주택을 건설하는 경우 : 사업계획승인서에 기재된 해당 공동주택의 총사업비에서 해당 공동주택을 건설하는 대지의 조성 전 가격을 뺀 금액 ② 대지조성 없이 공동주택을 건설하는 경우 : 사업계획승인서에 기재된 해당 공동주택의 총사업비에서 대지가격을 뺀 금액 ③ 공동주택을 증축 · 개축 · 대수선 또는 리모델링하는 경우 : 허가신청서 또는 신고서에 기재된 해당 공동주택의 총사업비 ④ 건축허가를 받아 분양을 목적으로 공동주택을 건설하는 경우 : 사용승인을 신청할 당시의 공공건설임대주택 분양전환가격의 산정기준에 따른 표준건축비를 적용하여 산출한 건축비	
하자보수 보증금의 지급	청구를 받은 하자보수보증서 발급기관은 청구일부터 30일 이내에 하자보수보증금을 지급하여야 한다.	
하자보수 보증금의 사용	입주자대표회의는 하자보수보증금을 사용한 때에는 그날부터 30일 이내에 그 사용명세를 사업주체에게 통보하여야 한다.	
	의무관리대상 공동주택의 경우에는 하자보수보증금의 사용 후 30일 이내에 그 사용내역을 국토교통부령으로 정하는 바에 따라 시장 · 군수 · 구청장에게 신고하여야 한다.	
하자보수 보증금의 반환	① 사용검사일(사용승인일)부터 2년이 경과된 때 : 하자보수보증금의 100분의 15 ② 사용검사일부터 3년 경과된 때 : 하자보수보증금의 100분의 40 ③ 사용검사일부터 5년 경과된 때 : 하자보수보증금의 100분의 25 ④ 사용검사일부터 10년 경과된 때 : 하자보수보증금의 100분의 20	

2 위원회

하자심사 분쟁조정위원회	공동주택관리 분쟁조정위원회	
	중앙분쟁조정위원회	지방분쟁조정위원회
60명 이내	15명 이내	10명 이내
국토교통부장관이 임명	국토교통부장관이 임명	시장·군수·구청장이 임명
• 1급에서 4급까지 공무원(고위공무원단) • 부교수 이상 • 판사·검사·변호사 6년 이상 9명 이상 (필수) • 건축사·기술사·감정평가 10년 이상 • 관리사무소장으로 10년 이상 근무	• 1급에서 4급까지 공무원(고위공무원단) • 부교수 이상 • 판사·검사·변호사 6년 이상 3명 이상 (필수) • 공인회계사·세무사·건축사·감정평가사·공인노무사 10년 이상 • 관리사무소장으로 10년 이상 근무	• 시·군·구 공무원 • 조교수 이상 • 판사·검사·변호사 • 공인회계사·세무사·건축사·공인노무사 • 관리사무소장으로 5년 이상 근무
① 하자 여부 판정 ② 하자담보책임 및 하자보수 등에 대한 사업주체등과 입주자 대표회의등 간의 분쟁의 조정 및 재정 ③ 하자의 책임범위 등에 대하여 사업주체 등·설계자 및 감리자 간에 발생하는 분쟁의 조정 및 재정 ④ 다른 법령에서 하자분쟁조정위원회의 사무로 규정된 사항	① 둘 이상의 시·군·구의 관할 구역에 걸친 분쟁 ② 시·군·구에 지방분쟁조정위원회가 설치되지 아니한 경우 해당 시·군·구 관할 분쟁 ③ 분쟁당사자가 쌍방이 합의하여 중앙분쟁조정위원회에 조정을 신청하는 분쟁 ④ 그 밖에 중앙분쟁조정위원회에서 관할하는 것이 필요하다고 대통령령으로 정하는 분쟁	① 입주자대표회의의 구성·운영 및 동별 대표자의 자격·선임·해임·임기에 관한 사항 ② 공동주택관리기구의 구성·운영 등에 관한 사항 ③ 관리비·사용료 및 장기수선충당금 등의 징수·사용 등에 관한 사항 ④ 공동주택의 유지·보수·개량 등에 관한 사항 ⑤ 공동주택의 리모델링에 관한 사항 ⑥ 공동주택의 층간소음에 관한 사항 ⑦ 혼합주택단지에서의 분쟁에 관한 사항 등

1. 하자분쟁조정 및 분쟁재정

📖 조정등
"조정등"이란 하자심사·분쟁조정 및 분쟁재정을 말한다.

02

조정등의 절차	하자분쟁조정위원회는 조정등의 신청을 받은 때에는 지체 없이 조정 등의 절차를 개시하여야 한다. 이 경우 하자분쟁조정위원회는 그 신청을 받은 날부터 다음 각 호의 구분에 따른 기간(흠결보정기간 및 하자감정기간은 제외한다) 이내에 그 절차를 완료하여야 한다. ① 하자심사 및 분쟁조정: 60일(공용부분의 경우 90일) ② 분쟁재정: 150일(공용부분의 경우 180일)
효 력	① 조정서의 내용은 재판상 화해와 동일한 효력이 있다. ② 재정문서는 그 정본이 당사자에게 송달된 날부터 60일 이내에 당사자 양쪽 또는 어느 한쪽이 그 재정의 대상인 공동주택의 하자담보책임을 원인으로 하는 소송을 제기하지 아니하거나 그 소송을 취하한 경우 재판상 화해와 동일한 효력이 있다.

2. 공동주택관리분쟁조정

조정등의 절차	중앙분쟁조정위원회는 조정절차를 개시한 날부터 30일 이내에 그 절차를 완료한 후 조정안을 작성하여 지체 없이 이를 각 당사자에게 제시하여야 한다. 다만, 부득이한 사정으로 30일 이내에 조정절차를 완료할 수 없는 경우 중앙분쟁조정위원회는 그 기간을 연장할 수 있다.
효 력	① 중앙분쟁조정위원회에서 당사자가 조정안을 수락하거나 수락한 것으로 보는 때에는 그 조정서의 내용은 재판상 화해와 동일한 효력을 갖는다. ② 분쟁당사자가 지방분쟁조정위원회의 조정결과를 수락한 경우에는 당사자 간에 조정조서와 같은 내용의 합의가 성립된 것으로 본다.

3 공동주택관리기구

지 정	국토교통부장관은 공동주택관리 지원업무를 수행할 기관 또는 단체를 공동주택관리 지원기구(이하 "공동주택관리 지원기구"라 한다)로 지정하여 고시할 수 있다.

4 공동주택관리정보시스템

구축 · 운영	국토교통부장관은 공동주택관리의 투명성과 효율성을 제고하기 위하여 공동주택관리에 관한 정보를 종합적으로 관리할 수 있는 공동주택관리정보시스템을 구축 · 운영할 수 있고, 이에 관한 정보를 관련 기관 · 단체 등에 제공할 수 있다.

5 공동주택관리비리신고센터

구축 · 운영	① 국토교통부장관은 국토교통부에 공동주택관리비리신고센터를 설치한다. ② 신고센터의 장은 국토교통부의 공동주택 관리업무를 총괄하는 부서의 장으로 하고, 구성원은 공동주택 관리와 관련된 업무를 담당하는 공무원으로 한다.
절 차	① 신고센터는 신고서를 받은 날부터 10일 이내(보완기간은 제외)에 해당 지방자치단체의 장에게 신고사항에 대한 조사 및 조치를 요구하고, 그 사실을 신고자에게 통보하여야 한다. ② 신고사항에 대한 조사 및 조치를 요구받은 지방자치단체의 장은 요구를 받은 날부터 60일 이내에 조사 및 조치를 완료하고, 조사 및 조치를 완료한 날부터 10일 이내에 국토교통부장관에게 통보하여야 한다. 다만, 60일 이내에 처리가 곤란한 경우에는 한 차례만 30일 이내의 범위에서 그 기간을 연장할 수 있다.

M·E·M·O

민간임대주택에
관한 특별법

CHAPTER 01 용 어

1. 민간임대주택

민간임대주택이란 임대 목적으로 제공하는 주택[토지를 임차하여 건설된 주택 및 오피스텔 등 대통령령으로 정하는 준주택(이하 "준주택"이라 한다) 및 대통령령으로 정하는 일부만을 임대하는 주택을 포함한다]으로서 임대사업자가 등록한 주택을 말하며, 민간건설임대주택과 민간매입임대주택으로 구분한다.

> **보충학습**
>
> ### ➤ 대통령령으로 정하는 준주택
>
> 1. 주택 외의 건축물을 기숙사(일반기숙사, 임대형기숙사)로 리모델링한 건축물
> 2. 다음의 요건을 모두 갖춘 오피스텔
>   ① 전용면적이 120m² 이하일 것
>   ② 상하수도 시설이 갖추어진 전용 입식 부엌, 전용 수세식 화장실 및 목욕시설을 갖출 것
>
> ### ➤ 대통령령으로 정하는 일부만을 임대하는 주택
>
> 다가구주택으로서 임대사업자 본인이 거주하는 실(室)을 제외한 나머지 실 전부를 임대하는 주택을 말한다.

민간건설 임대주택	① 임대사업자가 임대를 목적으로 건설하여 임대하는 주택 ② 「주택법」에 따라 등록한 주택건설사업자가 사업계획승인을 받아 건설한 주택 중 사용검사 때까지 분양되지 아니하여 임대하는 주택
민간매입 임대주택	임대사업자가 매매 등으로 소유권을 취득하여 임대하는 민간임대주택을 말한다.

> **보충학습**
>
> ### ➤ 공유형 민간임대주택
>
> 공유형 민간임대주택이란 가족관계가 아닌 2명 이상의 임차인이 하나의 주택에서 거실·주방 등 어느 하나 이상의 공간을 공유하여 거주하는 민간임대주택으로서 임차인이 각각 임대차계약을 체결하는 민간임대주택을 말한다.

2. 공공지원민간임대주택 · 장기일반민간임대주택

공공지원 민간임대주택	공공지원민간임대주택이란 임대사업자가 다음의 어느 하나에 해당하는 민간임대주택을 10년 이상 임대할 목적으로 취득하여 이 법에 따른 임대료 및 임차인의 자격제한 등을 받아 임대하는 민간임대주택을 말한다. ① 주택도시기금의 출자를 받아 건설 또는 매입하는 민간임대주택 ② 공공택지 또는 이 법에 따라 수의계약 등으로 공급되는 토지 및 「혁신도시 조성 및 발전에 관한 특별법」 제2조 제6호에 따른 종전부동산을 매입 또는 임차하여 건설하는 민간임대주택 ③ 용적률을 완화 받거나 용도지역 변경을 통하여 용적률을 완화 받아 건설하는 민간임대주택 ④ 공공지원민간임대주택 공급촉진지구에서 건설하는 민간임대주택 ⑤ 그 밖에 국토교통부령으로 정하는 공공지원을 받아 건설 또는 매입하는 민간임대주택
장기일반 민간임대주택	임대사업자가 공공지원민간임대주택이 아닌 주택을 10년 이상 임대할 목적으로 취득하여 임대하는 민간임대주택[아파트(도시형 생활주택이 아닌 것을 말한다)를 임대하는 민간매입 임대주택을 제외한다]을 말한다.

3. 임대사업자

임대사업자란 「공공주택 특별법」에 따른 공공주택사업자가 아닌 자로서가 아닌 자로서 1호 이상의 민간임대주택을 취득하여 임대하는 사업을 할 목적으로 제5조에 따라 등록한 자를 말한다.

4. 주택임대관리업

주택임대관리업이란 주택의 소유자로부터 임대관리를 위탁받아 관리하는 업(業)을 말하며, 다음과 같이 구분한다.

자기관리형 주택임대관리업자	주택의 소유자로부터 주택을 임차하여 자기책임으로 전대(轉貸)하는 형태의 업
위탁관리형 주택임대관리업자	주택의 소유자로부터 수수료를 받고 임대료 부과 · 징수 및 시설물 유지 · 관리 등을 대행하는 형태의 업

5. 주택임대관리업자

주택임대관리업자란 주택임대관리업을 하기 위하여 등록한 자를 말한다.

6. 공공지원민간임대주택 공급촉진지구

공공지원민간임대주택 공급촉진지구란 공공지원민간임대주택의 공급을 촉진하기 위하여 법 제22조에 따라 지정·고시한 지구를 말한다.

7. 역세권등

역세권등이란 철도역, 환승시설, 산업단지 등 어느 하나에 해당하는 시설부터 1km 거리 이내에 위치한 지역을 말한다. 이 경우 시·도지사는 해당 지방자치단체의 조례로 그 거리를 50%의 범위에서 증감하여 달리 정할 수 있다.

8. 주거지원대상자

주거지원대상자란 청년·신혼부부 등 주거지원이 필요한 사람으로서 국토교통부령으로 정하는 요건을 충족하는 사람을 말한다.

9. 복합지원시설

복합지원시설이란 공공지원민간임대주택에 거주하는 임차인등의 경제활동과 일상생활을 지원하는 시설로서 대통령령으로 정하는 시설을 말한다.

임대사업자 및 주택임대관리업자

1 임대사업자의 등록

1. 등록신청

주택을 임대하려는 자는 특별자치시장·특별자치도지사·시장·군수 또는 구청장(구청장은 자치구의 구청장을 말하며, 이하 "시장·군수·구청장"이라 한다)에게 등록을 신청할 수 있다.

2. 등록기준

(1) 등록할 수 있는 자

① 민간임대주택으로 등록할 주택을 소유한 자
② 민간임대주택으로 등록할 주택을 취득하려는 계획이 확정되어 있는 자로서 다음의 어느 하나에 해당하는 자

> 1. 민간임대주택으로 등록할 주택을 건설하기 위하여 「주택법」에 따른 사업계획승인을 받은 자
> 2. 민간임대주택으로 등록할 주택을 건설하기 위하여 「건축법」에 따른 건축허가를 받은 자
> 3. 민간임대주택으로 등록할 주택을 매입하기 위하여 매매계약을 체결한 자
> 4. 민간임대주택으로 등록할 주택을 매입하기 위하여 분양계약을 체결한 자

③ 민간임대주택으로 등록할 주택을 취득하려는 ② 외의 자로서 다음 의 어느 하나에 해당하는 자

> 1. 「주택법」에 따라 등록한 주택건설사업자
> 2. 「부동산투자회사법」에 따른 부동산투자회사
> 3. 「법인세법」에 해당하는 투자회사
> 4. 「자본시장과 금융투자업에 관한 법률」에 따른 집합투자기구
> 5. 소속 근로자에게 임대하기 위하여 민간임대주택을 건설하려는 고용 자(법인으로 한정한다)

(2) **임대사업자의 결격사유**

① 미성년자

② 등록이 전부 말소된 후 2년이 지나지 아니한 자

③ 임차인에 대한 보증금반환채무의 이행과 관련하여「형법」제347조의 죄를 범하여 금고 이상의 형을 선고받고 집행이 종료(집행이 종료된 것으로 보는 경우를 포함한다)되거나 그 집행이 면제된 날부터 2년이 지나지 아니한 자

④ ③에 따른 죄를 범하여 형의 집행유예를 선고받고 그 유예기간 중에 있는 자

⑤ 등록신청일부터 과거 5년 이내에 민간임대주택 또는 공공임대주택 사업에서 부도(부도 후 부도 당시의 채무를 변제하고 사업을 정상화시킨 경우는 제외한다)가 발생한 사실이 있는 자(부도 당시 법인의 대표자나 임원이었던 자와 부도 당시 법인의 대표자나 임원 또는 부도 당시 개인인 임대사업자가 대표자나 임원으로 있는 법인을 포함한다)는 임대사업자로 등록할 수 없다.

(3) **등록말소**

시장·군수·구청장은 임대사업자가 다음의 어느 하나에 해당하면 등록의 전부 또는 일부를 말소할 수 있다. 다만, 다음의 1.에 해당하는 경우에는 등록의 전부 또는 일부를 말소하여야 한다.

> 1. 거짓이나 그 밖의 부정한 방법으로 등록한 경우
> 2. 임대사업자가 등록한 후 대통령령으로 정하는 일정 기간 안에 민간임대주택을 취득하지 아니하는 경우
>   ① 민간임대주택으로 등록할 주택을 취득하려는 계획이 확정되어 있는 자로서 다음의 어느 하나에 해당하는 자
>   ㉠ 민간임대주택으로 등록할 주택을 건설하기 위하여「주택법」에 따른 사업계획승인을 받은 자: 임대사업자로 등록한 날로부터 6년
>   ㉡ 민간임대주택으로 등록할 주택을 건설하기 위하여「건축법」에 따른 건축허가를 받은 자: 임대사업자로 등록한 날로부터 4년
>   ㉢ 민간임대주택으로 등록할 주택을 매입하기 위하여 매매계약을 체결한 자: 임대사업자로 등록한 날로부터 3개월
>   ㉣ 민간임대주택으로 등록할 주택을 매입하기 위하여 분양계약을 체결한 자: 임대사업자로 등록한 날로부터 1년

② 민간임대주택으로 등록할 주택을 취득하려는 ① 외의 자로서 다음
　의 어느 하나에 해당하는 자 - 임대사업자로 등록한 날로부터 6년
　　㉠ 「주택법」에 따라 등록한 주택건설사업자
　　㉡ 「부동산투자회사법」에 따른 부동산투자회사
　　㉢ 「법인세법」에 해당하는 투자회사
　　㉣ 「자본시장과 금융투자업에 관한 법률」에 따른 집합투자기구
　　㉤ 소속 근로자에게 임대하기 위하여 민간임대주택을 건설하려는
　　　고용자(법인으로 한정한다)

3. 등록한 날부터 1개월이 경과하기 전 또는 임대의무기간이 경과한 후 등
　록말소를 신청하는 경우

4. 등록기준을 갖추지 못한 경우. 다만, 일시적으로 등록기준에 미달하는
　등 대통령령으로 정하는 경우는 그러하지 아니하다.

5. 임대의무기간 동안에 다른 임대사업자에게 민간임대주택을 양도한
　경우

6. 임대사업자가 부도, 파산, 그 밖의 대통령령으로 정하는 경제적 사유로
　임대의무기간 중에 임대사업자가 아닌 자에게 민간임대주택을 양도한
　경우

7. 임대조건을 위반한 경우

8. 임대차계약을 해제·해지하거나 재계약을 거절한 경우

9. 준주택에 대한 용도제한을 위반한 경우

10. 민간임대주택의 선순위 담보권, 국세·지방세의 체납사실 등 권리관
　　계에 관한 사항에 따른 설명이나 정보를 거짓이나 그 밖의 부정한 방
　　법으로 제공한 경우

11. 임대의무기간 미경과시 양도금지에도 불구하고 종전의 장기일반민간
　　임대주택 중 아파트(「주택법」 제2조 제20호의 도시형 생활주택이 아
　　닌 것을 말한다)를 임대하는 민간매입임대주택 또는 단기민간임대주
　　택에 대하여 임대사업자가 임대의무기간 내 등록 말소를 신청(신청
　　당시 체결된 임대차계약이 있는 경우 임차인의 동의가 있는 경우로
　　한정한다)하는 경우

12. 임대사업자가 보증금 반환을 지연하여 임차인의 피해가 명백히 발생
　　하였다고 대통령령으로 정하는 경우

13. 임대차계약 신고 또는 변경신고를 하지 아니하여 시장·군수·구청
　　장이 법 제61조 제1항에 따라 보고를 하게 하였으나 거짓으로 보고하
　　거나 3회 이상 불응한 경우

14. 임대보증금에 대한 보증에 가입하지 아니한 경우로서 대통령령으로
　　정하는 경우

15. 국세 또는 지방세를 체납하여 보증금반환채무의 이행과 관련한 임차
　　인의 피해가 명백히·예상되는 경우로서 대통령령으로 정하는 경우

> 16. 임차인에 대한 보증금반환채무의 이행과 관련하여 「형법」 제347조의 죄를 범하여 금고 이상의 실형(집행유예를 포함한다)을 선고받고 그 형이 확정된 경우
> 17. 그 밖에 민간임대주택으로 계속 임대하는 것이 어렵다고 인정하는 경우로서 대통령령으로 정하는 경우

⑷ **청 문**

시장·군수·구청장은 따라 등록을 말소하는 경우 청문을 하여야 한다. 다만, 위의 ⑶의 등록말소사유 중에서 3. 5. 6.의 경우는 제외한다.

2 협동조합 조합원모집

1. 조합원 모집신고 및 공개모집

① 조합원에게 공급하는 민간건설임대주택을 포함하여 단독주택은 30호 이상, 공동주택 및 준주택은 30세대 이상의 주택을 공급할 목적으로 설립된 민간임대협동조합이나 민간임대협동조합의 발기인이 조합원을 모집하려는 경우 해당 민간 임대주택 건설대지의 관할 시장·군수·구청장에게 신고하고, 공개모집의 방법으로 조합원을 모집하여야 한다.

② ①에도 불구하고 공개모집 이후 조합원의 사망·자격상실·탈퇴 등으로 인한 결원을 충원하거나 미달된 조합원을 재모집하는 경우에는 신고하지 아니하고 선착순의 방법으로 조합원을 모집할 수 있다.

③ 시장·군수·구청장은 해당 민간임대주택 건설대지의 80% 이상에 해당하는 토지의 사용권원을 확보하지 못한 경우 조합원 모집 신고를 수리해서는 안된다.

2. 조합원 모집시 설명의무

조합원 모집 신고를 하고 조합원을 모집하는 민간임대협동조합 및 민간임대협동조합의 발기인(이하 "모집주체"라 한다)은 민간임대협동조합 가입 계약(민간임대협동조합의 설립을 위한 계약을 포함한다) 체결 시 조합원의 권리와 의무에 관한 사항, 조합원의 자격에 관한 사항 등을 조합가입신청자에게 설명하고 이를 확인받아야 한다.

3. 청약철회 및 가입비등의 반환 등

① 조합가입신청자가 민간임대협동조합 가입 계약을 체결하면 모집주체는 조합가입 신청자로 하여금 계약체결시 납부하여야 하는 일체의 금전(이하 "가입비등"이라 한다)을 대통령령으로 정하는 기관(이하 "예치기관"이라 한다)에 예치하게 하여야 한다.

② 조합가입신청자는 민간임대협동조합 가입 계약을 체결하면 예치기관에 국토교통부령으로 정하는 가입비등 예치신청서를 제출해야 한다.

③ 예치기관은 신청을 받은 경우 가입비등을 예치기관의 명의로 예치해야 하고, 이를 다른 금융자산과 분리하여 관리해야 한다.

4. 가입계약의 청약 철회

① 조합가입신청자는 민간임대협동조합 가입 계약체결일부터 30일 이내에 민간임대협동조합 가입에 관한 청약을 철회할 수 있다.

② 청약 철회를 서면으로 하는 경우에는 청약 철회의 의사를 표시한 서면을 발송한 날에 그 효력이 발생한다.

③ 모집주체는 조합가입신청자가 청약 철회를 한 경우 청약 철회 의사가 도달한 날부터 7일 이내에 예치기관의 장에게 가입비등의 반환을 요청하여야 한다.

④ 예치기관의 장은 가입비등의 반환 요청을 받은 경우 요청일부터 10일 이내에 가입비등을 조합가입신청자에게 반환하여야 한다.

⑤ 조합가입신청자가 민간임대협동조합 가입 계약체결일부터 30일 이내에 청약 철회를 하는 경우 모집주체는 조합가입신청자에게 청약 철회를 이유로 위약금 또는 손해배상을 청구할 수 없다.

모집주체의 가입비등의 반환요청 및 지급

1. 모집주체는 법 제5조의5 제4항에 따라 가입비등의 반환을 요청하는 경우 국토교통부령으로 정하는 요청서를 예치기관의 장에게 제출해야 한다.
2. 모집주체는 민간임대협동조합 가입 계약 체결일부터 30일이 지난 경우 예치기관의 장에게 가입비등의 지급을 요청할 수 있다. 이 경우 모집주체는 국토교통부령으로 정하는 요청서를 예치기관의 장에게 제출해야 한다.
3. 예치기관의 장은 2.에 따라 요청서를 받은 경우 요청일부터 10일 이내에 가입비등을 모집주체에게 지급해야 한다.

3 주택임대관리업자

1. 주택임대관리업자의 등록

📝 "대통령령으로 정하는 규모"란 다음의 구분에 따른 규모를 말한다(영 제6조 제1항).
1. 자기관리형 주택임대관리업의 경우 : 단독주택은 100호, 공동주택은 100세대
2. 위탁관리형 주택임대관리업의 경우 : 단독주택은 300호, 공동주택은 300세대

등록하는 경우에는 자기관리형 주택임대관리업과 위탁관리형 주택임대관리업을 구분하여 등록하여야 한다. 다만, 100호 이상의 범위에서 대통령령으로 정하는 규모 이상으로 주택임대관리업을 하려는 자(국가, 지방자치단체, 「공공기관의 운영에 관한 법률」에 따른 공공기관, 지방공사는 제외한다)는 등록하여야 한다.

이 경우 자기관리형 주택임대관리업을 등록한 경우에는 위탁관리형 주택임대관리업도 등록한 것으로 본다.

2. 주택임대관리업의 등록기준

주택임대관리업 구분		자기관리형	위탁관리형
1. 자본금		1억 5천만원 이상	1억원 이상
2. 전문인력	변호사, 법무사, 공인회계사, 세무사, 감정평가사, 건축사, 공인중개사, 주택관리사 자격을 취득한 후 각각 해당 분야에 2년 이상 종사한 사람	2명 이상	1명 이상
	부동산 관련 분야의 석사 이상의 학위를 취득한 후 부동산 관련 업무에 3년 이상 종사한 사람		
	부동산 관련 회사에서 5년 이상 근무한 사람으로서 부동산 관련 업무에 3년 이상 종사한 사람		
3. 시 설		사무실	

3. 주택임대관리업자의 결격사유

1. 파산선고를 받고 복권되지 아니한 자
2. 피성년후견인 또는 피한정후견인
3. 주택임대관리업의 등록이 말소된 후 2년이 지나지 아니한 자. 이 경우 등록이 말소된 자가법인인 경우에는 말소 당시의 원인이 된 행위를 한 사람과 대표자를 포함한다.
4. 이 법, 「주택법」, 「공공주택 특별법」 또는 「공동주택 관리법」을 위반하여 금고 이상의 실형을 선고받고 집행이 종료(집행이 종료된 것으로 보는 경우를 포함한다)되거나 그 집행이 면제된 날부터 3년이 지나지 아니한 사람
5. 이 법, 「주택법」, 「공공주택 특별법」 또는 「공동주택 관리법」을 위반하여 형 집행유예를 선고받고 그 유예기간 중에 있는 사람

4. 주택임대관리업자의 등록말소 등

(1) 등록말소 사유

시장·군수·구청장은 주택임대관리업자가 다음의 어느 하나에 해당하면 그 등록을 말소하거나 1년 이내의 기간을 정하여 영업의 전부 또는 일부의 정지를 명할 수 있다. 다만, 다음의 1. 2. 또는 6.에 해당하는 경우에는 그 등록을 말소하여야 한다.

1. 거짓이나 그 밖의 부정한 방법으로 등록을 한 경우
2. 영업정지기간 중에 주택임대관리업을 영위한 경우 또는 최근 3년간 2회 이상의 영업정지처분을 받은 자로서 그 정지처분을 받은 기간이 합산하여 12개월을 초과한 경우
3. 고의 또는 중대한 과실로 임대를 목적으로 하는 주택을 잘못 관리하여 임대인 및 임차인에게 재산상의 손해를 입힌 경우
4. 정당한 사유 없이 최종 위탁계약 종료일의 다음 날부터 1년 이상 위탁계약 실적이 없는 경우
5. 등록기준을 갖추지 못한 경우. 다만, 일시적으로 등록기준에 미달하는 등 대통령령으로 정하는 경우는 그러하지 아니하다.
6. 자기의 명의 또는 상호를 사용하여 이 법에서 정한 사업이나 업무를 수행하게 하거나 그 등록증을 대여한 경우
7. <u>법 제61조에 따른</u> 보고, 자료의 제출 또는 검사를 거부·방해 또는 기피하거나 거짓으로 보고한 경우

📖 **법 제61조에 따른 보고, 자료의 제출 또는 검사**
국토교통부장관 또는 지방자치단체의 장은 필요하다고 인정할 때에는 임대사업자, 주택임대관리업자, 그 밖에 이 법에 따른 인가·승인 또는 등록을 한 자에게 필요한 보고를 하게 하거나 관계 공무원으로 하여금 사업장에 출입하여 필요나 검사를 하게 할 수 있다.

⑵ 주택임대관리업의 등록말소 등의 통보

시장·군수·구청장은 주택임대관리업 등록의 말소 또는 영업정지 처분을 하려면 처분 예정일 1개월 전까지 해당 주택임대관리업자가 관리하는 주택의 임대인 및 임차인에게 그 사실을 통보하여야 한다.

⑶ 과징금 부과 등

시장·군수·구청장은 주택임대관리업자가 앞의 등록말소사유 중 위의 ⑴의 3.부터 5.까지 및 7.(임의적 등록말소) 중 어느 하나에 해당하는 경우에는 영업정지를 갈음하여 1천만원 이하의 과징금을 부과할 수 있다.

5. 주택임대관리업자의 현황신고

주택임대관리업자는 분기마다 그 분기가 끝나는 달의 다음 달 말일까지 자본금, 전문인력, 관리 호수 등 대통령령으로 정하는 정보를 시장·군수·구청장에게 신고하여야 한다.

6. 보증상품의 가입

자기관리형 주택임대관리업자는 다음의 보증을 할 수 있는 보증상품에 가입하여야 한다.

> 1. 임대인의 권리보호를 위한 보증 : 자기관리형 주택임대관리업자가 약정한 임대료를 지급하지 아니하는 경우 약정한 임대료의 3개월분 이상의 지급을 책임지는 보증
> 2. 임차인의 권리보호를 위한 보증 : 자기관리형 주택임대관리업자가 임대보증금의 반환의무를 이행하지 아니하는 경우 임대보증금의 반환을 책임지는 보증

🖭 대통령령으로 정하는 정보
1. 자본금
2. 전문인력
3. 사무실 소재지
4. 위탁받아 관리하는 주택의 호수·세대수 및 소재지
5. 보증보험 가입사항(자기관리형 주택임대관리업을 등록한 자만 해당한다)
6. 계약기간, 관리수수료 등 위·수탁 계약조건에 관한 정보

민간임대주택의 건설

1 토지 우선 공급

1. 국·공유지 우선 공급

국가·지방자치단체·공공기관 또는 지방공사가 그가 소유하거나 조성한 토지를 공급(매각 또는 임대를 말한다)하는 경우에는 「주택법」 제30조에도 불구하고 민간임대주택을 건설하려는 임대사업자에게 우선적으로 공급할 수 있다.

2. 국가·지방자치단체·한국토지주택공사 또는 지방공사의 우선 공급

국가·지방자치단체·한국토지주택공사 또는 지방공사는 그가 조성한 토지 중 3% 이상을 임대사업자[소속 근로자에게 임대하기 위하여 민간임대주택을 건설하려는 고용자(법인에 한정한다)로서 임대사업자로 등록한 자를 포함한다]에게 우선 공급하여야 한다.

3. 토지 등을 공급받은 자의 의무

위의 1. 2.의 규정에 따라 토지 및 종전부동산(이하 "토지등"이라 한다)을 공급받은 자는 토지등을 공급받은 날부터 2년 이내에 민간임대주택을 건설하여야 한다.

4. 의무 불이행시 환매 또는 임대계약취소

위의 규정에 따라 토지 등을 공급하는 자는 그 토지등을 공급한 날부터 2년 이내에 민간임대주택 건설을 착공하지 아니하면 그 토지등을 환매하거나 임대차계약을 해제·해지할 수 있다는 특약 조건을 붙여 공급하여야 한다. 이 경우 환매 특약은 등기하여야 한다.

② 임대사업자의 토지 등의 수용·사용의 특례

1. 임대사업자 특례 요건

임대사업자가 전용면적 85m² 이하의 민간임대주택을, 단독주택의 경우에는 100호, 공동주택의 경우에는 100세대 이상 건설하기 위하여 사업 대상 토지 면적의 80% 이상을 매입한 경우(토지 소유자로부터 매입에 관한 동의를 받은 경우를 포함한다)로서 나머지 토지를 취득하지 아니하면 그 사업을 시행하기가 현저히 곤란해질 사유가 있는 경우에는 시·도지사에게 「공익사업을 위한 토지 등의 취득 및 보상에 관한 법률」 제4조 제5호에 따른 지정을 요청할 수 있다.

2. 특례사항

공익사업자 지정을 받은 임대사업자가 「주택법」에 따른 사업계획승인을 받으면 「공익사업을 위한 토지 등의 취득 및 보상에 관한 법률」 제20조 제1항에 따른 사업인정을 받은 것으로 본다. 다만, 재결신청(裁決申請)은 「공익사업을 위한 토지 등의 취득 및 보상에 관한 법률」에도 불구하고 사업계획승인을 받은 주택건설사업 기간에 할 수 있다.

CHAPTER 04 공공지원민간임대주택 공급촉진지구

1 공공지원민간임대주택 공급촉진지구

1. 지정권자

원칙	시·도지사
예외	국토교통부장관 ① 둘 이상의 특별시·광역시·특별자치시·도에 걸쳐 촉진지구를 지정하는 경우 및 관계 시·도지사 간 협의가 이루어지지 아니하여 지정을 요청하는 경우 ② 그 밖에 국민의 주거안정을 위하여 공공지원민간임대주택을 건설·공급할 필요가 있는 경우

2. 지정요건

공공지원민간임대주택이 원활하게 공급될 수 있도록 공공지원민간임대주택 공급촉진지구(이하 "촉진지구"라 한다)를 지정할 수 있다. 이 경우 촉진지구는 다음의 요건을 모두 갖추어야 한다.

(1) 촉진지구에서 건설·공급되는 전체 주택 호수의 50% 이상이 공공지원민간임대주택으로 건설·공급될 것

(2) 촉진지구의 면적은 5천m² 이상의 범위에서 다음의 대통령령으로 정하는 면적 이상 일 것. 다만, 역세권 등에서 촉진지구를 지정하는 경우 2천m² 이상의 범위에서 해당 지방자치단체가 조례로 정하는 면적 이상이어야 한다.

도시지역	5천m² 이상

1. 도시지역과 인접한 다음 각 지역의 경우
  ① 도시지역과 경계면이 접한 지역
  ② 도시지역과 경계면이 도로, 하천 등으로 분리되어 있으나 도시지역의 도로, 상하수도, 학교 등 주변 기반시설의 연결 또는 활용이 적합한 지역
2. 부지에 도시지역과 위의 1.의 어느 하나에 해당하는 지역이 함께 포함된 경우
	2만m² 이상

그 밖의 지역	10만m² 이상

(3) 유상공급 토지면적(도로, 공원 등 관리청에 귀속되는 공공시설 면적을 제외한 면적을 말한다) 중 주택건설 용도가 아닌 토지로 공급하는 면적이 유상공급 토지면적의 50%를 초과하지 아니할 것

3. 시행자 : 지정권자가 다음의 시행자를 지정

(1) 촉진지구에서 국유지·공유지를 제외한 토지면적의 50% 이상에 해당하는 토지를 소유한 임대사업자

(2) 「공공주택 특별법」제4조 제1항에 해당하는 자(즉, 다음의 공공주택사업자를 말한다)

> 1. 국가 또는 지방자치단체
> 2. 한국토지주택공사
> 3. 지방공사
> 4. 「공공기관의 운영에 관한 법률」에 따른 공공기관 중 대통령령으로 정하는 기관
> 5. 1.부터 4.까지의 규정 중 어느 하나에 해당하는 자가 총지분의 100분의 50을 초과하여 출자·설립한 법인
> 6. 주택도시기금 또는 1.부터 4.까지의 규정 중 어느 하나에 해당하는 자가 총지분의 전부를 출자(공동으로 출자한 경우를 포함한다)하여 「부동산투자회사법」에 따라 설립한 부동산투자회사

4. 공공지원민간임대주택 개발사업의 범위

시행자가 할 수 있는 공공지원민간임대주택 개발사업의 범위는 다음과 같다. 다만, 공공주택사업자에 해당하는 시행자는 다음의 2.에 따른 주택건설사업 중 공공지원민간임대주택 건설사업을 시행할 수 없다.

> 1. 촉진지구 조성사업
> 2. 공공지원민간임대주택 건설사업 등 주택건설사업

5. 촉진지구 지정 제안

앞의 시행자 또는 촉진지구 안에서 국유지·공유지를 제외한 토지면적의 50% 이상에 해당하는 토지소유자의 동의를 받은 자는 지정권자에게 촉진지구의 지정을 제안할 수 있다.

6. 촉진지구 지정 절차

의견청취	주민 및 관계 전문가 등의 의견청취
협 의	관계 중앙행정기관의 장 및 관할 지방자치단체의 장과 협의
심 의	중앙도시계획위원회 또는 시·도 도시계획위원회의 심의
지정·고시	촉진지구를 지정한 경우 위치·면적, 시행자, 사업의 종류, 수용 또는 사용할 토지 등의 세목 등을 관보 또는 공보에 고시하고 관계 서류의 사본을 시장·군수·구청장에게 송부
일반열람	관계 서류의 사본을 송부받은 시장·군수·구청장은 이를 일반인이 열람할 수 있도록 하여야 한다.

7. 촉진지구 지정·고시 효과

(1) 행위허가

행위허가 사항	촉진지구의 지정에 관한 주민 등의 의견청취 공고 등이 있는 지역 및 촉진지구 내에서 다음의 어느 하나에 해당하는 행위를 하려는 자는 시장·군수·구청장의 허가를 받아야 한다. ① 건축물의 건축, 대수선 또는 용도 변경 ② 인공 시설물의 설치 ③ 토지의 형질변경 ④ 토석의 채취 ⑤ 토지의 분할·합병 ⑥ 물건을 쌓아 놓는 행위 ⑦ 죽목을 베거나 심는 행위
허가 없이 할 수 있는 행위	① 재해복구 또는 재난수습에 필요한 응급조치를 위하여 하는 행위 ② 경작을 위한 토지의 형질변경 ③ 농림수산물의 생산에 직접 이용되는 간이공작물의 설치 ④ 촉진지구의 개발에 지장을 주지 아니하고 자연경관을 해치지 아니하는 범위에서의 토석 채취 ⑤ 촉진지구에 존치하기로 결정된 대지에 물건을 쌓아놓는 행위 ⑥ 관상용 죽목을 임시로 심는 행위(경작지에 임시로 심는 경우는 제외한다)

(2) 도시지역 및 지구단위계획구역 결정·고시 의제

촉진지구가 지정·고시된 경우 「국토의 계획 및 이용에 관한 법률」에 따른 도시지역과 지구단위계획구역으로 결정되어 고시된 것으로 본다.

8. 촉진지구 지정 해제

지정권자는 다음의 어느 하나에 해당하는 경우에는 촉진지구의 지정을 해제할 수 있다.

> 1. 촉진지구가 지정고시된 날부터 2년 이내에 지구계획 승인을 신청하지 아니하는 경우
> 2. 공공지원민간임대주택 개발사업이 완료된 경우

2 공공지원민간임대주택 공급촉진지구계획

1. 지구계획의 내용

시행자는 대통령령으로 정하는 바에 따라 다음의 내용을 포함한 공공지원민간임대주택 공급촉진지구계획(이하 "지구계획"이라 한다)을 작성하여 지정권자의 승인을 받아야 한다.

> 1. 지구계획의 개요
> 2. 사업시행자의 성명 또는 명칭(주소와 대표자의 성명을 포함한다)
> 3. 사업시행기간 및 재원조달계획
> 4. 토지이용계획 및 개략설계도서
> 5. 인구·주택 수용계획
> 6. 교통·공공·문화체육시설 등을 포함한 기반시설 설치계획
> 7. 환경보전 및 탄소저감 등 환경계획
> 8. 그 밖에 지구단위계획 등 대통령령으로 정하는 사항

2. 지구계획의 승인절차

협 의	지정권자는 관계 행정기관의 장과 협의
심 의	공공지원민간임대주택 통합심의위원회의 심의
승인·고시	지정권자는 지구계획을 승인한 때에는 관보 또는 공보에 고시하고, 관계 서류의 사본을 시장·군수·구청장에게 송부한다.
일반열람	시장·군수·구청장은 이를 일반인이 열람할 수 있도록 하여야 한다.

3. 승인·고시의 효과

(1) 다른 법률에 따른 인·허가 등의 의제

지구계획의 승인·고시가 있는 때에는 도시·군관리계획의 결정, 지구단위계획의 결정, 개발행위의 허가 등 관련 법률의 인·허가 등을 받은 것으로 보며, 고시 또는 공고가 있는 것으로 본다.

(2) 감리자 지정

지정권자는 지구계획을 승인한 때에는 대통령령으로 정하는 바에 따라 관보 또는 공보에 고시하고, 관계 서류의 사본을 시장·군수·구청장에게 송부하여야 하며, 지구계획 서류의 사본을 송부 받은 시장·군수·구청장은 「건설기술 진흥법」에 따른 건설기술용역업자 또는 「건축사법」에 따른 건축사를 촉진지구 조성사업의 공사에 대한 감리를 하는 자로 지정하고 지도·감독하여야 한다. 다만, 시행자가 공공주택사업자에 해당하는 자인 경우에는 그러하지 아니하다.

3 준공검사

시행자가 촉진지구 조성사업의 공사를 완료한 때에는 국토교통부령으로 정하는 바에 따라 공사완료 보고서를 작성하여 시장·군수·구청장에게 준공검사를 받아야 한다. 다만, 시행자가 한국토지주택공사 또는 지방공사인 경우에는 시장·군수·구청장의 준공검사 권한을 한국토지주택공사 또는 지방공사에 위탁할 수 있다.

4 토지 등의 수용 또는 사용

시행자는 촉진지구 토지 면적의 3분의 2 이상에 해당하는 토지를 소유하고 토지 소유자 총수의 2분의 1 이상에 해당하는 자의 동의를 받은 경우 나머지 토지 등을 수용 또는 사용할 수 있다. 다만, 공공시행자인 경우 제외된다.

5 조성토지의 공급

1. 지구계획에 따른 공급

시행자는 촉진지구 조성사업으로 조성된 토지(시행자가 직접 사용하는 토지는 제외 한다)를 지구계획에서 정한 바에 따라 공급하여야 한다.

2. 조성토지의 공급방법

추첨방법	주택건설용지를 공급하는 경우에는 미리 가격을 정하고 추첨의 방법으로 공급하여야 한다. 다만, 민간임대주택건설용지는 공급대상자의 자격을 제한하거나 공급조건을 붙여 공급할 수 있다.
자격제한 공급방법	사회복지시설용지, 의료시설용지 등 국토교통부장관이 정하는 특정시설용지를 공급하는 경우
경쟁입찰	판매 · 업무시설용지 등 영리를 목적으로 사용하는 용지를 공급하는 경우
수의계약	① 공공임대주택건설용지를 공공주택사업자에게 공급하는 경우 ② 도로, 공원, 공용의 청사 등을 공급하는 경우 ③ 촉진지구 내에 소유한 토지의 전부를 시행자에게 양도한 자에게 공급 ④ 토지이용가치가 현저히 낮은 토지 ⑤ 추첨방법, 자격제한공급방법, 경쟁입찰방법에 따른 공급이 2회 이상 성립되지 아니한 경우 ⑥ 관계 법령에 따라 수의계약으로 공급할 수 있는 경우

민간임대주택의 공급 및 관리

1 민간임대주택의 공급 등

1. 임차인의 자격 및 선정방법

임대사업자는 임대기간 중 민간임대주택의 임차인 자격 및 선정방법 등에 대하여 다음에서 정하는 바에 따라 공급하여야 한다.

> 1. 공공지원민간임대주택의 경우 : 주거지원대상자 등의 주거안정을 위하여 국토교통부령으로 정하는 기준에 따라 공급
> 2. 장기일반민간임대주택의 경우 : 임대사업자가 정한 기준에 따라 공급

2. 임대의무기간

(1) 임대의무기간 동안 양도금지

1) 임대의무기간 기산일

임대사업자는 임대사업자 등록일 등 다음에서 정하는 시점부터 임대의무기간 동안 민간임대주택을 계속 임대하여야 하며, 그 기간이 지나지 아니하면 이를 양도할 수 없다.

> 1. 민간건설임대주택 : 입주지정기간 개시일. 이 경우 입주지정기간을 정하지 아니한 경우에는 법 제5조에 따른 임대사업자 등록 이후 최초로 체결된 임대차계약서상의 실제 임대개시일을 말한다.
> 2. 민간매입임대주택 : 임대사업자 등록일. 다만, 임대사업자 등록 이후 임대가 개시되는 주택은 임대차계약서상의 실제 임대개시일로 한다.

2) 임대의무기간

> 1. 공공지원민간임대주택의 임대의무기간 : 10년
> 2. 장기일반민간임대주택의 임대의무기간 : 10년

⑵ 임대의무기간 동안 양도 가능한 경우

1) 신고한 후 양도

임대사업자는 임대의무기간 동안에도 국토교통부령으로 정하는 바에 따라 시장·군수·구청장에게 신고한 후 민간임대주택을 다른 임대사업자에게 양도할 수 있다.

2) 허가받은 후 양도

임대사업자는 임대의무기간 중에도 다음 각 호의 어느 하나에 해당하는 경우에는 임대의무기간 내에도 계속 임대하지 아니하고 말소하거나, 시장·군수·구청장에게 허가를 받아 임대사업자가 아닌 자에게 민간임대주택을 양도할 수 있다.

> 1. 부도, 파산, 그 밖의 대통령령으로 정하는 경제적 사정 등으로 임대를 계속할 수 없는 경우
> 2. 공공지원임대주택을 20년 이상 임대하기 위한 경우로서 필요한 운영비용 등을 마련하기 위하여 제21조의2 제1항 제4호에 따라 20년 이상 공급하기로 한 주택 중 일부를 10년 임대 이후 매각하는 경우
> 3. 종전의 장기일반민간임대주택 중 아파트를 임대하는 민간매입 임대주택 또는 종전의 단기민간임대주택에 대하여 임대사업자가 임대의무기간 내 등록말소 신청으로 말소하는 경우

📖 **법 제21조의2 제1항 제4호**
임대사업자는 완화용적률에서 기준용적률을 뺀 용적률의 50% 이하의 범위에서 해당 지방자치단체의 조례로 정하는 비율을 곱하여 증가하는 면적에 해당하는 임대주택을 건설하여 주거지원대상자에게 20년 이상 민간임대주택으로 공급하여야 한다.

3. 임대료

⑴ 민간임대주택의 최초 임대료

1) 공공지원민간임대주택의 경우

주거지원대상자 등의 주거안정을 위하여 국토교통부령으로 정하는 기준에 따라 임대사업자가 정하는 임대료

2) 장기일반민간임대주택의 경우

임대사업자가 정하는 임대료

⑵ 임대의무기간동안 증액 한도

1) 임대사업자가 임대의무기간 동안에 임대료의 증액을 청구하는 경우에는 연 5%의 범위에서 주거비 물가지수, 인근 지역의 임대료 변동률 등을 고려하여야 한다.

2) 1)에 따른 임대료 증액 청구는 임대차계약 또는 약정한 임대료의 증액이 있은 후 1년 이내에는 하지 못한다.

4. 임대차계약의 해제·해지·재계약거절

(1) 임대사업자의 임대차계약의 해제·해지·재계약거절

임대사업자는 임차인이 다음의 어느 하나에 해당하는 경우를 제외하고는 임대사업자로 등록되어 있는 기간 동안 임대차계약을 해제 또는 해지하거나 재계약을 거절할 수 없다.

1. 거짓이나 그 밖의 부정한 방법으로 민간임대주택을 임대받은 경우
2. 임대사업자의 귀책사유 없이 입주지정기간개시일(민간건설임대주택) 또는 임대사업자 등록일 등(민간매입임대주택)으로부터 3개월 이내에 입주하지 않은 경우
3. 월임대료를 3개월 이상 연속하여 연체한 경우
4. 민간임대주택 및 그 부대시설을 임대사업자의 동의를 받지 않고 개축·증축 또는 변경하거나 본래의 용도가 아닌 용도로 사용한 경우
5. 민간임대주택 및 그 부대시설을 고의로 파손 또는 멸실한 경우
6. 공공지원민간임대주택의 임차인이 다음의 각 어느 하나에 해당하게 된 경우
   ① 임차인의 자산 또는 소득이 법 제42조 제2항에 따른 자격요건을 초과하는 경우로서 국토교통부령으로 정하는 기준을 초과하는 경우
   ② 임대차계약 기간 중 다른 주택을 소유하게 된 경우. 다만, 다음의 어느 하나에 해당하는 경우는 제외한다.
      ㉠ 상속·판결 또는 혼인 등 그 밖의 부득이한 사유로 다른 주택을 소유하게 된 경우로서 임대차계약이 해제·해지되거나 재계약이 거절될 수 있다는 내용을 통보받은 날부터 6개월 이내에 해당 주택을 처분하는 경우
      ㉡ 혼인 등의 사유로 주택을 소유하게 된 세대구성원이 소유권을 취득한 날부터 14일 이내에 전출신고를 하여 세대가 분리된 경우
      ㉢ 공공지원민간임대주택의 입주자를 선정하고 남은 공공지원민간임대주택에 대하여 선착순의 방법으로 입주자로 선정된 경우
7. 법 제42조의2에 따라 임차인이 공공지원민간임대주택 또는 공공임대주택에 중복하여 입주하거나 계약한 것으로 확인된 경우
8. 표준임대차계약서상의 의무를 위반한 경우

⑵ 임차인의 임대차계약의 해제 · 해지 · 재계약거절

임차인은 시장 · 군수 · 구청장이 임대주택에 거주하기 곤란할 정도의 중대한 하자가 있다고 인정하는 경우 등 다음과 같이 대통령령으로 정하는 경우에는 임대차계약을 해제하거나 해지할 수 있다.

> 1. 시장 · 군수 · 구청장이 민간임대주택에 거주하기 곤란할 정도의 중대한 하자가 있다고 인정하는 경우
> 2. 임대사업자가 임차인의 의사에 반하여 민간임대주택의 부대시설 · 복리시설을 파손시킨 경우
> 3. 임대사업자의 귀책사유로 입주지정기간이 끝난 날부터 3개월 이내에 입주할 수 없는 경우
> 4. 임대사업자가 법 제47조에 따른 표준임대차계약서상의 의무를 위반한 경우
> 5. 임대보증금에 대한 보증에 가입해야 하는 임대사업자가 임대보증금에 대한 보증에 가입하지 않는 경우

5. 임대조건 신고

임대사업자는 다음의 사항을 임대차계약 체결일(변경신고의 경우에는 변경한 날을 말한다)부터 3개월 이내에 시장 · 군수 · 구청장에게 신고하여야 한다.

> 1. 임대차기간
> 2. 임대료
> 3. 민간임대주택의 소유권을 취득하기 위하여 대출받은 금액(민간매입임대주택으로 한정한다)
> 4. 임차인 현황(준주택으로 한정한다)

6. 표준임대차계약서

임대사업자가 민간임대주택에 대한 임대차계약을 체결하려는 경우에는 다음 사항을 포함한 표준임대차계약서를 사용하여야 한다.

> 1. 임대료 및 임대료 증액제한에 관한 사항
> 2. 임대차 계약기간
> 3. 임대보증금의 보증에 관한 사항
> 4. 민간임대주택의 선순위 담보권 등 권리관계에 관한 사항

  5. 임대사업자 및 임차인의 권리 · 의무에 관한 사항
  6. 민간임대주택의 수선 · 유지 및 보수에 관한 사항
  7. 임대의무기간 중 남아 있는 기간과 임대차계약의 해제 · 해지 등에 관한 사항
  8. 민간임대주택 양도에 관한 사항

7. 임대사업자의 설명 · 확인의무

민간임대주택에 대한 임대차계약을 체결하거나 월임대료를 임대보증금으로 전환하는 등 계약내용을 변경하는 경우에는 임대사업자는 다음의 사항을 임차인에게 설명하고 이를 확인받아야 한다.

  1. 임대보증금에 대한 보증의 보증기간 등 대통령령으로 정하는 사항
  2. 민간임대주택의 선순위 담보권 등 권리관계에 관한 사항. 이 경우 등기부등본을 제시하여야 한다.
  3. 임대의무기간 중 남아 있는 기간과 임대차계약의 해제 · 해지 등에 관한 사항
  4. 임대료 증액 제한에 관한 사항

📎 **확인방법**
임차인은 서명 또는 기명날인의 방법으로 확인하여야 한다.

8. 임대보증금에 대한 보증

보증의무 대상 임대주택	① 민간건설임대주택 ② 법 제18조 제6항에 따라 분양주택 전부를 우선 공급받아 임대하는 민간매입임대주택 ③ 동일 주택단지에서 100호 이상으로서 대통령령으로 정하는 호수 이상의 주택을 임대하는 민간매입임대주택 ④ 그 밖의 민간매입임대주택
보증대상금액	보증대상금액은 임대보증금 전액으로 한다.
보증가입기간	사용검사일(위의 ① · ②에 해당하는 민간임대주택) 또는 등록일 또는 등록일 이후 임대차계약체결일(위의 ① · ②에 외의 민간임대주택)부터 임대의무기간이 종료되는 날(임대의무기간이 종료되는 날에 임대 중인 경우에는 임대차계약이 종료되는 날로 한다)까지
가입시기	위의 ① · ②에 해당하는 민간임대주택은 「주택법」에 따른 사용검사, 임시사용승인 또는 「건축법」에 따른 사용승인, 임시사용승인을 신청하기 전에 임대보증금에 대한 보증에 가입하여야 한다.

보증수수료	보증수수료의 75%는 임대사업자가 부담하고, 25%는 임차인이 부담할 것
보증수수료 분할납부	보증수수료를 분할납부하는 경우에는 재산정한 보증수수료를 임대보증금 보증계약일부터 매 1년이 되는 날까지 납부할 것
보증계약의 해지	가입 후 1년이 지났으나 재산정한 보증수수료를 보증회사에 납부하지 아니하는 경우에는 보증회사는 그 보증계약을 해지할 수 있다.

2 민간임대주택의 관리

1. 임대사업자의 의무관리

임대사업자는 다음에 해당하는 임대주택에 대하여는 「주택법」에 따른 주택관리업자에게 관리를 위탁하거나 이를 자체관리하여야 한다.

> 1. 300세대 이상의 공동주택
> 2. 150세대 이상 승강기가 설치된 공동주택
> 3. 150세대 이상 중앙집중식(지역난방방식 포함)난방방식의 공동주택

2. 민간임대주택의 의무관리의 방법

주택관리업자의 위탁관리	임대사업자가 「공동주택관리법」의 주택관리업자에게 그 관리를 위탁하여 하는 관리방법을 말한다.
임대사업자의 자체관리	임대사업자가 의무관리대상 민간임대주택을 자체관리하려면 「공동주택관리법 시행령」의 기준에 따른 기술인력 및 장비를 갖추고 관할 시장·군수·구청장의 인가를 받아야 한다.
공동관리	임대사업자(둘 이상의 임대사업자를 포함한다)가 동일한 시(특별시·광역시·특별자치시·특별자치도를 포함한다)·군 지역에서 민간임대주택을 관리하는 경우에는 대통령령으로 정하는 바에 따라 공동으로 관리할 수 있다.

3. 관리비등

관리비	징수대행 사용료
① 일반관리비 ② 청소비 ③ 경비비 ④ 소독비 ⑤ 승강기 유지비 ⑥ 난방비 ⑦ 급탕비 ⑧ 수선유지비 ⑨ 지능형 홈네트워크 설비 유지비	① 전기료(공동으로 사용되는 시설의 전기료를 포함한다) ② 수도료(공동으로 사용하는 수도료를 포함한다) ③ 가스 사용료 ④ 지역난방방식인 공동주택의 난방비와 급탕비 ⑤ 정화조 오물 수수료 ⑥ 생활 폐기물 수수료 ⑦ 임차인대표회의 운영비

4. 임차인대표회의

구 성	① 20세대 이상의 민간임대주택을 공급하는 공동주택단지에 입주하는 임차인은 임차인대표회의를 구성할 수 있다. ② 다음의 어느 하나에 해당하는 공동주택단지에 입주하는 임차인은 임차인대표회의를 구성하여야 한다. 　㉠ 300세대 이상의 공동주택단지 　㉡ 승강기가 설치된 공동주택으로서 150세대 이상인 공동주택단지 　㉢ 중앙집중식난방방식의 공동주택으로서 150세대 이상인 공동주택단지
통 지	입주예정자의 과반수가 입주한 날부터 30일 이내에 입주현황과 임차인대표회의를 구성할 수 있다는 사실을 입주한 임차인에게 통지하여야 한다. 임대사업자가 통지를 하지 아니하는 경우 시장·군수·구청장이 임차인대표회의를 구성하도록 임차인에게 통지할 수 있다.
동별 대표자의 자격	동별 대표자로 될 수 있는 자는 민간공동주택단지에서 6개월 이상 계속 거주하고 있는 임차인으로 한다. 다만, 최초로 임차인대표회의를 구성하는 경우에는 그러하지 아니하다.
임 원	회장 1명, 부회장 1명 및 감사 1명을 동별 대표자 중에서 선출
소 집	소집일 5일 전까지 회의의 목적·일시 및 장소 등을 임차인에게 알리거나 공고하여야 한다.

선수관리비
1. 임대사업자는 민간임대주택을 관리하는 데 필요한 경비를 임차인이 최초로 납부하기 전까지 해당 민간임대주택의 유지관리 및 운영에 필요한 경비(이하 "선수관리비"라 한다)를 대통령령으로 정하는 바에 따라 부담할 수 있다.
2. 임대사업자는 민간임대주택을 관리하는 데 필요한 경비를 임차인이 최초로 납부하기 전까지 선수관리비를 부담하는 경우에는 해당 임차인의 입주가능일 전까지 「공동주택관리법」에 따른 관리주체에게 선수관리비를 지급해야 한다.
3. 관리주체는 해당 임차인의 임대기간이 종료되는 경우 지급받은 선수관리비를 임대사업자에게 반환해야 한다. 다만, 다른 임차인이 해당 주택에 입주할 예정인 경우 등 임대사업자와 관리주체가 협의하여 정하는 경우에는 선수관리비를 반환하지 않을 수 있다.
4. 관리주체에게 지급하는 선수관리비의 금액은 해당 민간임대주택의 유형 및 세대수 등을 고려하여 임대사업자와 관리주체가 협의하여 정한다.

03

임대 사업자와의 협의사항	① 임대주택관리규약의 제정 및 개정 ② 관리비 ③ 임대주택의 공용부분·부대시설 및 복리시설의 유지·보수 ④ 하자보수 ⑤ 공동주택의 관리에 관하여 임대사업자와 임차인대표회의가 합의한 사항 ⑥ 민간임대주택 주차장의 외부개방에 관한 사항(전체 임차인의 과반수의 서면동의 받아 지방자치단체와 협약체결)

5. 장기수선계획의 수립대상 및 특별수선충당금의 적립대상 임대주택

1. 300세대 이상의 공동주택
2. 150세대 이상 승강기가 설치된 공동주택
3. 150세대 이상 중앙집중식(지역난방방식 포함)난방방식의 공동주택

(1) 장기수선계획 수립

위의 **5.**의 임대주택을 건설한 임대사업자는 해당 임대주택의 공용부분, 부대시설 및 복리시설(분양된 시설을 제외한다)에 대하여 장기수선계획을 수립하여 사용검사를 신청할 때 함께 제출하여야 하며, 임대기간 중 해당 임대주택단지 안에 있는 관리사무소에 장기수선계획을 갖춰 놓아야 한다.

(2) 특별수선충당금

적립시기	특별수선충당금을 사용검사일 또는 임시사용승인일로부터 1년이 지난 날이 속하는 달부터 매달 적립
요 율	「주택법」에 따른 사업계획승인 당시 표준 건축비의 1만분의 1
적립명의	임대사업자와 해당 민간임대주택의 소재지를 관할하는 시장·군수·구청장의 공동명의로 금융회사 등에 예치하여 따로 관리
사 용	미리 해당 민간임대주택 소재지 관할 시장·군수·구청장과 협의
인 계	임대사업자가 민간임대주택을 양도하는 경우에는 특별수선충당금을 「주택법」에 따라 최초로 구성되는 입주자대표회의에 넘겨주어야 한다.

적립현황보고	시장·군수·구청장은 관할 시·도지사에게 보고하여야 하며, 시·도지사는 시장·군수·구청장의 보고를 종합하여 국토교통부장관에게 보고하여야 한다.	
적립을 하지 않는 경우 행정처분	과태료 부과	특별수선충당금을 적립하지 아니한 임대사업자나 적립한 특별수선충당금을 「공동주택관리법」에 따라 최초로 구성되는 입주자대표회의에 인계하지 아니한 임대사업자는 1천만원 이하의 과태료를 부과한다.
	가산금리 부과	국토교통부장관은 과태료를 부과받은 시점부터 6개월 이상 특별수선충당금을 적립하지 아니한 자에 대하여는 주택도시기금 융자금에 대하여 연 1%p의 범위 내에서 가산금리를 부과할 수 있다.

03

3 준주택에 관한 특례

민간임대주택으로 등록한 준주택에 대하여는 법 제51조(민간임대주택의 관리), 법 제52조(임차인대표회의), 법 제53조(특별수선충당금의 적립 등)까지의 규정을 적용하지 아니한다.

4 임대주택분쟁조정위원회

구 성	시장·군수·구청장은 임대주택에 관한 학식 및 경험이 풍부한 자 등으로 임대주택분쟁조정위원회를 구성한다.	
조정신청	임대사업자와 임차인대표회의 간의 분쟁	① 임대료의 증액 ② 주택관리 ③ 임차인대표회의의 협의 사항 ④ 그 밖에 대통령령으로 정하는 사항
	공공주택사업자와 임차인대표회의 간의 분쟁	① 임대료의 증액 ② 주택관리 ③ 임차인대표회의의 협의 사항 ④ 공공임대주택의 분양전환가격. 다만, 분양전환승인에 관한 사항은 제외한다.
	공공주택사업자, 임차인대표회의 또는 임차인 간의 분쟁	「공공주택 특별법」 제50조의3에 따른 우선 분양전환 자격에 대한 분쟁

위 원	조정위원회는 위원장 1인을 포함하여 10명 이내로 구성하며, 위원은 해당 시장·군수 또는 구청장이 임명하거나 위촉하되, 공무원이 아닌 위원은 6명 이상 되어야 한다.
위원의 자격	① 법학, 경제학이나 부동산학 등 주택 분야와 관련된 학문을 전공한 사람으로서 조교수 이상으로 1년 이상 재직한 사람 ② 변호사, 회계사, 감정평가사 또는 세무사로서 1년 이상 근무한 사람 ③ 주택관리사가 된 후 관련 업무에 3년 이상 근무한 사람 ④ 국가 또는 다른 지방자치단체에서 민간임대주택 또는 공공임대주택 사업의 인·허가 등 관련 업무를 수행하는 5급 이상 공무원으로서 해당 기관의 장이 추천한 사람 또는 해당 지방자치단체에서 민간임대주택 또는 공공임대주택 사업의 인·허가 등 관련 업무를 수행하는 5급 이상 공무원 ⑤ 한국토지주택공사 또는 지방공사에서 민간임대주택 또는 공공임대주택 사업 관련 업무에 종사하고 있는 임직원으로서 해당 기관의 장이 추천한 사람 ⑥ 임대주택과 관련된 시민단체 또는 소비자단체가 추천한 사람
위원장	위원장은 해당 지방자치단체장이 된다.
소집통지	위원장은 회의 개최일 2일 전까지는 회의와 관련된 사항을 위원에게 알려야 한다.
의결 정족수	조정위원회의 회의는 재적위원 과반수의 출석으로 개의하고, 출석위원 과반수의 찬성으로 의결한다.
조정의 효력	조정의 각 당사자가 조정위원회의 조정안을 받아들이면 당사자 간에 조정조서와 동일한 내용의 합의가 성립된 것으로 본다.

M·E·M·O

공공주택 특별법

용 어

이 법은 공공주택의 원활한 건설과 효과적인 운영을 위하여 필요한 사항을 규정함으로써 서민의 주거안정 및 주거수준 향상을 도모하여 국민의 쾌적한 주거생활에 이바지함을 목적으로 한다.

1. 공공주택

공공주택사업자가 국가 또는 지방자치단체의 재정이나 「주택도시기금법」에 따른 주택도시기금을 지원받아 이 법 또는 다른 법률에 따라 건설, 매입 또는 임차하여 공급하는 다음의 어느 하나에 해당하는 주택을 말한다.

공공분양주택	분양을 목적으로 공급하는 주택으로서 「주택법」 제2조 제5호에 따른 국민주택규모 이하의 주택
공공임대주택	임대 또는 임대한 후 분양전환을 할 목적으로 공급하는 「주택법」 제2조 제1호에 따른 주택으로서 대통령령으로 정하는 주택

(1) 공공분양주택

공공분양주택	분양을 목적으로 공급하는 주택으로서 「주택법」에 따른 국민주택규모 이하의 주택을 말한다.
지분적립형 분양주택	공공주택사업자가 직접 건설하거나 매매 등으로 취득하여 공급하는 공공분양주택으로서 주택을 공급받은 자가 20년 이상 30년 이하의 범위에서 대통령령으로 정하는 기간 동안 공공주택사업자와 주택의 소유권을 공유하면서 대통령령으로 정하는 바에 따라 소유 지분을 적립하여 취득하는 주택을 말한다.
이익공유형 분양주택	공공주택사업자가 직접 건설하거나 매매 등으로 취득하여 공급하는 공공분양주택으로서 주택을 공급받은 자가 해당 주택을 처분하려는 경우 공공주택사업자가 환매하되 공공주택사업자와 처분 손익을 공유하는 것을 조건으로 분양하는 주택을 말한다.

(2) 공공임대주택

영구임대주택	국가나 지방자치단체의 재정을 지원받아 최저소득 계층의 주거안정을 위하여 50년 이상 또는 영구적인 임대를 목적으로 공급하는 공공임대주택
국민임대주택	국가나 지방자치단체의 재정이나 주택도시기금의 자금을 지원받아 저소득 서민의 주거안정을 위하여 30년 이상 장기간 임대를 목적으로 공급하는 공공임대주택
행복주택	국가나 지방자치단체의 재정이나 주택도시기금의 자금을 지원받아 대학생, 사회초년생, 신혼부부 등 젊은 층의 주거안정을 목적으로 공급하는 공공임대주택
통합공공 임대주택	국가나 지방자치단체의 재정이나 주택도시기금의 자금을 지원받아 최저소득 계층, 저소득 서민, 젊은 층 및 장애인·국가유공자 등 사회 취약계층 등의 주거안정을 목적으로 공급하는 공공임대주택
장기전세주택	국가나 지방자치단체의 재정이나 주택도시기금의 자금을 지원받아 전세계약의 방식으로 공급하는 공공임대주택
분양전환 공공임대주택	일정 기간 임대 후 분양전환할 목적으로 공급하는 공공임대주택
기존주택등 매입임대주택	국가나 지방자치단체의 재정이나 주택도시기금의 자금을 지원받아 기존주택 등을 매입하여 「국민기초생활 보장법」에 따른 수급자 등 저소득층과 청년 및 신혼부부 등에게 공급하는 공공임대주택
기존주택 전세임대주택	국가나 지방자치단체의 재정이나 주택도시기금의 자금을 지원받아 기존주택을 임차하여 수급자 등 저소득층과 청년 및 신혼부부 등에게 전대(轉貸)하는 공공임대주택

2. 공공건설임대주택 · 공공매입임대주택

공공건설 임대주택	공공주택사업자가 직접 건설하여 공급하는 공공임대주택을 말한다.
공공매입 임대주택	공공주택사업자가 직접 건설하지 아니하고 매매 등으로 취득하여 공급하는 공공임대주택을 말한다.

3. 공공주택지구

공공주택의 공급을 위하여 공공주택이 전체 주택 중 100분의 50 이상이 되고, 국토교통부장관이 지정·고시하는 지구를 말한다. 이 경우 주택비율은 전체 주택의 100분의 50의 범위에서 다음과 같이 정한다.

공공임대주택	전체 주택 호수의 100분의 35 이상
공공분양주택	전체 주택 호수의 100분의 30 이하

4. 도심 공공주택 복합지구

"도심 공공주택 복합지구"란 도심 내 역세권, 준공업지역, 저층주거지에서 공공주택과 업무시설, 판매시설, 산업시설 등을 복합하여 조성하는 거점으로 지정·고시하는 지구를 말한다.

> 1. 도심 공공주택 복합지구에서의 공공주택 비율은 다음 각 호의 구분에 따른다.
>   (1) 공공임대주택: 전체 주택 호수의 100분의 10 이상. 다만, 주거상업고밀지구의 경우에는 100분의 15 이상으로 한다.
>   (2) 공공분양주택: 다음 구분에 따른 비율
>   1) 지분적립형 분양주택 또는 이익공유형 분양주택: 전체 주택 호수의 100분의 10 이상
>   2) 1) 외의 공공분양주택: 전체 주택 호수의 100분의 60 이상
> 2. 국토교통부장관은 1.에 따른 비율의 범위에서 공공주택의 세부 유형별 주택 비율을 정하여 고시할 수 있다.

5. 공공주택사업

공공주택지구조성사업	공공주택지구를 조성하는 사업
공공주택건설사업	공공주택을 건설하는 사업
공공주택매입사업	공공주택을 공급할 목적으로 주택을 매입하거나 인수하는 사업
공공주택관리사업	공공주택을 운영·관리하는 사업
도심 공공주택 복합사업	도심 내 역세권, 준공업지역, 저층주거지에서 공공주택과 업무시설, 판매시설, 산업시설 등을 복합하여 건설하는 사업

6. 분양전환

"분양전환"이란 공공임대주택을 공공주택사업자가 아닌 자에게 매각하는 것을 말한다.

7. 공공준주택

공공주택사업자가 국가 또는 지방자치단체의 재정이나 주택도시기금을 지원받아 건설, 매입 또는 임차하여 임대를 목적으로 공급하는 다음에서 정하는 준주택을 말한다.

기숙사 · 다중생활시설 · 노인복지주택
전용면적이 85㎡ 이하인 것
오피스텔
① 전용면적이 85㎡ 이하일 것
② 상 · 하수도 시설이 갖추어진 전용 입식 부엌, 전용수세식 화장실 및 목욕시설을 갖출 것

8. 공공주택사업자

국토교통부장관은 다음의 자 중에서 공공주택사업자를 지정한다.

> 1. 국가 또는 지방자치단체
> 2. 「한국토지주택공사법」에 따른 한국토지주택공사
> 3. 「지방공기업법」 제49조에 따라 주택사업을 목적으로 설립된 지방공사
> 4. 「공공기관의 운영에 관한 법률」에 따른 공공기관 중 대통령령으로 정하는 기관
> 5. 위 1.부터 4.까지의 규정 중 어느 하나에 해당하는 자가 총지분의 100분의 50을 초과하여 출자 · 설립한 법인
> 6. 주택도시기금 또는 위 1.부터 4.까지의 규정 중 어느 하나에 해당하는 자가 총지분의 전부를 출자(공동으로 출자한 경우를 포함한다)하여 「부동산투자회사법」에 따라 설립한 부동산투자회사

📖 **대통령령으로 정하는 기관**
1. 한국농어촌공사
2. 한국철도공사
3. 국가철도공단
4. 공무원연금공단
5. 제주국제자유도시개발센터
6. 주택도시보증공사
7. 한국자산관리공사

9. 공공주택 공급 · 관리계획

① 국토교통부장관과 시 · 도지사는 주거종합계획 및 시 · 도 주거종합계획을 수립하는 때에는 공공주택의 공급에 관한 사항을 포함하여야 한다.

② 국토교통부장관은 공공주택의 원활한 건설, 매입, 관리 등을 위하여 10년 단위 주거종합계획과 연계하여 5년마다 공공주택 공급 · 관리계획을 수립하여야 한다.

공공주택지구의 지정 등

1. 공공주택지구의 지정 등

(1) 지정권자

국토교통부장관은 공공주택지구조성사업(이하 "지구조성사업"이라 한다)을 추진하기 위하여 필요한 지역을 공공주택지구(이하 "주택지구"라 한다)로 지정하거나 지정된 주택지구를 변경 또는 해제할 수 있다.

(2) 특별관리지역의 지정

① 국토교통부장관은 주택지구를 해제할 때 330만m² 이상으로서 체계적인 관리계획을 수립하여 관리하지 아니할 경우 난개발이 우려되는 지역에 대하여 10년의 범위에서 특별관리지역으로 지정할 수 있다.

② 국토교통부장관은 특별관리지역을 지정하고자 할 경우에는 특별관리지역 관리계획을 수립하여야 한다.

(3) 특별관리지역의 행위제한

특별관리지역 안에서는 건축물의 건축 및 용도변경, 공작물의 설치, 토지의 형질변경, 죽목의 벌채, 토지의 분할, 물건을 쌓아놓는 행위를 할 수 없다. 다만, 특별관리지역의 취지에 부합하는 범위에서 대통령령으로 정하는 행위에 한정하여 시장, 군수 또는 구청장의 허가를 받아 할 수 있으며, 허가된 사항을 변경하고자 하는 경우에도 또한 같다.

(4) 특별관리지역의 해제

① 특별관리지역의 지정기간이 만료되거나 해당 기관장이 특별관리지역 중 전부 또는 일부에 대하여 지정 등을 하여 도시·군관리계획을 수립한 경우[수립의제(樹立擬制)된 경우를 포함한다]에는 해당 지역은 특별관리지역에서 해제된 것으로 본다.

② 특별관리지역의 지정기간이 만료된 때에는 해당 특별시장·광역시장·특별자치시장·특별자치도지사·시장 또는 군수는 지체 없이 도시·군관리계획을 수립하여야 한다. 다만, 해당 특별시장·광역시장·특별자치시장·특별자치도지사·시장 또는 군수가 요청한 경우에는 「국토의 계획 및 이용에 관한 법률」에도 불구하고 국토교통부장관이 도시·군관리계획을 직접 입안할 수 있다.

2. 공공주택지구의 지정절차

(1) 협 의

국토교통부장관은 주택지구를 지정 또는 변경하려면 지구개요·지정목적 및 인구수용계획 등 대통령령으로 정하는 사항을 포함한 주택지구 지정안 또는 변경안에 대하여 제10조 제1항에 따른 주민 등의 의견청취 전에 국방부·농림축산식품부 등 관계 중앙행정기관의 장 및 관할 시·도지사와 협의하여야 한다.

(2) 주민 등의 의견청취

국토교통부장관은 주택지구를 지정 또는 변경하거나 특별관리지역을 지정하려면 공고를 하여 주민 및 관계 전문가 등의 의견을 들어야 한다. 다만, 국방상 기밀을 요하거나 대통령령으로 정하는 경미한 사항을 변경하는 경우에는 그러하지 아니하다.

(3) 심 의

① 국토교통부장관은 주택지구를 지정하거나 지정된 주택지구를 변경하려면 「국토의 계획 및 이용에 관한 법률」에 따른 중앙도시계획위원회의 심의를 거쳐야 한다.
② 중앙도시계획위원회가 심의를 하는 경우에는 60일 이내에 심의를 완료하여야 하며 같은 기간 내에 심의를 완료하지 아니한 경우에는 심의한 것으로 본다.

(4) 지정·고시

국토교통부장관은 주택지구를 지정하거나 지정된 주택지구를 변경 또는 해제하려면 주택지구의 위치·면적, 공공주택사업자, 사업의 종류, 수용 또는 사용할 「공익사업을 위한 토지 등의 취득 및 보상에 관한 법률」 제3조에서 정하는 토지·물건 및 권리(이하 "토지등"이라 한다)의 세목 등 주요 사항을 대통령령으로 정하는 바에 따라 관보에 고시하고, 관계 서류의 사본을 관계 시장·군수 또는 구청장에게 송부하여야 한다.

3. 공공주택지구의 지정의 효과

(1) 행위제한

1) 개발행위허가

주택지구의 지정·변경에 관한 주민 등의 의견청취의 공고가 있는 지역 및 주택지구 안에서 건축물의 건축, 공작물의 설치, 토지의 형질변경, 토석의 채취, 토지의 분할·합병, 물건을 쌓아놓는 행위, 죽목의 벌채 및 식재 등 대통령령으로 정하는 행위를 하고자 하는 자는 시장(특별자치도의 경우에는 특별자치도지사를 말한다)·군수 또는 구청장(자치구의 구청장을 말한다)의 허가를 받아야 한다. 허가받은 사항을 변경하고자 하는 때에도 같다.

2) 허가 없이 가능한 행위

> 1. 재해복구 또는 재난수습에 필요한 응급조치를 위하여 하는 행위
> 2. 경작을 위한 토지의 형질변경
> 3. 농림수산물의 생산에 직접 이용되는 것으로서 국토교통부령으로 정하는 간이공작물의 설치
> 4. 주택지구의 개발에 지장을 주지 아니하고 자연경관을 해치지 아니하는 범위에서의 토석 채취
> 5. 주택지구에 존치하기로 결정된 대지에 물건을 쌓아놓는 행위
> 6. 관상용 죽목을 임시로 심는 행위(경작지에 임시로 심는 경우는 제외한다)

(2) 도시지역, 도시·군계획시설, 지구단위계획구역 지정·고시 의제

국토교통부장관이 주택지구의 지정·변경 고시한 때에는 「국토의 계획 및 이용에 관한 법률」에 따른 도시지역으로의 용도지역, 결정된 도시·군계획시설, 지구단위계획구역이 지정·변경된 것으로 보며, 주택지구의 해제를 고시한 때에는 지정 당시로 환원된 것으로 본다.

공공주택지구의 조성 및 주택건설사업계획

1. 지구계획 승인

(1) 승인 신청

① 공공주택사업자는 공공주택지구계획을 수립하여 주택지구가 지정·고시된 날부터 1년 이내에 국토교통부장관에게 승인을 신청하여야 한다.

② 국토교통부장관은 공공주택사업자가 1년 이내에 승인을 신청하지 아니한 때에는 다른 공공주택사업자로 하여금 지구계획을 수립·신청하게 할 수 있다.

(2) 지구계획 심의

국토교통부장관은 지구계획을 승인하려면 공공주택통합심의위원회의 심의를 거쳐야 한다.

2. 토지 등의 수용 또는 사용

① 공공주택사업자는 주택지구의 조성 또는 공공주택건설을 위하여 필요한 경우에는 토지 등을 수용 또는 사용할 수 있다.

② 주택지구를 지정하거나 주택건설사업계획을 승인하여 고시한 때에는 「공익사업을 위한 토지 등의 취득 및 보상에 관한 법률」에 따른 사업인정 및 사업인정의 고시가 있는 것으로 본다.

3. 준공검사 및 조성토지 공급

① 공공주택사업자는 지구조성사업을 완료한 때에는 지체 없이 대통령령으로 정하는 바에 따라 국토교통부장관의 준공검사를 받아야 한다.

② 국토교통부장관은 지구조성사업이 지구계획대로 완료되었다고 인정하는 경우에는 준공검사서를 공공주택사업자에게 교부하고 이를 대통령령으로 정하는 바에 따라 관보에 공고하여야 한다.

③ 주택지구로 조성된 토지를 공급하려는 자는 지구계획에서 정한 바에 따라 공급하여야 한다.

④ 공공주택사업자는 「주택법」에 따른 국민주택의 건설용지로 사용할 토지를 공급할 때 그 가격을 조성원가 이하로 할 수 있다.

4. 선수금 등

① 공공주택사업자는 토지를 공급받을 자로부터 그 대금의 전부 또는 일부를 미리 받을 수 있다.

② 공공주택사업자는 토지를 공급받을 자에게 토지로 상환하는 채권(이하 "토지상환채권"이라 한다)을 발행할 수 있다.

③ 토지상환채권의 발행 절차·방법 및 조건 등은 「국채법」, 「지방재정법」, 「한국토지주택공사법」, 그 밖의 법률에서 정하는 바에 따른다.

④ 선수금을 받거나 토지상환채권을 발행하려는 공공주택사업자는 국토교통부장관의 승인을 받아야 한다.

5. 다른 공공주택사업자 지정·시행

국토교통부장관은 공공주택사업자가 공공주택지구계획(이하 "지구계획"이라 한다)의 승인을 받은 후 2년 이내에 지구조성사업에 착수하지 아니하거나 지구계획에 정하여진 기간 내에 지구조성사업을 완료하지 못하거나 완료할 가능성이 없다고 판단되는 경우에는 다른 공공주택사업자를 지정하여 해당 지구조성사업을 시행하게 할 수 있다.

6. 주택건설사업계획의 승인 등

① 공공주택사업자는 공공주택에 대한 사업계획(부대시설 및 복리시설의 설치에 관한 계획을 포함한다)을 작성하여 국토교통부장관의 승인을 받아야 한다. 사업계획을 변경하고자 하는 경우에도 같다.

② 공공주택사업자는 주택건설사업계획을 지구계획 신청서에 포함하여 제출할 수 있다.

7. 공공임대주택 매입

(1) 부도임대주택

① 공공주택사업자는 부도임대주택중에 국토교통부장관이 지정·고시하는 주택을 매입하여 공공임대주택으로 공급할 수 있다.

② 국토교통부장관이 지정·고시를 하기 전에 부도임대주택의 임차인이 공공주택사업자에게 매입을 동의한 경우에는 임차인에게 부여된 우선매수할 권리를 공공주택사업자에게 양도한 것으로 본다. 이 경우 공공주택사업자는 「민사집행법」 제113조에서 정한 보증의 제공 없이 우선매수 신고를 할 수 있다.

📖 「**민사집행법**」 **제113조**
(매수신청의 보증)
매수신청인은 대법원규칙이 정하는 바에 따라 집행법원이 정하는 금액과 방법에 맞는 보증을 집행관에게 제공하여야 한다.

04

(2) 기존주택등 매입

공공주택사업자는 「주택법」에 따른 사용검사 또는 「건축법」에 따른 사용승인을 받은 건축물로서 대통령령으로 정하는 규모 및 기준의 주택 등(이하 "기존주택등"이라 한다)을 매입하여 공공매입임대주택으로 공급할 수 있다.

> **보충학습**

> ➤ **대통령령으로 정하는 규모 및 기준의 주택등**

> "대통령령으로 정하는 규모 및 기준의 주택등"이란 다음의 어느 하나에 해당하는 주택등을 말한다.
> 1. 「건축법 시행령」에 따른 단독주택, 다중주택 및 다가구주택
> 2. 「건축법 시행령」에 따른 공동주택(국민주택규모 이하인 것만 해당한다)
> 3. 「건축법 시행령」에 따른 제1종 근린생활시설, 제2종 근린생활시설, 노유자시설, 수련시설, 업무시설, 숙박시설의 용도로 사용하는 건축물

(3) 공공매입임대주택의 용적률에 대한 특례

① 「주택법」 제15조에 따른 사업계획승인권자 또는 「건축법」 제11조에 따른 허가권자는 공공주택사업자가 제43조 제1항에 따라 공공매입임대주택으로 공급하기 위하여 매입하였거나 매입하기로 약정을 체결한 기존주택등에 대하여 「국토의 계획 및 이용에 관한 법률」에 따라 해당 지방자치단체의 조례, 지구단위계획 또는 입지규제최소구역계획에서 정한 용적률에도 불구하고 기존주택등의 용적률을 적용할 수 있다. 다만, 기존주택등을 철거 후 신축하는 경우에는 그러하지 아니하다.

② 공공주택사업자는 매입하기로 약정을 체결한 기존주택등을 매입하지 아니하는 경우 「주택법」 제49조에 따른 사용검사권자 또는 「건축법」 제11조에 따른 건축허가권자에게 그 사실을 통보하여야한다.

(4) **공공주택사업자의 건설 중에 있는 주택 매입**

① 공공주택사업자 외의 자는 건설 중에 있는 주택(건설을 계획하고있는 경우를 포함한다)으로서 대통령령으로 정하는 규모 및 기준에 해당하는 주택을 공공임대주택으로 매입하여 줄 것을 공공주택사업자에게 제안할 수 있다.

② ①에 따라 제안을 하려는 공공주택사업자 외의 자는 건설 중에 있는주택에 대한 대지의 소유권을 확보하여야 한다.

③ 국가 또는 지방자치단체는 공공주택사업자가 ①에 따라 제안을 받아 건설 중에 있는 주택을 매입하는 경우 재정이나 주택도시기금에 따른 공공주택 건설자금지원 수준을 고려하여 공공주택사업자를 지원할 수 있다.

(5) **임대주택의 인수**

① 공공주택사업자는 「도시재정비 촉진을 위한 특별법」 제31조 제3항, 「도시 및 주거환경정비법」 제55조 제1항 및 제2항 또는 제79조 제5항에 따른 주택을 해당 법령에도 불구하고 대통령령으로 정하는 바에 따라 우선 인수할 수 있다. 이 경우 국가 또는 지방자치단체는재정이나 주택도시기금에 따른 공공주택건설자금지원 수준을 고려하여 공공주택사업자를 지원할 수 있다.

② ①에 따라 공공주택사업자가 인수한 임대주택은 공공임대주택으로 공급하여야 한다.

(6) **기존주택의 임차**

① 공공주택사업자는 기존주택을 임차하여 공공임대주택으로 공급할수 있다.

② 국가 또는 지방자치단체는 공공주택사업자가 공공임대주택을 공급하는 경우 재정이나 주택도시기금으로 이를 지원할 수 있다.

8. 공공주택본부

① 공공주택사업의 신속한 추진 및 효율적 지원을 위하여 국토교통부에 공공주택본부를 설치한다.

② 공공주택본부에는 본부장을 둔다.

③ 공공주택본부의 본부장은 국토교통부의 고위공무원단에 속하는 일반직공무원 중에서 국토교통부장관이 임명한다.

도심 공공주택 복합사업

1. 도심 공공주택 복합지구

(1) 유 형

① 전체 건축물 중 20년 이상 경과한 노후건축물의 비율이 100분의 40 이상의 범위에서 국토교통부장관이 정하여 고시하는 비율 이상일 것

② 용도지역의 종류, 호수(戶數) 밀도 등이 국토교통부장관이 정하여 고시하는 요건에 해당할 것

주거상업고밀지구	역세권 등 접근성은 양호하나 개발이 이루어지지 않거나 저조한 지역일 것	면적이 5천m² 이상
주거산업융합지구	준공업지역으로서 공장, 산업시설 등이 낙후되거나 주거지 인근에 위치하고 있어 정비가 필요한 지역일 것	면적이 5천m² 이상
주택공급활성화지구	20년 이상 경과한 저층 노후주거지 비율이 높고, 기반시설이 열악하여 계획적인 개발이 필요한 지역일 것	면적이 1만m² 이상

(2) 지정권자

국토교통부장관 또는 시·도지사(이하 "지정권자"라 한다)는 도심 공공주택 복합사업(이하 "복합사업"이라 한다)을 추진하기 위하여 필요한 지역을 도심 공공주택 복합지구(이하 "복합지구"라 한다)로 지정하거나 지정된 복합지구를 변경 또는 해제할 수 있다.

(3) 지정절차

① **협의**: 지정권자 및 공공주택사업자는 복합지구의 지정·변경·해제 및 그 제안에 대하여 관계 중앙행정기관의 장, 관할 지방자치단체의 장, 지방공사 등 관계 기관과 사전 협의하여야 한다.

② **의견청취**: 지정권자가 복합지구를 지정·변경하려면 공고를 하여 주민 및 관계 전문가 등의 의견을 들어야 한다. 이 경우 지정 공고한 지역은 도심 공공주택 복합사업 예정지구로 지정된 것으로 본다.

③ **심의**: 중앙도시계획위원회 또는 시 · 도 도시계획위원회심의를 거쳐야 한다.

(4) 지정의 효과

① **개발행위허가**

주택지구의 지정 · 변경에 관한 주민 등의 의견청취의 공고가 있는 지역 및 주택지구 안에서 건축물의 건축, 공작물의 설치, 토지의 형질변경, 토석의 채취, 토지의 분할 · 합병, 물건을 쌓아놓는 행위, 죽목의 벌채 및 식재 등 대통령령으로 정하는 행위를 하고자 하는 자는 시장(특별자치도의 경우에는 특별자치도지사를 말한다) · 군수 또는 구청장(자치구의 구청장을 말한다)의 허가를 받아야 한다. 허가받은 사항을 변경하고자 하는 때에도 같다.

② **허가 없이 가능한 행위**

1. 재해복구 또는 재난수습에 필요한 응급조치를 위하여 하는 행위
2. 경작을 위한 토지의 형질변경
3. 농림수산물의 생산에 직접 이용되는 것으로서 국토교통부령으로 정하는 간이공작물의 설치
4. 주택지구의 개발에 지장을 주지 아니하고 자연경관을 해치지 아니하는 범위에서의 토석 채취
5. 주택지구에 존치하기로 결정된 대지에 물건을 쌓아놓는 행위
6. 관상용 죽목을 임시로 심는 행위(경작지에 임시로 심는 경우는 제외한다)

③ **도시지역, 도시 · 군계획시설, 지구단위계획구역 지정 · 고시 의제**

복합지구를 지정 · 변경 고시한 때에는 「국토의 계획 및 이용에 관한 법률」에 따른 도시지역으로의 용도지역, 결정된 도시 · 군계획시설, 지구단위계획구역이 지정 · 변경된 것으로 보며, 지구의 해제를 고시한 때에는 지정 당시로 환원된 것으로 본다.

2. 도심 공공주택 복합사업계획 승인

① 공공주택사업자는 도심 공공주택 복합사업계획(이하 "복합사업계획"이라 한다)을 수립하여 지정권자의 승인을 받아야 한다.
② 지정권자는 복합사업계획을 승인하려는 경우에는 공공주택사업자가 제출한 관계서류를 첨부하여 미리 관계 행정기관의 장과 협의하여야 한다.
③ 지구계획을 승인하려면 통합심의위원회의 심의를 거쳐야 한다.

④ 복합사업계획의 승인 또는 변경승인이 있는 때에는 「주택법」에 따른 사업계획의 승인 등 다른 법률의 인·허가 등을 받은 것으로 보며, 복합사업계획 승인고시가 있는 때에는 다른 법률에 따른 인·허가 등의 고시 또는 공고가 있는 것으로 본다.

3. 토지등 수용 또는 사용

① 공공주택사업자는 복합지구에서 복합사업을 시행하기 위하여 필요한 경우에는 토지 등을 수용 또는 사용할 수 있다.

② 복합지구를 지정하여 고시한 때에는 「공익사업을 위한 토지 등의 취득 및 보상에 관한 법률」에 따른 사업인정 및 사업인정의 고시가 있는 것으로 본다.

③ 토지 등의 수용 또는 사용에 대한 재결의 신청은 「공익사업을 위한 토지 등의 취득 및 보상에 관한 법률」에도 불구하고 복합지구로 지정된 때부터 해당 복합사업의 시행기간 내에 할 수 있다.

공공주택의 공급 및 운영·관리

1. 공공주택의 공급

(1) 입주자의 자격 등

공공주택사업자는 주거지원필요계층과 다자녀가구에게 공공주택을 우선 공급하여야 한다. 이 경우 주거지원필요계층과 다자녀가구의 요건, 우선 공급 비율 등 필요한 사항은 국토교통부령으로 정한다.

(2) 공공주택 분양가심사위원회의 설치 등

① 주택지구 전체 개발면적의 100분의 50 이상을 「개발제한구역의 지정 및 관리에 관한 특별조치법」에 따라 개발제한구역을 해제하여 조성하는 주택지구에서 다음의 4. 또는 6.에 해당하는 자가 건설하여 공급하는 공공주택의 분양가에 관한 사항을 심의하기 위하여 「주택법」에도 불구하고 다음의 1.부터 4.까지의 규정 중 어느 하나에 해당하는 자가 분양가심사위원회를 설치·운영하여야 한다.

> 1. 국가 또는 지방자치단체
> 2. 「한국토지주택공사법」에 따른 한국토지주택공사
> 3. 「지방공기업법」 제49조에 따라 주택사업을 목적으로 설립된 지방공사
> 4. 「공공기관의 운영에 관한 법률」에 따른 공공기관 중 대통령령으로 정하는 기관
> 5. 위 1.부터 4.까지의 규정 중 어느 하나에 해당하는 자가 총지분의 100분의 50을 초과하여 출자·설립한 법인
> 6. 주택도시기금 또는 위 1.부터 4.까지의 규정 중 어느 하나에 해당하는 자가 총지분의 전부를 출자(공동으로 출자한 경우를 포함한다)하여 「부동산투자회사법」에 따라 설립한 부동산투자회사

② 시장·군수·구청장은 「주택법」에 따라 공공주택의 입주자모집승인을 할 때에는 분양가심사위원회의 심사결과에 따라 승인 여부를 결정하여야 한다.

(3) **공공임대주택의 확인 등**

① 국토교통부장관은 공공임대주택에 중복하여 입주 또는 계약하고 있는 임차인이 있는지를 확인하여야 한다.

② 국토교통부 소속 공무원 또는 소속 공무원이었던 자와 업무를 위임·위탁받은 기관의 소속 임직원은 제공받은 정보와 자료를 이 법에서 정한 목적 외의 다른 용도로 사용하거나 다른 사람 또는 기관에 제공하거나 누설하여서는 아니 된다.

2. 공공주택의 운영·관리

(1) **임대료 등**

표준임대료 초과금지	영구임대주택, 국민임대주택, 행복주택, 통합공공임대주택, 장기전세주택, 분양전환공공임대주택의 최초의 임대료는 국토교통부장관이 정하여 고시하는 표준임대료를 초과할 수 없다. 다만, 전용면적이 85m²를 초과하거나 분납임대주택 또는 장기전세주택으로 공급하는 공공임대주택의 최초의 임대보증금에는 적용하지 않는다.
장기전세주택의 최초의 임대보증금	해당 임대주택과 그 유형, 규모, 생활여건 등이 비슷한 2개 또는 3개 단지의 공동주택의 전세계약금액을 평균한 금액의 80%를 초과할 수 없다.
기존주택등 매입임대주택의 최초의 임대료	해당 기존주택등 매입임대주택의 주변지역 임대주택의 임대료(임대보증금 및 월임대료를 말한다)에 대한 감정평가금액의 50%(임차인의 소득기준을 달리 정하고 있는 경우에는 100%) 이내의 금액

① 공공임대주택의 임대료(임대보증금 및 월임대료를 말한다) 등 임대조건에 관한 기준은 대통령령으로 정한다.

② 공공임대주택의 공공주택사업자가 임대료 증액을 청구하는 경우(재계약을 하는 경우를 포함한다)에는 임대료의 100분의 5 이내의 범위에서 주거비 물가지수, 인근 지역의 주택 임대료 변동률 등을 고려하여 증액하여야 한다. 이 경우 증액이 있은 후 1년 이내에는 증액하지 못한다.

③ 임대료 중 임대보증금이 증액되는 경우 임차인은 대통령령으로 정하는 바에 따라 그 증액분을 분할하여 납부할 수 있다.

④ 공공임대주택의 임대료 등 임대조건을 정하는 경우에는 임차인의 소득수준 및 공공임대주택의 규모 등을 고려하여 차등적으로 정할 수 있다.

⑤ 공공주택사업자가 임대보증금과 월임대료를 상호 전환하고자 하는 경우에는 해당 주택의 건설을 위한 주택도시기금 융자금 및 저당권 등 담보물권 설정금액 등 대통령령으로 정하는 사항을 임차인에게 알려주어야 한다.

⑥ 공공주택사업자는 공공임대주택의 임대조건 등 임대차계약에 관한 사항을 시장·군수 또는 구청장에게 신고하여야 한다.

(2) 표준임대차계약서

① 공공임대주택에 대한 임대차계약을 체결하려는 자는 국토교통부령으로 정하는 표준임대차계약서를 사용하여야 한다.

② 표준임대차계약서에는 다음의 사항이 포함되어야 한다.

---

1. 임대료 및 그 증액에 관한 사항
2. 임대차 계약기간
3. 공공주택사업자 및 임차인의 권리·의무에 관한 사항
4. 공공임대주택의 수선·유지 및 보수에 관한 사항
5. 그 밖에 국토교통부령으로 정하는 사항
   ① 분양전환공공임대주택의 분양전환 시기 및 분양전환가격 산정기준 (전용면적이 85m²를 초과하는 경우에는 분양전환가격 산정기준을 포함하지 아니할 수 있다)
   ② 분납임대주택의 분납금의 납부 시기 및 산정기준

---

③ 공공주택사업자가 임대차계약을 체결할 때 임대차 계약기간이 끝난 후 임대주택을 그 임차인에게 분양전환할 예정이면 「주택임대차보호법」 제4조 제1항에도 불구하고 임대차 계약기간을 2년 이내로 할 수 있다.

(3) 임대차계약 해제 등 사유

1) 공공주택사업자의 계약 해제·해지·재계약 거절 사유

공공주택사업자는 임차인이 거짓이나 그 밖의 부정한 방법으로 공공임대주택을 임대받는 등 대통령령으로 정하는 다음의 사항에 해당하는 경우에는 임대차계약을 해제 또는 해지하거나 재계약을 거절할 수 있다.

1. 거짓이나 그 밖의 부정한 방법으로 공공임대주택을 임대받은 경우
2. 임차인의 자산 또는 소득이 제48조에 따른 자격요건을 초과하는 범위에서 국토교통부령으로 정하는 기준을 초과하는 경우
3. 임차인이 공공임대주택에 중복하여 입주하거나 계약한 것으로 확인된 경우
4. 표준임대차계약서상의 의무를 위반한 경우
5. 공공임대주택의 임차권을 다른 사람에게 양도하거나 공공임대주택을 전대한 경우
6. 공공주택사업자의 귀책사유 없이 임대차 계약기간이 시작된 날부터 3개월 이내에 입주하지 아니한 경우
7. 월임대료를 3개월 이상 연속하여 연체한 경우
8. 분납임대주택의 분납금을 3개월 이상 연체한 경우
9. 공공임대주택 및 그 부대시설을 고의로 파손하거나 멸실한 경우
10. 공공임대주택 및 그 부대시설을 공공주택사업자의 동의를 받지 아니하고 개축·증축 또는 변경하거나 본래의 용도가 아닌 용도로 사용하는 경우
11. 임차인이 분양전환 신청기간 이내에 분양전환 신청을 하지 아니한 경우
12. 공공임대주택의 임대차 계약기간 중 다른 주택을 소유하게 된 경우. 다만, 다음의 경우는 제외한다.
    ① 상속·판결 또는 혼인 등 그 밖의 부득이한 사유로 다른 주택을 소유하게 된 경우로서 임대차계약이 해제·해지되거나 재계약이 거절될 수 있다는 내용을 통보받은 날부터 6개월 이내에 해당 주택을 처분하는 경우. 다만, 법원의 소송이 진행 중인 경우 등 주택의 처분이 곤란하다고 객관적으로 입증되는 경우에는 소송 판결확정일 등 그 사유가 종료된 날부터 6개월 이내로 한다.
    ② 혼인 등의 사유로 주택을 소유하게 된 세대구성원이 소유권을 취득한 날부터 14일 이내에 전출신고를 하여 세대가 분리된 경우. 다만, 취득한 주택의 보수공사가 진행 중인 경우 등 입주가 곤란하다고 객관적으로 입증되는 경우에는 공사비를 완전히 납부한 날 등 그 사유가 종료된 날부터 14일 이내로 한다.
    ③ 공공임대주택의 입주자를 선정하고 남은 공공임대주택에 대하여 선착순의 방법으로 입주자로 선정된 경우
13. 임차인이 해당 주택에서 퇴거하거나 다른 공공임대주택에 당첨되어 입주하는 경우

2) 공공주택 임차인의 계약 해제·해지·재계약 거절 사유

공공임대주택에 거주 중인 임차인은 시장·군수 또는 구청장이 임대주택에 거주하기 곤란할 정도의 중대한 하자가 있다고 인정하는 경우 등 다음과 같이 대통령령으로 정하는 바에 따라 임대차계약을 해제 또는 해지하거나 재계약을 거절할 수 있다.

> 1. 시장·군수 또는 구청장이 공공임대주택에 거주하기 곤란할 정도의 중대한 하자가 있다고 인정한 경우
> 2. 공공주택사업자가 시장·군수 또는 구청장이 지정한 기간에 하자보수 명령을 이행하지 아니한 경우
> 3. 공공주택사업자가 임차인의 의사에 반하여 공공임대주택의 부대시설·복리시설을 파손하거나 철거시킨 경우
> 4. 공공주택사업자의 귀책사유로 입주기간 종료일부터 3개월 이내에 입주할 수 없는 경우
> 5. 공공주택사업자가 표준임대차계약서상의 의무를 위반한 경우

⑷ 공공임대주택의 전대제한

공공임대주택의 임차인은 임차권을 다른 사람에게 양도(매매, 증여, 그 밖에 권리변동이 따르는 모든 행위를 포함하되, 상속의 경우는 제외한다)하거나 공공임대주택을 다른 사람에게 전대(轉貸)할 수 없다.

⑸ 임차권의 양도 등의 허용

근무·생업·질병치료 등 대통령령으로 정하는 다음 각 호의 어느 하나에 해당하는 경우로서 공공주택사업자의 동의를 받은 경우에는 양도하거나 전대할 수 있다.

1) 공공임대주택(임대의무기간이 10년 이하인 경우로 한정한다) 임차인의 세대구성원 모두가 공공임대주택 입주 후 다음의 어느 하나에 해당되어 무주택 세대구성원에게 임차권을 양도하거나 임대주택을 전대하는 경우

① 다음 1.부터 3.까지의 규정에 모두 해당하는 경우

> 1. 근무·생업 또는 질병치료(「의료법」에 따른 의료기관의 장이 1년 이상의 치료나 요양이 필요하다고 인정하는 경우로 한정한다) 등의 사유로 주거를 이전할 것
> 2. 현재 거주하는 시·군 또는 구의 행정구역이 아닌 시·군 또는 구로 주거를 이전할 것

> 3. 현재 거주지와 새로 이전하는 거주지 간의 거리(최단 직선거리를 말한다)가 40km 이상일 것. 다만, 출퇴근 거리 및 교통여건 등을 고려하여 해당 시·도의 조례로 별도 기준을 정하는 경우에는 그에 따른다.

② 상속 또는 혼인으로 소유하게 된 주택으로 이전할 경우

③ 국외로 이주하거나 1년 이상 국외에 머무를 경우

2) 다음의 어느 하나에 해당하는 법률에 따라 이전하는 기관 또는 그 기관에 종사하는 사람이 해당 기관이 이전하기 이전에 공공임대주택을 공급받아 전대하는 경우

> 1. 「국가균형발전 특별법」
> 2. 「신행정수도 후속대책을 위한 연기·공주지역 행정중심복합도시 건설을 위한 특별법」
> 3. 「도청이전을 위한 도시건설 및 지원에 관한 특별법」
> 4. 「혁신도시 조성 및 발전에 관한 특별법」

3) 임차인이 혼인 또는 이혼으로 공공임대주택에서 퇴거하고, 해당 공공임대주택에 계속 거주하려는 다음의 어느 하나에 해당하는 사람이 자신으로 임차인을 변경할 경우

> 1. 배우자, 직계혈족 및 형제자매
> 2. 직계혈족의 배우자, 배우자의 직계혈족 및 배우자의 형제자매

⑹ **이전 완료 후 입주기한 및 전대차계약기간**

공공임대주택을 전대하는 기관 또는 사람은 해당 기관의 이전이 완료된 경우에는 전대차 계약기간이 종료된 후 3개월 이내에 입주자를 입주시키거나 입주하여야 한다. 이 경우 전대차 계약기간은 2년을 넘을 수 없다.

⑺ **공공임대주택의 입주자 자격제한**

국토교통부장관 또는 지방자치단체의 장은 제49조의4(공공임대주택의 전대제한)를 위반하여 공공임대주택의 임차권을 양도하거나 공공임대주택을 전대하는 임차인에 대하여 4년의 범위에서 국토교통부령으로 정하는 바에 따라 공공임대주택의 입주자격을 제한할 수 있다.

3. 지분적립형 분양주택의 전매행위제한 및 거주의무

① 지분적립형 분양주택의 소유지분 또는 입주자로 선정된 지위는 10년 이내의 범위에서 해당 주택의 입주자로 선정된 날부터 10년이 지나기 전에는 전매하거나 전매를 알선할 수 없다.

② 지분적립형 분양주택을 공급받은 자(상속받은 자는 제외한다. 이하 "거주의무자"라 한다)는 해당 주택의 최초 입주가능일부터 5년 동안 계속하여 해당 주택에 거주하여야 한다.

4. 이익공유형 분양주택의 처분 및 거주의무

① 이익공유형 분양주택을 공급받은 자가 해당 주택(해당 주택의 입주자로 선정된 지위를 포함한다)을 처분하려는 경우에는 환매조건에 따라 공공주택사업자에게 해당 주택의 매입을 신청하여야 한다.

② 매입신청을 받은 공공주택사업자가 이익공유형 분양주택을 환매하는 경우 해당 주택을 공급받은 자는 해당 주택의 공급가격 등을 고려하여 대통령령으로 정하는 기준에 따라 처분 손익을 공공주택사업자와 공유하여야 한다.

③ 이익공유형 분양주택의 전매행위 제한에 관하여는 「주택법」 제64조 (주택의 전매행위 제한 등)를 적용하지 아니한다.

④ 이익공유형 분양주택을 공급받은 자(상속받은 자는 제외한다)는 해당 주택의 최초 입주가능일부터 5년 동안 계속하여 해당 주택에 거주하여야 한다.

5. 가정어린이집 운영에 관한 공급 특례

공공주택사업자는 임차인의 보육수요 충족을 위하여 필요하다고 판단하는 경우 해당 공공임대주택의 일부 세대를 6년 이내의 범위에서 「영유아보육법」에 따른 가정어린이집을 설치·운영하려는 자에게 임대할 수 있다. 이 경우 공공주택사업자는 국토교통부령으로 정하는 바에 따라 관할 시장·군수 또는 구청장과 협의하여야 한다.

6. 선수관리비 부담

① 공공주택사업자는 공공임대주택을 관리하는 데 필요한 경비를 임차인이 최초로 납부하기 전까지 해당 공공임대주택의 유지관리 및 운영에 필요한 경비(이하 "선수관리비"라 한다)를 대통령령으로 정하는 바에 따라 부담할 수 있다.

② 공공주택사업자는 선수관리비를 부담하는 경우에는 해당 임차인의 입주가능일 전까지 관리주체에게 선수관리비를 지급해야 한다.

③ 관리주체는 해당 임차인의 임대기간이 종료되는 경우 지급받은 선수관리비를 공공주택사업자에게 반환해야 한다. 다만, 다른 임차인이 해당 주택에 입주할 예정인 경우 등 공공주택사업자와 관리주체가 협의하여 정하는 경우에는 선수관리비를 반환하지 않을 수 있다.

④ 관리주체에게 지급하는 선수관리비의 금액은 해당 공공임대주택의 유형 및 세대수 등을 고려하여 공공주택사업자와 관리주체가 협의하여 정한다.

7. 공공임대주택의 매각제한

⑴ 공공주택사업자는 공공임대주택을 5년 이상의 범위에서 대통령령으로 정한 임대의무기간이 지나지 아니하면 매각할 수 없다.

"대통령령으로 정한 임대의무기간"이란 그 공공임대주택의 임대개시일부터 다음 각 호의 기간을 말한다.

> 1. 영구임대주택 : 50년
> 2. 국민임대주택 : 30년
> 3. 행복주택 : 30년
> 4. 통합공공임대주택 : 30년
> 5. 장기전세주택 : 20년
> 6. 1.부터 5.까지의 규정에 해당하지 아니하는 공공임대주택 중 임대 조건을 신고할 때 임대차 계약기간을 6년 이상 10년 미만으로 정하여 신고한 주택 : 6년
> 7. 1.부터 5.까지의 규정에 해당하지 아니하는 공공임대주택 중 임대 조건을 신고할 때 임대차 계약기간을 10년 이상으로 정하여 신고한 주택 : 10년
> 8. 1.부터 7.까지의 규정에 해당하지 아니하는 공공임대주택 : 5년

(2) 다음의 어느 하나에 해당하는 경우에는 임대의무기간이 지나기 전에도 공공임대주택을 매각할 수 있다.

① 국토교통부령으로 정하는 바에 따라 다른 공공주택사업자에게 매각하는 경우

② 공공주택사업자가 경제적 사정 등으로 공공임대주택에 대한 임대를 계속할 수 없는 경우로서 국토교통부장관의 허가를 받아 임차인에게 분양전환하는 경우

③ 임대 개시 후 해당 주택의 임대의무기간의 2분의 1이 지난 분양전환공공임대주택에 대하여 공공주택사업자와 임차인이 해당 임대주택의 분양전환에 합의하여 공공주택사업자가 임차인에게 분양전환하는 경우

④ 주택도시기금의 융자를 받아 주택이 없는 근로자를 위하여 건설한 공공임대주택(1994년 9월 14일 이전에 사업계획승인을 받은 경우)을 시장·군수 또는 구청장의 허가를 받아 분양전환하는 경우

(3) **공공매입임대주택이 지구·구역 및 사업에 포함된 경우**

공공매입임대주택이 복합지구, 「도시 및 주거환경정비법」에 따른 정비구역, 「주택법」에 따른 주택건설사업 등 국토교통부령으로 정하는 지구·구역 및 사업 등에 포함된 경우로서 공공주택사업자가 해당 지역의 공공매입임대주택 재고 유지를 위한 공공매입임대주택 공급계획, 매각 또는 교환 방법, 입주자 이주대책 등 국토교통부령으로 정하는 사항에 대하여 국토교통부장관의 승인을 받은 경우에는 임대의무기간이 지나기 전에도 공공매입임대주택을 매각할 수 있다(법 제50조의2 제2항 제3호).

8. 장기수선계획 및 특별수선충당금

(1) **특별수선충당금의 적립 대상**

다음의 어느 하나에 해당하는 공공임대주택의 공공주택사업자는 주요 시설을 교체하고 보수하는 데에 필요한 특별수선충당금을 적립하여야 한다.

> 1. 300세대 이상의 공동주택
> 2. 승강기가 설치된 공동주택
> 3. 중앙집중식난방방식의 공동주택

(2) **장기수선계획**

앞의 (1)의 어느 하나에 해당하는 공공임대주택을 건설한 공공주택사업자는 해당 공공임대주택의 공용부분, 부대시설 및 복리시설(분양된 시설은 제외한다)에 대하여 장기수선계획을 수립하여 사용검사를 신청할 때 사용검사신청서와 함께 제출하여야 하며, 임대기간 중 해당 임대주택단지에 있는 관리사무소에 장기수선계획을 갖춰 놓아야 한다.

(3) **특별수선충당금의 적립시기 및 요율**

공공주택사업자는 특별수선충당금을 사용검사일(임시사용승인을 받은 경우에는 임시 사용승인일을 말한다)부터 1년이 지난날이 속하는 달부터 매달 적립하되, 적립요율은 다음의 비율에 따른다.

> 1. 영구임대주택, 국민임대주택, 행복주택, 통합공공임대주택, 장기전세주택 : 국토교통부장관이 고시하는 표준건축비의 1만분의 4
> 2. 1.에 해당하지 아니하는 공공임대주택 : 사업계획승인 당시 표준건축비의 1만분의 1

(4) **특별수선충당금의 예치관리**

공공주택사업자는 특별수선충당금을 금융회사 등에 예치하여 따로 관리하여야 한다.

(5) **특별수선충당금의 사용**

공공주택사업자는 특별수선충당금을 사용하려면 미리 해당 공공임대주택의 주소지를 관할하는 시장·군수 또는 구청장과 협의하여야 한다.

(6) **특별수선충당금의 보고체계**

시장·군수 또는 구청장은 국토교통부령으로 정하는 방법에 따라 공공주택사업자의 특별수선충당금 적립 여부, 적립금액 등을 관할 시·도지사에게 보고하여야 하며, 시·도지사는 시장·군수 또는 구청장의 보고를 받으면 이를 국토교통부장관에게 보고하여야 한다.

(7) **특별수선충당금의 인계**

공공주택사업자가 임대의무기간이 지난 공공건설임대주택을 분양전환하는 경우에는 특별수선충당금을 최초로 구성되는 입주자대표회의에 넘겨주어야 한다.

M·E·M·O

건축법

총 설

1 용어의 정의

대 지	각 필지로 나눈 토지
건축물	① 지붕과 기둥 또는 벽이 있는 것과 이에 딸린 시설물(대문, 담장) ② 지하나 고가(高架)의 공작물에 설치하는 사무소 · 공연장 · 점포 · 차고 · 창고 등
주요구조부	주요구조부란 내력벽 · 기둥 · 바닥 · 보 · 주계단 및 지붕틀을 말한다. 다만, 사이기둥 · 최하층 바닥 · 작은 보 · 차양 · 옥외계단, 그 밖에 이와 유사한 것으로서 건축물의 구조상 중요하지 아니한 부분을 제외한다.
공작물 축조신고	① 높이 2m를 넘는 옹벽 또는 담장 ② 높이 4m를 넘는 광고탑, 광고판, 장식탑, 기념탑, 첨탑 ③ 높이 5m를 넘는 태양에너지를 이용하는 발전설비 ④ 높이 6m를 넘는 굴뚝, 철탑 ⑤ 높이 8m를 넘는 고가수조(높이 8m 이하의 기계식 주차장 및 철골 조립식 주차장으로서 외벽이 없는 것) ⑥ 바닥면적 30m²를 넘는 지하대피호
지하층	건축물의 바닥이 지표면 아래에 있는 층으로서 그 바닥으로부터 지표면까지 평균높이가 해당 층 높이의 2분의 1 이상인 것
건 축	신 축	건축물이 없는 대지에 새로 건축물을 축조하는 것(부속건축물만 있는 대지에 새로 주된 건축물을 축조하는 것을 포함하되, 개축 또는 재축하는 것은 제외한다)
	증 축	기존건축물이 있는 대지에서 건축물의 건축면적 · 연면적 · 층수 또는 높이를 늘리는 것
	개 축	기존건축물의 전부 또는 일부를 철거하고 그 대지에 종전과 같은 규모의 범위에서 건축물을 다시 축조하는 것
	재 축	천재지변이나 재해로 멸실된 경우 그 대지에 종전과 같은 규모의 범위에서 다시 축조하는 것
	이 전	주요구조부(내력벽 · 기둥 · 바닥 · 보 · 주계단 및 지붕틀)를 해체하지 아니하고 같은 대지의 다른 위치로 옮기는 것

대수선	① 지붕틀을 증설 또는 해체하거나 세 개 이상 수선 또는 변경하는 것 ② 보를 증설 또는 해체하거나 세 개 이상 수선 또는 변경하는 것 ③ 기둥을 증설 또는 해체하거나 세 개 이상 수선 또는 변경하는 것 ④ 내력벽을 증설 또는 해체하거나 그 벽면적을 $30m^2$ 이상 수선 또는 변경하는 것 ⑤ 방화벽 또는 방화구획을 위한 바닥 또는 벽을 증설 또는 해체하거나 수선 또는 변경하는 것 ⑥ 주계단·피난계단 또는 특별피난계단을 증설 또는 해체하거나 수선 또는 변경하는 것 ⑦ 다가구주택의 가구 간 경계벽 또는 다세대주택의 세대 간 경계벽을 증설 또는 해체하거나 수선 또는 변경하는 것 ⑧ 건축물의 외벽에 사용하는 마감재료를 증설 또는 해체하거나 벽면적 $30m^2$ 이상 수선 또는 변경하는 것
리모델링	건축물의 노후화를 억제하거나 기능 향상 등을 위하여 대수선하거나 일부 증축 또는 개축하는 행위

도로		
		보행과 자동차 통행이 가능한 너비 4m 이상의 다음의 도로 및 예정도로
	원칙	① 「국토의 계획 및 이용에 관한 법률」·「도로법」·「사도법」 그 밖에 관계 법령에 따라 신설 또는 변경에 관한 고시가 된 도로 ② 건축허가 또는 신고시에 특별시장·광역시장·도지사·특별자치시장·특별자치도지사 또는 시장·군수·자치구의 구청장이 그 위치를 지정하여 공고한 도로
	예외	① 원칙적인 허가권자가 지형적 조건으로 인하여 차량통행을 위한 도로의 설치가 곤란하다고 인정하여 그 위치를 지정·공고하는 구간의 너비 3m 이상(길이가 10m 미만인 막다른 도로의 경우에는 너비 2m 이상)인 도로 ② 막다른 도로의 경우

막다른 도로의 길이	도로의 너비
10m 미만	2m 이상
10m 이상 35m 미만	3m 이상
35m 이상	6m(도시지역이 아닌 읍·면지역에서는 4m) 이상

건축관계자	건축주	건축물의 건축·대수선·용도변경, 건축설비의 설치 또는 공작물의 축조에 관한 공사를 발주하거나 현장 관리인을 두어 스스로 그 공사를 하는 자
	설계자	자기의 책임으로 설계도서를 작성하고 그 설계도서에서 의도하는 바를 해설하며, 지도하고 자문에 응하는 자
	공사 시공자	「건설산업기본법」에 따른 건설공사를 하는 자
	공사 감리자	자기의 책임으로 건축물, 건축설비 또는 공작물이 설계도서의 내용대로 시공되는 지를 확인하고, 품질관리·공사관리·안전관리 등에 대하여 지도·감독하는 자
관계 전문기술자		건축물의 구조·설비 등 건축물과 관련된 전문기술자격을 보유하고 설계와 공사감리에 참여하여 설계자 및 공사감리자와 협력하는 자
특별건축구역		조화롭고 창의적인 건축물의 건축을 통하여 도시경관의 창출, 건설기술 수준향상 및 건축 관련 제도개선을 도모하기 위하여 「건축법」 또는 관계 법령에 따라 일부규정을 적용하지 아니하거나 완화 또는 통합하여 적용할 수 있도록 특별히 지정하는 구역

고층건축물	고층건축물	준초고층건축물	초고층건축물
	30층 이상이거나 높이가 120m 이상	고층건축물 중 초고층건축물이 아닌 것	50층 이상이거나 높이가 200m 이상

한 옥	「한옥 등 건축자산의 진흥에 관한 법률」 제2조 제2호에 따른 한옥을 말한다.
다중이용 건축물	1. 다음의 어느 하나에 해당하는 용도로 쓰는 바닥면적의 합계가 5천m² 이상인 건축물 ① 문화 및 집회시설(동물원 및 식물원은 제외한다) ② 종교시설 ③ 판매시설 ④ 운수시설 중 여객용시설 ⑤ 의료시설 중 종합병원 ⑥ 숙박시설 중 관광숙박시설 2. 16층 이상인 건축물

05

준다중이용 건축물	다중이용 건축물 외의 건축물로서 다음의 어느 하나에 해당하는 용도로 쓰는 바닥면적의 합계가 1천㎡ 이상인 건축물 ① 문화 및 집회시설(동물원 및 식물원은 제외한다) ② 종교시설 ③ 판매시설 ④ 운수시설 중 여객용시설 ⑤ 의료시설 중 종합병원 ⑥ 숙박시설 중 관광숙박시설 ⑦ 교육연구시설 ⑧ 노유자시설 ⑨ 운동시설 ⑩ 위락시설 ⑪ 관광 휴게시설 ⑫ 장례시설
특수구조 건축물	"특수구조 건축물"이란 다음의 어느 하나에 해당하는 건축물을 말한다. ① 한쪽 끝은 고정되고 다른 끝은 지지(支持)되지 아니한 구조로 된 보·차양 등이 외벽의 중심선으로부터 3m 이상 돌출된 건축물 ② 기둥과 기둥 사이의 거리(기둥의 중심선 사이의 거리를 말하며, 기둥이 없는 경우에는 내력벽과 내력벽의 중심선 사이의 거리를 말한다)가 20m 이상인 건축물 ③ 특수한 설계·시공·공법 등이 필요한 건축물로서 국토교통부장관이 정하여 고시하는 구조로 된 건축물
실내건축	"실내건축"이란 건축물의 실내를 안전하고 쾌적하며 효율적으로 사용하기 위하여 내부 공간을 칸막이로 구획하거나 벽지, 천장재, 바닥재, 유리 등 대통령령으로 정하는 재료 또는 장식물을 설치하는 것을 말한다.
발코니	"발코니"란 건축물의 내부와 외부를 연결하는 완충공간으로서 전망이나 휴식 등의 목적으로 건축물 외벽에 접하여 부가적으로 설치되는 공간을 말한다. 이 경우 주택에 설치되는 발코니로서 국토교통부장관이 정하는 기준에 적합한 발코니는 필요에 따라 거실·침실·창고 등의 용도로 사용할 수 있다.

2 건축물의 용도

1. 단독주택 [단독주택의 형태를 갖춘 가정어린이집·공동생활가정·지역아동센터·공동육아나눔터·작은도서관 및 노인복지시설(노인복지주택은 제외한다)을 포함한다]	① 단독주택 ② 다중주택: 주택으로 쓰는 층수가 3개 층 이하이고, 1개 동의 주택으로 쓰이는 바닥면적의 합계가 660m² 이하, 독립된 주거형태를 갖추지 아니한 것 ③ 다가구주택: 주택으로 쓰는 층수가 3개 층 이하이고, 1개 동의 주택으로 쓰이는 바닥면적의 합계가 660m² 이하, 19세대 이하가 거주할 수 있을 것 ④ 공관
2. 공동주택 [공동주택의 형태를 갖춘 가정어린이집·공동생활가정·지역아동센터·공동육아나눔터·작은도서관 및 노인복지시설(노인복지주택은 제외한다) 및 소형주택을 포함한다]	① 아파트: 주택으로 쓰는 층수가 5개 층 이상인 주택 ② 연립주택: 주택으로 쓰는 1개 동의 바닥면적의 합계가 660m²를 초과하고, 층수가 4개 층 이하인 주택 ③ 다세대주택: 주택으로 쓰는 1개 동의 바닥면적의 합계가 660m² 이하이고, 층수가 4개 층 이하인 주택 ④ 기숙사: 다음의 어느 하나에 해당하는 건축물로서 공간의 구성과 규모 등에 관하여 국토교통부장관이 정하여 고시하는 기준에 적합한 것. 다만, 구분소유된 개별 실(室)은 제외한다. 　㉠ 일반기숙사: 학교 또는 공장 등의 학생 또는 종업원 등을 위하여 사용하는 것으로서 해당 기숙사의 공동취사시설 이용 세대 수가 전체 세대 수(건축물의 일부를 기숙사로 사용하는 경우에는 기숙사로 사용하는 세대 수로 한다. 이하 같다)의 50% 이상인 것(「교육기본법」에 따른 학생복지주택을 포함한다) 　㉡ 임대형기숙사: 공공주택사업자 또는 임대사업자가 임대사업에 사용하는 것으로서 임대 목적으로 제공하는 실이 20실 이상이고 해당 기숙사의 공동취사시설 이용 세대 수가 전체 세대 수의 50% 이상인 것

05

3. 제1종 근린생활시설	① 식품·잡화·의류·완구·서적·건축자재·의약품·의료기기 등 일용품을 판매하는 소매점으로서 같은 건축물에 해당 용도로 쓰는 바닥면적의 합계가 1천m² 미만인 것 ② 휴게음식점, 제과점 등 음료·음식·빵·떡·과자 등을 조리하거나 제조하여 판매하는 시설로서 같은 건축물에 해당 용도로 쓰는 바닥면적의 합계가 300m² 미만인 것 ③ 이용원, 미용원, 목욕장, 세탁소 등 사람의 위생관리나 의류 등을 세탁·수선하는 시설(세탁소의 경우 공장에 부설되는 것과 「대기환경보전법」, 「수질 및 수생태계 보전에 관한 법률」 또는 「소음·진동관리법」에 따른 배출시설의 설치 허가 또는 신고의 대상인 것은 제외한다) ④ 의원, 치과의원, 한의원, 침술원, 접골원, 조산원, 안마원, 산후조리원 등 주민의 진료·치료 등을 위한 시설 ⑤ 탁구장, 체육도장으로서 같은 건축물에 해당 용도로 쓰는 바닥면적의 합계가 500m² 미만인 것 ⑥ 지역자치센터, 파출소, 지구대, 소방서, 우체국, 방송국, 보건소, 공공도서관, 건강보험공단 사무소 등 주민의 편의를 위하여 공공업무를 수행하는 시설로서 같은 건축물에 해당 용도로 쓰는 바닥면적의 합계가 1천m² 미만인 것 ⑦ 마을회관, 마을공동작업소, 마을공동구판장, 공중화장실, 대피소, 지역아동센터(단독주택과 공동주택에 해당하는 것은 제외한다) 등 주민이 공동으로 이용하는 시설 ⑧ 변전소, 도시가스배관시설, 정수장, 양수장 등 주민의 생활에 필요한 에너지공급·통신서비스 제공이나 급수·배수와 관련된 시설 ⑨ 금융업소, 사무소, 부동산중개사무소, 결혼상담소 등 소개업소, 출판사 등 일반업무시설로서 같은 건축물에 해당 용도로 쓰는 바닥면적의 합계가 30m² 미만인 것 ⑩ 전기자동차 충전소(해당 용도로 쓰는 바닥면적의 합계가 1천m² 미만인 것으로 한정한다)

4. 제2종 근린생활시설	① 공연장(극장, 영화관, 연예장, 음악당, 서커스장, 비디오물감상실, 비디오물소극장)으로서 같은 건축물에 해당 용도로 쓰는 바닥면적의 합계가 500m² 미만인 것 ② 종교집회장(교회, 성당, 사찰, 기도원, 수도원, 수녀원, 제실, 사당)으로서 같은 건축물에 해당 용도로 쓰는 바닥면적의 합계가 500m² 미만인 것 ③ 자동차영업소로서 같은 건축물에 해당 용도로 쓰는 바닥면적의 합계가 1천m² 미만인 것 ④ 서점(바닥면적의 합계가 1천m² 이상인 것) ⑤ 총포판매소 ⑥ 사진관, 표구점 ⑦ 청소년게임제공업소, 복합유통게임제공업소, 인터넷컴퓨터게임시설제공업소, 가상현실체험 제공업소, 그 밖에 이와 비슷한 게임 및 체험 관련 시설로서 같은 건축물에 해당 용도로 쓰는 바닥면적의 합계가 500m² 미만인 것 ⑧ 휴게음식점, 제과점 등 음료·차·음식·빵·떡·과자 등을 조리하거나 제조하여 판매하는 시설로서 같은 건축물에 해당 용도로 쓰는 바닥면적의 합계가 300m² 이상인 것 ⑨ 일반음식점 ⑩ 장의사, 동물병원, 동물미용실, 동물위탁관리업을 위한 시설 ⑪ 학원(자동차학원 및 무도학원은 제외한다), 교습소(자동차 교습 및 무도 교습을 위한 시설은 제외한다), 직업훈련소(운전·정비 관련 직업훈련소는 제외한다)로서 같은 건축물에 해당 용도로 쓰는 바닥면적의 합계가 500m² 미만인 것 ⑫ 독서실, 기원 ⑬ 테니스장, 체력단련장, 에어로빅장, 볼링장, 당구장, 실내낚시터, 골프연습장, 놀이형시설(「관광진흥법」에 따른 기타유원시설업의 시설을 말한다) 등 주민의 체육 활동을 위한 시설로서 같은 건축물에 해당 용도로 쓰는 바닥면적의 합계가 500m² 미만인 것 ⑭ 금융업소, 사무소, 부동산중개사무소, 결혼상담소 등 소개업소, 출판사 등 일반업무시설로서 같은 건축물에 해당 용도로 쓰는 바닥면적의 합계가 500m² 미만인 것 ⑮ 다중생활시설로서 같은 건축물에 해당 용도로 쓰는 바닥면적의 합계가 500m² 미만인 것

4. 제2종 근린생활시설	⑯ 제조업소, 수리점 등 물품의 제조·가공·수리 등을 위한 시설로서 같은 건축물에 해당 용도로 쓰는 바닥면적의 합계가 500㎡ 미만이고, 다음 요건 중 어느 하나에 해당하는 것 ㉠「대기환경보전법」,「물환경보전법」또는「소음·진동관리법」에 따른 배출시설의 설치 허가 또는 신고의 대상이 아닌 것 ㉡「물환경보전법」에 따라 폐수배출시설의 설치 허가를 받거나 신고해야 하는 시설로서 발생되는 폐수를 전량 위탁처리하는 것 ⑰ 단란주점으로서 같은 건축물에 해당 용도로 쓰는 바닥면적의 합계가 150㎡ 미만인 것 ⑱ 안마시술소, 노래연습장 ⑲「물류시설의 개발 및 운영에 관한 법률」에 따른 주문배송시설로서 같은 건축물에 해당 용도로 쓰는 바닥면적의 합계가 500㎡ 미만인 것(같은 법에 따라 물류창고업 등록을 해야 하는 시설을 말한다)
5. 문화 및 집회시설	① 공연장으로서 같은 건축물에 해당 용도로 쓰는 바닥면적의 합계가 500㎡ 이상인 것 ② 집회장[예식장, 공회당, 회의장, 마권 장외 발매소, 마권 전화투표소]으로서 제2종 근린생활시설에 해당하지 아니하는 것 ③ 관람장(경마장, 경륜장, 경정장, 자동차 경기장, 체육관 및 운동장으로서 관람석의 바닥면적의 합계가 1천㎡ 이상인 것) ④ 전시장(박물관, 미술관, 과학관, 문화관, 체험관, 기념관, 산업전시장, 박람회장) ⑤ 동·식물원(동물원, 식물원, 수족관)
6. 종교시설	① 종교집회장으로서 바닥면적의 합계가 500㎡ 이상인 것 ② 종교집회장에 설치하는 봉안당
7. 판매시설	① 도매시장(농수산물도매시장, 농수산물공판장) ② 소매시장(대규모점포, 그 안에 있는 근린생활시설을 포함) ③ 상점으로서 다음의 요건 중 어느 하나에 해당하는 것 ㉠ 바닥면적의 합계가 1천㎡ 이상인 것 ㉡ 청소년게임제공업의 시설·일반게임제공업의 시설·복합유통게임제공업의 시설·인터넷컴퓨터게임시설 제공업의 시설로서 바닥면적의 합계가 500㎡ 이상인 것 ㉢ 일반게임제공업의 시설

8. 운수시설	① 여객자동차터미널 ② 철도시설 ③ 공항시설 ④ 항만시설
9. 의료시설	① 병원(종합병원, 병원, 치과병원, 한방병원, 정신병원 및 요양병원) ② 격리병원(전염병원, 마약진료소)
10. 교육연구시설 [제2종 근린생활시설에 해당하는 것은 제외한다]	① 학교(유치원, 초등학교, 중학교, 고등학교, 전문대학, 대학, 대학교, 그 밖에 이에 준하는 각종 학교) ② 교육원(연수원) ③ 직업훈련소(운전 및 정비 관련 직업훈련소를 제외한다) ④ 학원(자동차학원·무도학원 및 정보통신기술을 활용하여 원격으로 교습하는 것은 제외한다), 교습소(자동차교습·무도교습 및 정보통신기술을 활용하여 원격으로 교습하는 것은 제외한다) ⑤ 연구소(연구소에 준하는 시험소와 계측계량소를 포함한다) ⑥ 도서관
11. 노유자시설	① 아동 관련 시설(어린이집, 아동복지시설로서 단독주택, 공동주택 및 제1종 근린생활시설에 해당하지 아니하는 것) ② 노인복지시설(단독주택과 공동주택에 해당하지 아니하는 것을 말한다) ③ 그 밖에 다른 용도로 분류되지 아니한 사회복지시설 및 근로복지시설
12. 수련시설	① 생활권 수련시설(청소년수련관, 청소년문화의 집, 청소년특화시설) ② 자연권 수련시설(청소년수련원, 청소년야영장) ③ 유스호스텔 ④ 「관광진흥법」에 따른 야영장시설로서 바닥면적의 합계가 300m² 이상인 것
13. 운동시설	① 탁구장, 체육도장, 테니스장, 체력단련장, 에어로빅장, 볼링장, 당구장, 실내낚시터, 골프연습장, 놀이형 시설로서 바닥면적의 합계가 500m² 이상인 것

13. 운동시설	② 체육관으로서 관람석이 없거나 관람석의 바닥면적이 1천m² 미만인 것 ③ 운동장(육상장, 구기장, 볼링장, 수영장, 스케이트장, 롤러스케이트장, 승마장 사격장, 궁도장, 골프장 등과 이에 딸린 건축물을 말한다)으로서 관람석이 없거나 관람석의 바닥면적이 1천m² 미만인 것

14. 업무시설	① 공공업무시설 : 국가 또는 지방자치단체의 청사와 외국공관의 건축물로서 제1종 근린생활시설에 해당하지 아니하는 것
	② 일반업무시설 : 다음 요건을 갖춘 업무시설을 말한다.
	   ㉠ 금융업소, 사무소, 결혼상담소 등 소개업소, 출판사, 신문사, 그 밖에 이와 비슷한 것으로서 바닥면적의 합계가 500m² 이상인 것
	   ㉡ 오피스텔(업무를 주로 하며, 분양하거나 임대하는 구획 중 일부 구획에서 숙식을 할 수 있도록 한 건축물로서 국토교통부장관이 고시하는 기준에 적합한 것을 말한다)

15. 숙박시설	① 일반숙박시설 및 생활숙박시설 ② 관광숙박시설(관광호텔, 수상관광호텔, 한국전통호텔, 가족호텔, 호스텔, 소형호텔, 의료관광호텔 및 휴양 콘도미니엄) ③ 다중생활시설로서 바닥면적의 합계가 500m² 이상인 것
16. 위락시설	① 단란주점으로서 제2종 근린생활시설에 해당하지 아니하는 것 ② 유흥주점이나 그 밖에 이와 비슷한 것 ③ 「관광진흥법」에 따른 유원시설업의 시설(제2종 근린생활시설과 운동시설에 해당하는 것은 제외한다) ④ 무도장, 무도학원 ⑤ 카지노영업소
17. 공장	물품의 제조·가공[염색·도장(塗裝)·표백·재봉·건조·인쇄 등을 포함한다] 또는 수리에 계속적으로 이용되는 건축물로서 제1종 근린생활시설, 제2종 근린생활시설, 위험물저장 및 처리시설, 자동차 관련 시설, 자원순환 관련 시설 등으로 따로 분류되지 아니한 것

18. 창고시설 [제2종 근린생활시설에 해당하는 것과 위험물 저장 및 처리 시설 또는 그 부속용도에 해당하는 것은 제외한다]	① 창고(물품저장시설로서 「물류정책기본법」에 따른 일반창고와 냉장 및 냉동창고를 포함한다) ② 하역장 ③ 「물류시설의 개발 및 운영에 관한 법률」에 따른 물류터미널 ④ 집배송 시설
19. 위험물저장 및 처리시설	「위험물안전관리법」, 「석유 및 석유대체연료 사업법」, 「도시가스사업법」, 「고압가스 안전관리법」, 「액화석유가스의 안전관리 및 사업법」, 「총포·도검·화약류 등 단속법」, 「화학물질 관리법」 등에 따라 설치 또는 영업의 허가를 받아야 하는 건축물로서 다음의 어느 하나에 해당하는 것. 다만, 자가난방, 자가발전, 그 밖에 이와 비슷한 목적으로 쓰는 저장시설은 제외한다. ① 주유소(기계식 세차설비를 포함한다) 및 석유판매소 ② 액화석유가스 충전소·판매소·저장소(기계식 세차설비를 포함한다) ③ 위험물 제조소·저장소·취급소 ④ 액화가스 취급소·판매소 ⑤ 유독물 보관·저장·판매시설 ⑥ 고압가스 충전소·판매소·저장소 ⑦ 도료류 판매소 ⑧ 도시가스 제조시설 ⑨ 화약류 저장소
20. 자동차 관련 시설 [건설기계 관련 시설을 포함한다]	① 주차장 ② 세차장 ③ 폐차장 ④ 검사장 ⑤ 매매장 ⑥ 정비공장 ⑦ 운전학원 및 정비학원(운전 및 정비 관련 직업훈련시설을 포함한다) ⑧ 「여객자동차 운수사업법」, 「화물자동차 운수사업법」 및 「건설기계관리법」에 따른 차고 및 주기장(駐機場) ⑨ 전기자동차 충전소로서 제1종 근린생활시설에 해당하지 않는 것

21. 동물 및 식물 관련 시설	① 축사(양잠·양봉·양어·양돈·양계·곤충 사육시설 및 부화장 등을 포함한다) ② 가축시설[가축용 운동시설, 인공수정센터, 관리사(管理舍), 가축용 창고, 가축시장, 동물검역소, 실험동물 사육시설, 그 밖에 이와 비슷한 것을 말한다] ③ 도축장 ④ 도계장 ⑤ 작물 재배사 ⑥ 종묘배양시설 ⑦ 화초 및 분재 등의 온실 ⑧ 동물 또는 식물과 관련된 시설과 비슷한 것 (동·식물원은 제외한다)
22. 자원순환 관련 시설	① 하수 등 처리시설 ② 고물상 ③ 폐기물 재활용시설 ④ 폐기물 처분시설 ⑤ 폐기물 감량화시설
23. 교정시설	① 교정시설(보호감호소, 구치소 및 교도소를 말한다) ② 갱생보호시설, 그 밖에 범죄자의 갱생·보육·교육·보건 등의 용도로 쓰는 시설 ③ 소년원 및 소년분류심사원
24. 국방·군사시설	국방·군사시설
25. 방송통신시설 [제1종 근린생활시설에 해당하는 것은 제외한다]	① 방송국(방송프로그램 제작시설 및 송신·수신·중계시설을 포함한다) ② 전신전화국 ③ 촬영소 ④ 통신용 시설 ⑤ 데이터센터
26. 발전시설	발전소(집단에너지 공급시설을 포함한다)로 사용되는 건축물로서 제1종 근린생활시설에 해당하지 아니하는 것
27. 묘지 관련 시설	① 화장시설 ② 봉안당(종교시설에 해당하는 것은 제외한다) ③ 묘지와 자연장지에 부수되는 건축물 ④ 동물화장시설·동물건조장시설 및 동물전용의 납골시설

05

28. 관광휴게시설	① 야외음악당 ② 야외극장 ③ 어린이회관 ④ 관망탑 ⑤ 휴게소 ⑥ 공원·유원지 또는 관광지에 부수되는 시설
29. 장례시설	① 장례식장[의료시설의 부수시설(「의료법」 제36조 제1호에 따른 의료기관의 종류에 따른 시설을 말한다)에 해당하는 것은 제외한다] ② 동물전용의 장례식장
30. 야영장 시설	「관광진흥법」에 따른 야영장 시설로서 관리동, 화장실, 샤워실, 대피소, 취사시설 등의 용도로 쓰는 바닥면적의 합계가 300m² 미만인 것

3 건축물의 용도

(1) 용도변경의 시설군과 건축물의 용도

◘ 용도변경
1. 내림차순 ↓ : 신고
2. 올림차순 ↑ : 허가
3. 수평적 이동 ↔ : 건축물대장의 기재내용 변경신청

용도변경의 시설군	건축물의 용도
① 자동차 관련 시설군	자동차 관련 시설
② 산업 등 시설군	운수시설, 창고시설, 공장, 위험물저장 및 처리시설, 자원순환 관련 시설, 묘지 관련 시설, 장례시설
③ 전기통신시설군	방송통신시설, 발전시설
④ 문화집회시설군	문화 및 집회시설, 종교시설, 관광휴게시설, 위락시설
⑤ 영업시설군	운동시설, 판매시설, 숙박시설, 다중생활시설(제2종 근린생활시설)
⑥ 교육 및 복지시설군	교육연구시설, 노유자시설, 수련시설, 야영장시설, 의료시설
⑦ 근린생활시설군	제1종 근린생활시설, 제2종 근린생활시설(다중생활시설 제외)
⑧ 주거업무시설군	단독주택, 공동주택, 업무시설, 교정시설, 국방·군사시설
⑨ 그 밖의 시설군	동물 및 식물 관련 시설

⑵ **용도변경에 대한 허가 또는 신고**

1) 허가대상 및 신고대상

사용승인을 받은 건축물의 용도를 변경하고자 하는 자는 다음의 구분에 따라 국토교통부령으로 정하는 바에 따라 특별자치시장·특별자치도지사 또는 시장·군수·구청장에게 허가를 받거나 신고를 하여야 한다.

> 1. 허가대상: 하위군의 어느 하나에 해당하는 시설군에 속하는 용도를 상위군에 해당하는 용도로 변경하는 경우(각 시설군의 번호가 작은 시설군으로서의 변경)
> 2. 신고대상: 상위군의 어느 하나에 해당하는 시설군에 속하는 건축물의 용도를 하위군에 해당하는 용도로 변경하는 경우(각 시설군의 번호가 큰 시설군으로의 변경)

2) 건축물대장의 기재내용 변경신청

같은 시설군 안에서 건축물의 용도를 변경하려는 자는 국토교통부령으로 정하는 바에 따라 특별자치시장·특별자치도지사 또는 시장·군수·구청장에게 건축물대장 기재내용의 변경을 신청하여야 한다.

3) 용도변경시 사용승인 및 설계규정의 준용

사용승인대상	허가나 신고대상인 경우로서 용도변경하려는 부분의 바닥면적의 합계가 100m² 이상인 경우는 사용승인을 받아야 한다.
건축사에 의한 설계대상	허가대상인 경우로서 용도변경하려는 부분의 바닥면적의 합계가 500m² 이상 용도변경의 설계는 건축사에 의한 설계를 하여야 한다.

📌 **2)의 예외**
1. 같은 시설에 속하는 건축물 상호간의 용도변경
2. 제1종 근린생활시설과 제2종 근린생활시설 상호간의 용도변경

05

4 「건축법」의 적용범위

1. 「건축법」의 적용지역

「건축법」의 전면적 적용지역	「건축법」의 일부규정의 적용배제지역
① 도시지역 및 지구단위계획구역 ② 동 또는 읍의 지역(동 또는 읍에 속하는 섬은 인구가 500인 이상인 경우에 한함)은 「건축법」이 전면적으로 적용된다.	「건축법」의 전면적 적용지역이 아닌 지역에서는 다음의 규정은 적용하지 아니한다. ① 대지와 도로의 관계 ② 도로의 지정·폐지 또는 변경 ③ 건축선의 지정 ④ 건축선에 의한 건축제한 ⑤ 방화지구 안의 건축물 ⑥ 대지의 분할제한

2. 「건축법」의 적용을 배제하는 건축물

다음에 해당하는 건축물에는 「건축법」을 적용하지 아니한다.

1. 「문화유산의 보존 및 활용에 관한 법률」에 따른 지정문화유산이나 임시지정문화유산 또는 「자연유산의 보존 및 활용에 관한 법률」에 따라 지정된 천연기념물등이나 임시지정천연기념물, 임시지정명승, 임시지정시·도자연유산
2. 철도나 궤도의 선로부지에 있는 다음의 시설
   ① 운전보안시설
   ② 철도선로의 위나 아래를 가로지르는 보행시설
   ③ 플랫폼(platform)
   ④ 해당 철도 또는 궤도사업용 급수·급탄 및 급유시설
3. 고속도로 통행료징수시설
4. 컨테이너를 이용한 간이창고(「산업집적활성화 및 공장설립에 관한 법률」에 따른 공장의 용도로만 사용되는 건축물의 대지에 설치하는 것으로서 이동이 쉬운 것만 해당한다)
5. 「하천법」에 따른 하천구역 내의 수문 조작실

3. 「건축법」을 완화하여 적용할 수 있는 건축물

완화대상 건축물	주요완화 규정
1. 수면 위에 건축하는 건축물 등 대지의 범위를 설정하기 곤란한 경우	① 대지의 안전 ② 토지굴착부분에 대한 조치 등 ③ 대지 안의 조경 ④ 대지와 도로의 관계 ⑤ 도로의 지정·변경·폐지 ⑥ 건축선의 지정 ⑦ 건폐율, 용적률 ⑧ 대지의 분할 제한 ⑨ 공개공지 확보 등 ⑩ 건축물의 높이제한·일조 등의 확보를 위한 건축물의 높이제한
2. 거실이 없는 통신시설 및 기계·설비시설	① 대지와 도로의 관계 ② 도로의 지정·변경·폐지 ③ 건축선의 지정
3. 31층 이상인 건축물(건축물 전부가 공동주택의 용도로 쓰이는 경우는 제외한다)	① 공개공지 확보 ② 건축물의 피난시설 등의 제한 ③ 내화구조와 방화벽 ④ 방화지구 안의 건축물 ⑤ 건축물의 마감재료 ⑥ 건축설비기준 등 승강기기준 ⑦ 관계 전문기술자 협력의무 ⑧ 기술적 기준
4. 특수용도의 건축물(발전소, 제철소, 산업통상자원부령으로 정하는 업종의 제조시설, 운동시설 등)	
5. 전통사찰, 전통한옥 등 전통문화의 보존을 위하여 시·도의 건축조례로 정하는 지역의 건축물	① 도로의 기준 ② 대지와 도로의 관계 ③ 건축선의 지정
6. 경사진 대지에 계단식으로 건축하는 공동주택으로서 지면에서 직접 각 세대가 있는 층으로의 출입이 가능하고 위층 세대가 아래층 세대의 지붕을 정원 등으로 활용하는 것이 가능한 형태의 건축물	건축물의 건폐율
7. 초고층건축물	

8. 리모델링 활성화 구역안의 건축물 또는 사용승인을 받은 후 15년 이상 경과되어 리모델링이 필요한 건축물인 경우	① 대지 안의 조경 ② 공개공지 등의 확보 ③ 건축선의 지정, 건폐율, 용적률 ④ 대지 안의 공지 ⑤ 건축물의 높이제한 ⑥ 일조 등의 확보를 위한 건축물의 높이제한
9. 기존건축물에 「장애인·노인·임산부 등의 편의증진 보장에 관한 법률」 제8조에 따른 편의시설을 설치하면 건폐율 또는 용적률에 따른 기준에 적합하지 아니하게 되는 경우	① 건폐율 ② 용적률
10. 도시지역 및 지구단위계획구역 외의 지역 중 동이나 읍에 해당하는 지역에 건축하는 건축물로서 건축조례로 정하는 건축물인 경우	① 도로의 기준 ② 대지와 도로의 관계
11. 「국토의 계획 및 이용에 관한 법률」에 따라 지정된 방재지구 또는 「급경사지 재해예방에 관한 법률」에 따라 지정된 붕괴위험지역의 대지에 건축하는 건축물로서 재해예방을 위한 조치가 필요한 경우	① 건폐율 ② 용적률 ③ 건축물의 높이제한 ④ 일조 등의 확보를 위한 건축물의 높이제한
12. 조화롭고 창의적인 건축을 통하여 아름다운 도시경관을 창출한다고 허가권자가 인정하는 건축물과 「주택법 시행령」에 따른 도시형 생활주택(아파트는 제외한다)인 경우	① 건축물의 높이제한 ② 일조 등의 확보를 위한 건축물의 높이제한
13. 「공공주택 특별법」에 따른 공공주택인 경우	공동주택 일조확보를 위한 건축물의 높이제한

14. 다음의 어느 하나에 해당하는 공동주택에 「주택건설 기준 등에 관한 규정」에 따른 주민공동시설(비영리를 주택의 부속용도로 사용하는 시설만 해당)을 설치하는 경우 (1) 「주택법」에 따라 사업계획승인을 받아 건축하는 공동주택 (2) 상업지역 또는 준주거지역에서 건축허가를 받아 건축하는 200세대 이상 300세대 미만인 공동주택 (3) 건축허가를 받아 건축하는 「주택법 시행령」에 따른 도시형 생활주택	용적률
15. 건축협정구역 안에서 건축협정을 체결하여 건축물의 건축·대수선 또는 리모델링을 하려는 경우	① 건폐율 ② 용적률

5 건축위원회

(1) 건축위원회 심의사항

중앙건축위원회	지방건축위원회
① 표준설계도서의 인정에 관한 사항 ② 건축물의 건축 등과 관련된 분쟁의 조정 또는 재정에 관한 사항 ③ 「건축법」과 「건축법 시행령」의 시행에 관한 중요사항 ④ 다른 법령에서 중앙건축위원회의 심의를 받도록 한 경우의 심의사항 ⑤ 그 밖에 국토교통부장관이 중앙건축위원회의 심의가 필요하다고 인정하여 회의에 부치는 사항	① 건축선의 지정에 관한 사항 ② 조례의 제정·개정 및 시행에 관한 중요사항 ③ 다중이용건축물 및 특수구조건축물의 구조안전에 관한 사항 ④ 분양을 목적으로 하는 건축물로서 건축조례로 정하는 용도 및 규모에 해당하는 건축물의 건축에 관한 사항 ⑤ 다른 법령에서 지방건축위원회의 심의를 받도록 한 경우의 심의사항 ⑥ 건축조례로 정하는 건축물의 건축에 관한 사항으로서 시·도지사, 시장·군수·구청장이 지방건축위원회의 심의가 필요하다고 인정한 사항

(2) 건축위원회의 전문위원회 설치

국토교통부장관, 시·도지사 및 시장·군수·구청장은 건축위원회의 심의 등을 효율적으로 수행하기 위하여 필요하면 자신이 설치하는 건축위원회에 다음의 전문위원회를 두어 운영할 수 있다.

1. 건축분쟁전문위원회(국토교통부에 설치하는 건축위원회에 한정한다)
2. 건축민원전문위원회(시·도 및 시·군·구에 설치하는 건축위원회에 한정한다)
3. 건축계획·건축구조·건축설비 등 분야별 전문위원회
   ① 건축계획 분야
   ② 건축구조 분야
   ③ 건축설비 분야
   ④ 건축방재 분야
   ⑤ 에너지관리 등 건축환경 분야
   ⑥ 건축물 설치광고 및 경관(景觀) 분야(공간환경 분야를 포함한다)
   ⑦ 조경 분야
   ⑧ 도시계획 및 단지계획 분야
   ⑨ 교통 및 정보기술 분야
   ⑩ 사회 및 경제 분야
   ⑪ 그 밖의 분야

건축물의 건축

1 건축허가

1. 건축허가의 사전결정

(1) 건축허가대상건축물의 사전결정신청	건축허가를 신청하기 전에 허가권자에게 그 건축물을 해당 대지에 건축하는 것이 「건축법」 또는 다른 법령에서 허용되는지에 대한 사전결정을 신청할 수 있다.
(2) 사전결정의 통지	사전결정일부터 7일 이내에 사전결정신청자에게 알려야 한다.
(3) 사전결정의 효력상실	사전결정을 통지 받은 날부터 2년 이내에 건축허가를 신청하여야 하며, 이 기간에 건축허가를 신청하지 아니하면 사전결정의 효력이 상실된다.

보충학습

➤ **건축복합민원일괄협의회**

건축허가권자는 허가를 하려면 해당 용도·규모 또는 형태의 건축물을 건축하려는 대지에 건축하는 것이 「국토의 계획 및 이용에 관한 법률」과 「건축법」 등 관계 법령에 맞는지를 확인하고, 사전결정시의 관계 행정기관의 협의사항의 처리 또는 건축허가시의 관계 행정기관의 협의사항을 처리하기 위하여 건축복합민원일괄협의회를 개최하여야 한다.

2. 건축허가권자

(1) **원칙 : 특별자치시장·특별자치도지사 또는 시장·군수·구청장**

건축물을 건축하거나 대수선하려는 자는 특별자치시장·특별자치도지사 또는 시장·군수·구청장의 허가를 받아야 한다.

(2) 예외 : 특별시장 · 광역시장

특별시 또는 광역시에 21층 이상이거나 연면적의 합계가 10만m² 이상인 건축물[공장, 창고 및 지방건축위원회의 심의를 거친 건축물(초고층건축물은 제외)은 제외한다]을 건축하고자 하는 경우에는 특별시장 또는 광역시장의 허가를 받아야 한다.

> 연면적의 10분의 3 이상의 증축으로 인하여 층수가 21층 이상으로 되거나 연면적의 합계가 10만m² 이상으로 되는 경우의 건축허가를 포함한다.

3. 도지사의 사전승인

대 상	① 21층 이상인 건축물이거나 연면적의 합계가 10만m² 이상인 건축물[공장, 창고 및 지방건축위원회의 심의를 거친 건축물(초고층건축물은 제외)은 제외하며, 연면적의 10분의 3 이상의 증축으로 인하여 층수가 21층 이상으로 되거나 연면적의 합계가 10만m² 이상으로 되는 경우도 포함한다]. 다만, 도시환경, 광역교통 등을 고려하여 해당 도의 조례로 정하는 건축물은 제외한다. ② 자연환경이나 수질을 보호하기 위하여 도지사가 지정 · 공고하는 구역에 건축하는 3층 이상 또는 연면적의 합계가 1천m² 이상인 건축물로서 위락시설, 숙박시설, 공동주택, 일반음식점, 일반업무시설에 해당하는 건축물 ③ 주거환경이나 교육환경 등 주변환경을 보호하기 위하여 필요하다고 인정하여 도지사가 지정 · 공고하는 구역에 건축하는 위락시설 및 숙박시설에 해당하는 건축물
절 차	시장 · 군수의 사전승인신청을 받은 도지사는 승인요청을 받은 날부터 50일 이내에 승인여부를 시장 · 군수에게 통보하여야 한다. 다만, 건축물의 규모가 큰 경우 등 불가피한 경우에는 30일의 범위 내에서 그 기간을 연장할 수 있다.

4. 건축허가의 거부 · 취소 · 허가의 제한

(1) 건축허가의 거부	다음의 경우 건축위원회의 심의를 거쳐 건축허가를 하지 아니할 수 있다. ① 위락시설이나 숙박시설에 해당하는 건축물의 건축을 허가하는 경우 주거환경이나 교육환경 등 주변환경을 고려할 때 부적합하다고 인정하는 경우 ② 방재지구 및 자연재해위험개선지구 등 상습적으로 침수되거나 침수가 우려되는 대통령령으로 정하는 지역에 건축하려는 건축물에 대하여 일부 공간에 거실을 설치하는 것이 부적합하다고 인정되는 경우
(2) 허가의 취소	허가권자는 허가를 받은 자가 다음의 어느 하나에 해당하면 허가를 취소하여야 한다. 다만, 아래 ①에 해당하는 경우로서 허가권자는 정당한 사유가 있다고 인정되면 1년의 범위에서 공사의 착수기간을 연장할 수 있다. ① 허가를 받은 날부터 2년(공장의 신설 · 증설 또는 업종변경의 승인을 받은 공장은 3년) 이내에 공사에 착수하지 아니한 경우 ② 위 ①의 기간 이내에 공사에 착수하였으나 공사의 완료가 불가능하다고 인정되는 경우 ③ 착공신고 전에 경매 또는 공매 등으로 건축주가 대지의 소유권을 상실한 때부터 6개월이 경과한 이후 공사의 착수가 불가능하다고 판단되는 경우

(3) 허가 등의 제한 [제한기간은 2년 이내로 한다. 다만, 1회에 한하여 1년 연장]	국토교통부장관의 제한	국토관리를 위하여 특히 필요하다고 인정하거나 주무부장관이 국방 · 국가유산의 보존 · 환경보전 또는 국민경제를 위하여 특히 필요하다고 인정하여 요청하면 허가권자의 건축허가나 허가를 받은 건축물의 착공을 제한할 수 있다.
	특 · 광 · 도지사의 제한	지역계획이나 도시 · 군계획에 특히 필요하다고 인정하면 시장 · 군수 · 구청장의 건축허가나 허가를 받은 건축물의 착공을 제한할 수 있다

05

5. 건축신고

(1) 신고대상건축물

1. 바닥면적의 합계가 85m² 이내의 증축·개축 또는 재축. 다만, 3층 이상 건축물인 경우에는 증축·개축 또는 재축하려는 부분의 바닥면적의 합계가 건축물 연면적의 10분의 1 이내인 경우로 한정한다.
2. 「국토의 계획 및 이용에 관한 법률」에 따른 관리지역·농림지역 또는 자연환경보전지역 안에서 연면적 200m² 미만이고 3층 미만인 건축물의 건축. 다만, 다음의 어느 하나에 해당하는 구역에서의 건축은 제외한다.
   ① 지구단위계획구역
   ② 「국토의 계획 및 이용에 관한 법률」에 따라 지정된 방재지구
   ③ 「급경사지 재해예방에 관한 법률」에 따라 지정된 붕괴위험지역
3. 연면적 200m² 미만이고 3층 미만인 건축물의 대수선
4. 주요구조부의 해체가 없는 등 대통령령으로 정하는 다음의 대수선
   ① 내력벽의 면적을 30m² 이상 수선하는 것
   ② 기둥을 세 개 이상 수선하는 것
   ③ 보를 세 개 이상 수선하는 것
   ④ 지붕틀을 세 개 이상 수선하는 것
   ⑤ 방화벽 또는 방화구획을 위한 바닥 또는 벽을 수선하는 것
   ⑥ 주계단·피난계단 또는 특별피난계단을 수선하는 것
5. 그 밖에 소규모 건축물로서 다음과 같이 대통령령으로 정하는 건축물의 건축
   ① 연면적의 합계가 100m² 이하인 건축물
   ② 건축물의 높이를 3m 이하의 범위 안에서 증축하는 건축물
   ③ 표준설계도서에 따라 건축하는 건축물로서 그 용도 및 규모가 주위 환경이나 미관에 지장이 없다고 인정하여 건축조례로 정하는 건축물
   ④ 「국토의 계획 및 이용에 관한 법률」에 따른 공업지역, 지구단위계획구역(산업·유통형만 해당한다) 및 산업단지에서 건축하는 2층 이하인 건축물로서 연면적 합계 500m² 이하인 공장
   ⑤ 농업이나 수산업을 경영하기 위하여 읍·면지역(특별자치시장·특별자치도지사·시장 또는 군수가 지역계획 또는 도시·군계획에 지장이 있다고 지정·공고한 구역은 제외한다)에서 건축하는 연면적 200m² 이하의 창고 및 연면적 400m² 이하의 축사·작물재배사, 종묘배양시설, 화초 및 분재 등의 온실

(2) 건축신고의 효력상실

건축신고한 자가 신고일부터 1년 이내에 공사에 착수하지 아니하면 그 신고의 효력은 없어진다.

6. 가설건축물

건축허가	건축신고
도시·군계획시설 또는 도시·군계획시설예정지	도시·군계획시설 또는 도시·군계획시설예정지 이외의 지역
가설건축물의 건축이 <u>다음의 어느 하나에 해당하는 경우가 아니면</u> 허가를 하여야 한다. ① 「국토의 계획 및 이용에 관한 법률」 제64조에 위배되는 경우 ② 4층 이상인 경우 ③ 구조, 존치기간, 설치목적 및 다른 시설 설치 필요성 등에 관하여 대통령령으로 정하는 기준의 범위에서 조례로 정하는 바에 따르지 아니한 경우 ④ 그 밖에 이 법 또는 다른 법령에 따른 제한규정을 위반하는 경우	허가를 받아 건축하는 가설건축물 외에 재해복구·흥행·전람회·공사용 가설건축물 등 대통령령으로 정하는 용도의 가설건축물을 축조하고자 하는 경우 신고한 후 착공
존치기간 3년 이내	존치기간 3년 이내, 3년의 범위에서 조례로 연장
존치기간 연장: 존치기간 만료일 14일 전까지 허가신청	존치기간 연장: 존치기간 만료일 7일 전까지 신고

> **신고대상 가설건축물**
> 1. 조립식 구조로 된 경비용으로 쓰는 가설건축물로서 연면적이 10m² 이하인 것
> 2. 도시지역 중 주거지역·상업지역 또는 공업지역에 설치하는 농업·어업용 비닐하우스로서 연면적이 100m² 이상인 것
> 3. 연면적이 100m² 이상인 간이축사용, 가축분뇨처리용, 가축운동용, 가축의 비가림용 비닐하우스 또는 천막구조 건축물
> 4. 야외흡연실 용도로 쓰는 가설건축물로서 연면적이 50m² 이하인 것

05

2 건축공사의 절차

1. 건축공사의 공정과정 사진 및 동영상 촬영 및 보관

다중이용건축물·특수구조건축물·필로티형식의 3층 이상인 건축물의 공사시공자는 건축주, 공사감리자 및 허가권자가 설계도서에 따라 적정하게 공사되었는지를 확인할 수 있도록 공사의 공정이 대통령령으로 정하는 진도에 다다른 때마다 사진 및 동영상을 촬영하고 보관하여야 한다.

2. 건축물의 안전영향평가

허가권자는 초고층건축물, 연면적 10만m² 이상으로서 16층 이상인 건축물에 대하여 건축허가를 하기 전에 건축물의 구조안전과 인접 대지의 안전에 미치는 영향 등을 평가하는 건축물 안전영향평가를 안전영향평가기관에 의뢰하여 실시하여야 한다.

3. 안전관리예치금의 예치대상 건축물

허가권자는 연면적이 1천m² 이상인 건축물(분양보증이나 신탁계약을 체결한 건축물은 제외)로서 해당 지방자치단체의 조례로 정하는 건축물에 대하여는 착공신고를 하는 건축주(한국토지주택공사 또는 지방공사는 제외한다)에게 장기간 건축물의 공사현장이 방치되는 것에 대비하여 미리 미관 개선과 안전관리에 필요한 비용(대통령령으로 정하는 보증서를 포함하며, 이하 "예치금"이라 한다)을 건축공사비의 1%의 범위에서 예치하게 할 수 있다.

4. 공사감리자

<table>
<tr><td rowspan="2">(1) 건축주의 지정</td><td>① 다음의 어느 하나에 해당하는 경우 : 건축사
　㉠ 건축허가를 받아야 하는 건축물(건축신고대상 건축물은 제외)
　㉡ 리모델링활성화구역 안의 건축물 또는 사용승인을 받은 후 15년 이상 경과되어 리모델링이 필요한 건축물</td></tr>
<tr><td>② 다중이용건축물 : 건설엔지니어링사업자 또는 건축사(건설사업관리기술인을 배치하는 경우만 해당)</td></tr>
<tr><td>(2) 허가권자의 지정</td><td>① 「건설산업기본법」 제41조 제1항 각 호에 해당하지 아니하는 소규모건축물(단독주택등은 제외한다)
② 주택으로 사용하는 아파트, 연립주택, 다세대주택, 다중주택, 다가구주택(해당 주택과 그 외의 건축물이 복합된 경우를 포함한다)</td></tr>
</table>

5. 상세시공도면

연면적의 합계가 5천m² 이상인 건축공사의 공사감리자는 필요하다고 인정하는 경우에는 공사시공자에게 상세시공도면을 작성하도록 요청할 수 있다.

📖 「건설산업기본법」 제41조 제1항

다음 각 호의 어느 하나에 해당하는 건축물의 건축 또는 대수선에 관한 건설공사(제9조 제1항 단서에 따른 경미한 건설공사는 제외한다)는 건설사업자가 하여야 한다. 다만, 다음 각 호 외의 건설공사와 농업용, 축산업용 건축물 등 대통령령으로 정하는 건축물의 건설공사는 건축주가 직접 시공하거나 건설사업자에게 도급하여야 한다.
1. 연면적이 200제곱미터를 초과하는 건축물
2. 연면적이 200제곱미터 이하인 건축물로서 다음 각 목의 어느 하나에 해당하는 경우
   ① 「건축법」에 따른 공동주택
   ② 「건축법」에 따른 단독주택 중 다중주택, 다가구주택, 공관, 그 밖에 대통령령으로 정하는 경우
   ③ 주거용 외의 건축물로서 많은 사람이 이용하는 건축물 중 학교, 병원 등 대통령령으로 정하는 건축물

6. 사용승인

(1) 사용승인 신청

건축주는 허가 받은 건축물, 신고한 건축물, 허가 받은 가설건축물의 건축공사를 완료(하나의 대지에 둘 이상의 건축물을 건축하는 경우 동별 공사를 완료한 경우를 포함한다)한 후 그 건축물을 사용하려면 감리완료보고서(공사감리자를 지정한 경우만 해당된다)와 국토교통부령으로 정하는 공사완료도서를 첨부하여 허가권자에게 사용승인을 신청하여야 한다.

> 신고한 가설건축물은 사용승인을 받지 아니한다.

(2) 사용승인서의 교부

허가권자는 사용승인신청을 받은 경우 그 신청서를 접수한 날부터(국토교통부령이 정하는 기간인) 7일 이내에 검사를 실시하고, 검사에 합격된 건축물에 대하여는 사용승인서를 내주어야 한다. 다만, 해당 지방자치단체의 조례로 정하는 건축물은 사용승인을 위한 검사를 실시하지 아니하고 사용승인서를 내줄 수 있다.

(3) 임시사용승인

임시사용승인의 기간은 2년 이내로 한다. 다만, 허가권자는 대형건축물 또는 암반공사 등으로 인하여 공사기간이 긴 건축물에 대하여는 그 기간을 연장할 수 있다.

건축물의 대지 및 도로

1 대지 안의 조경

의무조경	면적이 200m² 이상인 대지에 건축을 하는 건축주는 용도지역 및 건축물의 규모에 따라 해당 지방자치단체의 조례가 정하는 기준에 따라 대지 안에 조경이나 그 밖에 필요한 조치를 하여야 한다.
옥상조경	옥상부분의 조경면적의 3분의 2에 해당하는 면적을 대지의 조경면적으로 산정할 수 있다. 이 경우 조경면적으로 산정하는 면적은 의무조경면적의 50%를 초과할 수 없다.

조경의무가 없는 사항	① 녹지지역에 건축하는 건축물
	② 면적 5천m² 미만인 대지에 건축하는 공장
	③ 연면적의 합계가 1천 500m² 미만인 공장
	④ 산업단지의 공장
	⑤ 대지에 염분이 함유되어 있는 경우 또는 건축물 용도의 특성상 조경 등의 조치를 하기가 곤란하거나 조경 등의 조치를 하는 것이 불합리한 경우로서 건축조례로 정하는 건축물
	⑥ 축사
	⑦ 건축허가에 따른 가설건축물
	⑧ 연면적의 합계가 1천 500m² 미만인 물류시설(주거지역 또는 상업지역에 건축하는 것은 제외한다)로서 국토교통부령으로 정하는 것
	⑨ 「국토의 계획 및 이용에 관한 법률」에 따라 지정된 자연환경보전지역·농림지역 또는 관리지역(지구단위계획구역으로 지정된 지역은 제외한다)의 건축물
	⑩ 다음의 어느 하나에 해당하는 건축물 중 건축조례로 정하는 건축물
	   ㉠ 「관광진흥법」에 따른 관광지 또는 관광단지에 설치하는 관광시설
	   ㉡ 「관광진흥법 시행령」에 따른 전문휴양업의 시설 또는 종합휴양업의 시설
	   ㉢ 「국토의 계획 및 이용에 관한 법률 시행령」에 따른 관광·휴양형 지구단위계획 구역에 설치하는 관광시설
	   ㉣ 「체육시설의 설치·이용에 관한 법률 시행령」에 따른 골프장

2 공개공지

공개공지 확보지역	① 일반주거지역, 준주거지역 ② 상업지역 ③ 준공업지역 ④ 특별자치시장·특별자치도지사 또는 시장·군수·구청장이 도시화의 가능성이 크거나 노후산업단지의 정비가 필요하다고 인정하여 지정·공고하는 지역
공개공지 확보대상 건축물	① 바닥면적의 합계가 5천m² 이상인 문화 및 집회시설, 종교시설, 판매시설(「농수산물유통 및 가격안정에 관한 법률」에 따른 농수산물유통시설을 제외한다), 운수시설(여객용 시설만 해당한다), 업무시설 및 숙박시설 ② 그 밖에 다중이 이용하는 시설로서 건축조례로 정하는 건축물
확보면적	공개공지는 필로티의 구조로 설치할 수 있고, 공개공지 등의 면적은 대지면적의 10% 이하의 범위에서 건축조례로 정한다. 이 경우 대지의 조경에 따른 조경면적과 매장유산의 현지보존 조치 면적을 공개공지 등의 면적으로 할 수 있다.
완 화	① 건폐율 ② 용적률: 해당 지역에 적용되는 용적률의 1.2배 이하 ③ 건축물의 높이제한: 가로구역단위별 건축물에 적용되는 높이기준의 1.2배 이하

3 대지와 도로

1. 대지와 도로의 관계

원 칙	건축물의 대지는 2m 이상이 도로(자동차만의 통행에 사용되는 도로는 제외한다)에 접하여야 한다.
예 외	다음에 해당하면 2m 이상을 도로에 접하지 아니하여도 된다. ① 해당 건축물의 출입에 지장이 없다고 인정되는 경우 ② 건축물의 주변에 광장·공원·유원지 그 밖에 관계 법령에 따라 건축이 금지되고 공중의 통행에 지장이 없는 공지로서 허가권자가 인정한 경우 ③ 「농지법」에 따른 농막을 건축하는 경우
구체적인 기준	연면적 합계가 2천m²(공장인 경우 3천m²) 이상인 건축물(축사, 작물재배사 그 밖에 이와 비슷한 건축물로서 건축조례로 정하는 규모의 건축물은 제외한다)의 대지는 너비 6m 이상 도로에 4m 이상 접하여야 한다.

2. 도로의 지정 · 폐지 또는 변경

원칙	허가권자는 도로의 위치를 지정 · 폐지하거나 변경하려면 국토교통부령으로 정하는 바에 따라 그 도로에 대한 이해관계인의 동의를 받아야 한다.
예외	다음의 어느 하나에 해당하면 이해관계인의 동의를 받지 아니하고 건축위원회의 심의를 거쳐 도로를 지정할 수 있다. ① 허가권자가 이해관계인이 해외에 거주하는 등의 사유로 이해관계인의 동의를 받기가 곤란하다고 인정하는 경우 ② 주민이 오랫동안 통행로로 이용하고 있는 사실상의 통로로서 해당 지방자치단체의 조례로 정하는 것인 경우

4 건축선(健築線)

1. 건축선의 지정

원칙		건축선은 대지와 도로의 경계선으로 한다.
예외	소요너비에 미달되는 도로에서의 건축선	① 소요너비(4m)에 못 미치는 너비의 도로인 경우에는 그 중심선으로부터 그 소요너비의 2분의 1에 해당하는 수평거리만큼 물러난 선을 건축선으로 한다. ② 그 도로의 반대쪽에 경사지, 하천, 철도, 선로부지, 그 밖에 이와 비슷한 것이 있는 경우에는 그 경사지 등이 있는 쪽의 도로경계선에서 소요너비에 해당하는 수평거리의 선을 건축선으로 한다.
	교차도로 모퉁이에서의 건축선	너비 8m 미만인 도로의 모퉁이에 위치한 대지의 도로모퉁이 부분의 건축선은 그 대지에 접한 도로경계선의 교차점으로부터 도로경계선에 따라 다음의 표에 따른 거리를 각각 후퇴한 두 점을 연결한 선으로 한다. 단, 도로의 어느 한 쪽이 너비 8m 이상인 경우와, 교차각이 120° 이상인 경우는 가각전제하지 않는다.

📖 대지면적 산정에서 제외되는 것
1. 소요너비 미달 도로에서의 건축선 지정
2. 교차도로의 건축선 지정

📖 대지면적 산정에서 포함되는 것
• 지정건축선

예 외	교차도로 모퉁이에서의 건축선	도로의 교차각	해당 도로의 너비		교차되는 도로의 너비
			6m 이상 8m 미만	4m 이상 6m 미만	
		90° 미만	4m	3m	6m 이상 8m 미만
			3m	2m	4m 이상 6m 미만
		90° 이상 120° 미만	3m	2m	6m 이상 8m 미만
			2m	2m	4m 이상 6m 미만
	지정건축선	특별자치시장·특별자치도지사 또는 시장·군수·구청장은 시가지 안에 있어서 건축물의 위치를 정비하거나 환경을 정비하기 위하여 필요하다고 인정하면 건축선을 따로 정할 수 있는바, 도시지역에서는 4m 이하의 범위 안에서 건축선을 따로 지정할 수 있다.			

2. 건축선에 따른 건축제한

① 건축물과 담장은 건축선의 수직면을 넘어서는 아니 된다. 다만, 지표 아래 부분은 그러하지 아니하다.

② 도로면으로부터 높이 4.5m 이하에 있는 출입구, 창문, 그 밖에 이와 비슷한 구조물은 열고 닫을 때 건축선의 수직면을 넘지 아니하는 구조로 하여야 한다.

CHAPTER

04

건축물의 구조 · 시설 · 설비 등

1 건축물의 구조 등

1. 구조안전확인

구조 안전을 확인한 건축물 중 다음의 어느 하나에 해당하는 건축물의 건축주는 해당 건축물의 설계자로부터 구조 안전의 확인 서류를 받아 착공신고를 하는 때에 그 확인 서류를 허가권자에게 제출하여야 한다. 다만, 표준설계도서에 따라 건축하는 건축물은 제외한다.

구조안전확인대상건축물	건축구조기술사의 협력사항
① 층수가 2층(주요구조부인 기둥과 보를 설치하는 건축물로서 그 기둥과 보가 목재인 목조건축물의 경우에는 3층) 이상인 건축물 ② 연면적이 200m²(목구조 건축물의 경우에는 500m²) 이상인 건축물. 다만, 창고, 축사, 작물재배사는 제외한다. ③ 높이가 13m 이상인 건축물 ④ 처마높이가 9m 이상인 건축물 ⑤ 기둥과 기둥 사이의 거리가 10m 이상인 건축물 ⑥ 건축물의 용도 및 규모를 고려한 중요도가 높은 건축물로서 국토교통부령으로 정하는 건축물 ⑦ 국가적 문화유산으로 보존할 가치가 있는 건축물로서 국토교통부령으로 정하는 것 ⑧ 특수구조건축물 중 다음의 어느 하나에 해당하는 건축물 　㉠ 한쪽 끝은 고정되고 다른 끝은 지지되지 아니한 구조로 된 보·차양 등이 외벽의 중심선으로부터 3m 이상 돌출된 건축물 　㉡ 특수한 설계·시공·공법 등이 필요한 건축물로서 국토교통부장관이 정하여 고시하는 구조로 된 건축물 ⑨ 단독주택 및 공동주택	① 6층 이상인 건축물 ② 특수구조건축물 ③ 다중이용건축물 ④ 준다중이용건축물 ⑤ 3층 이상의 필로티형식 건축물 ⑥ 건축물의 용도 및 규모를 고려한 중요도가 높은 건축물로서 국토교통부령으로 정하는 건축물

2. 건축물의 내진능력 공개

다음의 어느 하나에 해당하는 건축물을 건축하고자 하는 자는 사용승인을 받는 즉시 건축물이 지진 발생시에 견딜 수 있는 능력("내진능력"이라 한다)을 공개하여야 한다.

> 1. 층수가 2층[주요구조부인 기둥과 보를 설치하는 건축물로서 그 기둥과 보가 목재인 목구조 건축물(이하 "목구조 건축물"이라 한다)의 경우에는 3층] 이상인 건축물
> 2. 연면적이 200m²(목구조 건축물의 경우에는 500m²) 이상인 건축물
> 3. 그 밖에 건축물의 규모와 중요도를 고려하여 대통령령으로 정하는 건축물(앞의 **1.**의 ③~⑨까지의 어느 하나에 해당하는 건축물)

05

2 건축물의 피난시설 및 승강기설치기준

1. 건축물의 피난시설

직통계단의 설치	① 건축물의 피난층 외의 층에서는 피난층 또는 지상으로 통하는 직통계단을 거실의 각 부분으로부터 계단에 이르는 보행거리가 30m 이하가 되도록 설치하여야 한다. ② 건축물(지하층에 설치하는 것으로서 바닥면적의 합계가 300m² 이상인 공연장·집회장·관람장 및 전시장은 제외한다)의 주요구조부가 내화구조 또는 불연재료로 된 건축물에 있어서는 그 보행거리가 50m(층수가 16층 이상인 공동주택의 경우에는 40m) 이하가 되도록 설치할 수 있다. ③ 자동화 생산시설에 스프링클러 등 자동식 소화설비를 설치한 공장으로서 국토교통부령으로 정하는 공장인 경우에는 그 보행거리가 75m(무인화 공장인 경우에는 100m) 이하가 되도록 설치할 수 있다.
옥외피난계단	3층 이상의 건축물로서 다음에 해당되는 건축물은 옥외피난계단을 설치하여야 한다. ① 제2종 근린생활시설 중 공연장(해당 용도로 쓰는 바닥면적의 합계가 300m² 이상인 경우만 해당한다), 문화 및 집회시설 중 공연장이나 위락시설 중 주점영업의 용도로 쓰는 층으로서 그 층 거실의 바닥면적의 합계가 300m² 이상인 것 ② 문화 및 집회시설 중 집회장의 용도로 쓰는 층으로서 그 층의 거실의 바닥면적의 합계가 1천m² 이상인 것

피난안전구역	초고층 건축물	피난층 또는 지상으로 통하는 직통계단과 직접 연결되는 피난안전구역을 지상층으로부터 최대 30개 층마다 1개소 이상 설치하여야 한다.
	준초고층 건축물	해당 건축물 전체 층수의 2분의 1에 해당하는 층으로부터 상하 5개 층 이내에 1개소 이상 설치하여야 한다.
	고층 건축물	피난안전구역을 설치하거나 대피공간을 확보한 계단을 설치하여야 한다.
개방공간 설치		바닥면적의 합계가 3천m² 이상인 공연장·집회장·관람장 또는 전시장을 지하층에 설치하는 경우에는 각 실에 있는 자가 지하층 각 층에서 건축물 밖으로 피난하여 옥외계단 또는 경사로 등을 이용하여 피난층으로 대피할 수 있도록 천장이 개방된 외부 공간을 설치하여야 한다.
관람석 등으로부터 출구 설치		문화 및 집회시설(전시장 및 동·식물원을 제외한다)·종교시설·위락시설·장례시설·제2종 근린생활시설 중 공연장·종교집회장(해당 용도로 쓰는 바닥면적의 합계가 각각 300m² 이상인 경우만 해당한다)은 관람석 또는 집회실로부터 출구를 설치하여야 한다.
옥상피난광장		5층 이상의 층이 제2종 근린생활시설 중 공연장·종교집회장·인터넷게임시설제공업소(해당 용도로 쓰는 바닥면적의 합계가 각각 300m² 이상인 경우만 해당한다), 문화 및 집회시설(전시장 및 동·식물원을 제외한다), 종교시설, 판매시설, 위락시설 중 주점영업 또는 장례시설은 피난용도의 광장을 옥상에 설치하여야 한다.
헬리포트		층수가 11층 이상인 건축물로서 11층 이상의 층의 바닥면적의 합계가 1만m² 이상인 건축물(지붕을 평지붕으로 하는 경우만 해당한다)의 옥상에는 헬리포트를 설치하거나 헬리콥터를 통하여 인명 등을 구조할 수 있는 공간을 확보하여야 한다.

2. 방화구획·방화벽·방화에 장애가 되는 용도제한·방화지구

방화구획		주요구조부가 내화구조 또는 불연재료로 된 건축물로서 연면적이 1천m²를 넘는 것은 다음 각 호의 구조물로 구획(이하 "방화구획"이라 한다)을 해야 한다. ① 내화구조로 된 바닥 및 벽 ② 방화문(60분 + 방화문, 60분 방화문) 또는 자동방화셔터(국토교통부령으로 정하는 기준에 적합한 것을 말한다)
방화벽		① 연면적 1천m² 이상인 건축물은 방화벽으로 구획하되, 각 구획된 바닥면적의 합계는 1천m² 미만이어야 한다. ② 연면적이 1천m² 이상인 목조건축물의 구조는 국토교통부령으로 정하는 바에 따라 방화구조로 하거나 불연재료로 하여야 한다.
방화에 장애가 되는 용도제한	같은 건축물에 함께 설치할 수 없는 건축물	① 의료시설, 아동 관련 시설 및 노인복지시설, 공동주택, 장례시설, 산후조리원과 위락시설, 위험물저장 및 처리시설, 공장, 정비공장은 같은 건축물에 함께 설치할 수 없다. ② 노유자시설 중 아동 관련 시설 또는 노인복지시설과 판매시설 중 도매시장 또는 소매시장 ③ 단독주택(다중주택, 다가구주택에 한정한다), 공동주택, 제1종 근린생활시설 중 조산원 또는 산후조리원과 제2종 근린생활시설 중 다중생활시설
	같은 건축물에 함께 설치할 수 있는 건축물	① 중심상업지역·일반상업지역 또는 근린상업지역에서 재개발사업을 시행하는 경우 ② 기숙사와 공장이 같은 건축물에 있는 경우 ③ 공동주택과 위락시설이 같은 초고층 건축물에 있는 경우 ④ 지식산업센터와 직장어린이집이 같은 건축물에 있는 경우
방화지구 안의 건축물	원 칙	건축물의 주요구조부 및 외벽은 내화구조로 하여야 한다.
	예 외	① 연면적이 30m² 미만인 단층 부속건축물로서 외벽 및 처마면이 내화구조 또는 불연재료로 된 것 ② 도매시장의 용도로 쓰는 건축물로서 그 주요구조부가 불연재료로 된 것

05

➤ **방화문의 구분**

1. 60분 + 방화문 : 연기 및 불꽃을 차단할 수 있는 시간이 60분 이상이고, 열을 차단할 수 있는 시간이 30분 이상인 방화문
2. 60분 방화문 : 연기 및 불꽃을 차단할 수 있는 시간이 60분 이상인 방화문
3. 30분 방화문 : 연기 및 불꽃을 차단할 수 있는 시간이 30분 이상 60분 미만인 방화문

3. 경계벽 및 칸막이벽의 설치

다음의 어느 하나에 해당하는 건축물에는 국토교통부령으로 정하는 기준에 따라 경계벽 및 칸막이벽을 설치하여야 한다.

1. 단독주택 중 다가구주택의 각 가구 간 또는 공동주택(기숙사는 제외한다)의 각 세대 간 경계벽(거실·침실 등의 용도로 쓰지 아니하는 발코니 부분은 제외한다)
2. 공동주택 중 기숙사의 침실, 의료시설의 병실, 교육연구시설 중 학교의 교실 또는 숙박시설의 객실 간 경계벽
3. 제2종 근린생활시설 중 다중생활시설의 호실 간 경계벽
4. 노유자시설 중 「노인복지법」에 따른 노인복지주택의 각 세대 간 경계벽
5. 노유자시설 중 노인요양시설의 호실 간 경계벽

4. 층간바닥

다음의 어느 하나에 해당하는 건축물의 층간바닥(화장실의 바닥은 제외한다)은 국토교통부령으로 정하는 기준에 따라 설치하여야 한다.

1. 단독주택 중 다가구주택
2. 공동주택(「주택법」 제16조에 따른 주택건설사업계획승인 대상은 제외한다)
3. 업무시설 중 오피스텔
4. 제2종 근린생활시설 중 다중생활시설
5. 숙박시설 중 다중생활시설

5. 범죄예방기준 대상 건축물

다음의 건축물은 범죄예방 기준에 따라 건축하여야 한다.

> 1. 다가구주택, 아파트, 연립주택 및 다세대주택
> 2. 제1종 근린생활시설 중 일용품을 판매하는 소매점
> 3. 제2종 근린생활시설 중 다중생활시설
> 4. 문화 및 집회시설(동·식물원은 제외한다)
> 5. 교육연구시설(연구소 및 도서관은 제외한다)
> 6. 노유자시설
> 7. 수련시설
> 8. 업무시설 중 오피스텔
> 9. 숙박시설 중 다중생활시설

6. 승강기

승용승강기	6층 이상으로서 연면적 2천m² 이상인 건축물은 승강기 설치 의무
	6층인 건축물로서 각 층 거실의 바닥면적 300m² 이내마다 1개소 이상의 직통계단을 설치한 건축물은 설치대상 제외
비상용승강기	높이 31m를 초과하는 건축물 ① 높이 31m를 넘는 각 층의 바닥면적 중 최대 바닥면적이 1천 500m² 이하인 건축물 : 1대 이상 설치 ② 높이 31m를 넘는 각 층의 바닥면적 중 최대 바닥면적이 1천 500m²를 넘는 건축물 : 1대에 1천 500m²를 넘는 3천m² 이내마다 1대씩 더한 대수 이상 설치
피난용승강기	고층건축물에는 승용승강기 중 1대 이상을 대통령령으로 정하는 바에 따라 피난용승강기로 설치하여야 한다.

지역 · 지구 · 구역에서의 건축제한

1 건축물의 대지가 지역 등에 걸치는 경우의 조치

대지가 지역 · 지구 · 구역 등에 걸치는 경우	건축물 및 대지의 전부에 대하여 그 대지의 과반이 속하는 지역 · 지구 또는 구역 안의 건축물 및 대지 등에 관한 규정을 적용
건축물이 방화지구와 그 밖의 구역에 걸치는 경우	건축물 전부에 대하여 방화지구 안의 건축물에 관한 건축법의 규정을 적용한다. 다만, 경계가 방화벽으로 구획되는 경우 그 밖의 구역에 있는 부분에 대하여는 방화지구 안의 건축물에 관한 「건축법」의 규정을 적용하지 아니한다.
대지가 녹지지역과 그 밖의 지역 · 지구 · 구역에 걸치는 경우	각 지역 · 지구 또는 구역 안의 건축물 및 대지에 관한 이 법의 규정을 적용

	녹지지역 안의 건축물이 방화지구에 걸치는 경우	건축물 전부에 대해서 방화지구의 규정을 적용

2 건축물의 면적 및 높이 · 층수 산정방법

1. 면적의 산정방법

(1) 대지면적

대지면적은 대지의 수평투영면적으로 한다.

대지면적에 포함되는 경우	대지면적에 산입하지 않는 경우
소요너비 이상 도로에서 건축선을 별도로 정한 경우에는 건축선과 도로 사이의 대지면적을 포함한다.	① 소요너비 미달 도로의 건축선과 도로모퉁이에서의 건축선의 경우: 그 건축선과 도로 사이의 대지면적 ② 대지에 도시 · 군계획시설인 도로 · 공원 등이 있는 경우: 그 도시 · 군계획시설에 포함되는 대지면적

(2) 건축면적

건축물의 외벽의 중심선(외벽이 없는 경우에는 외곽부분 기둥의 중심선)으로 둘러싸인 부분의 수평투영면적

건축면적 산정	건축면적에 산입하지 않는 경우
1. 건축물에 돌출부분에서 외벽의 중심선까지의 거리 ① 전통사찰: 4m 이하 ② 축사: 3m 이하 ③ 한옥: 2m 이하 ④ 전기, 수소충전시설, 신재생에너지설비: 2m 이하 ⑤ 그밖의 건축물: 1m 이하 2. 태양열을 주된 에너지원으로 이용하는 주택의 건축면적은 건축물의 외벽 중 내측 내력벽의 중심선을 기준	① 지표면으로부터 1m 이하에 있는 부분 ② 기존의 다중이용업소의 비상구에 연결하여 설치하는 폭 2m 이하의 옥외 피난계단 ③ 건축물 지상층에 일반인이나 차량이 통행할 수 있도록 설치한 보행통로나 차량통로 ④ 지하주차장의 경사로 ⑤ 건축물 지하층의 출입구 상부 ⑥ 생활폐기물 보관시설 ⑦ 어린이집의 비상구에 연결하여 설치하는 폭 2m 이하의 영유아용 대피용 미끄럼대 또는 비상계단 ⑧ 장애인용 승강기, 장애인용 에스컬레이터, 휠체어리프트, 경사로 또는 승강장 ⑨ 소독설비를 갖추기 위하여 가축사육시설에서 설치하는 시설 ⑩ 현지보존 및 이전보존을 위하여 매장문화재 보호 및 전시에 전용되는 부분 ⑪ 「가축분뇨의 관리 및 이용에 관한 법률」에 따른 배출시설의 처리시설 ⑫ 영유아건축물의 외부에 설치하는 비상계단

(3) 바닥면적

건축물의 각 층 또는 그 일부로서 벽·기둥 그 밖에 이와 비슷한 구획의 중심선으로 둘러싸인 부분의 수평투영면적으로 한다.

바닥면적 산정	바닥면적에 산입하지 않는 경우
① 벽·기둥의 구획이 없는 건축물(캔틸레버)에 있어서는 그 지붕 끝부분으로부터 수평거리 1m를 후퇴한 선으로 둘러싸인 수평투영면적 ② 노대 등의 면적: 노대 등의 면적에서 노대 등이 접한 가장 긴 외벽에 접한 길이에 1.5m를 곱한 값을 뺀 면적을 바닥면적에 산입한다.	① 필로티의 부분은 그 부분이 공중의 통행이나 차량의 통행 또는 주차에 전용되는 경우와 공동주택의 경우 ② 승강기탑, 계단탑, 장식탑, 다락[층고(層高)가 1.5m(경사진 형태의 지붕인 경우에는 1.8m) 이하인 것]·굴뚝, 더스트슈트, 설비덕트, 물탱크, 기름탱크, 냉각탑, 정화조, 도시가스 정압기 등의 구조물 ③ 공동주택으로서 지상층에 설치한 기계실, 전기실, 어린이놀이터, 조경시설, 생활폐기물 보관시설의 면적 ④ 다중이용업소의 비상구에 연결하여 설치하는 폭 1.5m 이하의 옥외피난계단 ⑤ 건축물을 리모델링하는 경우로서 미관 향상, 열의 손실 방지 등을 위하여 외벽에 부가하여 마감재 등을 설치하는 부분 ⑥ 「영유아보육법」에 따른 어린이집의 비상구에 연결하여 설치하는 폭 2m 이하의 대피용 미끄럼대 또는 비상계단의 면적 ⑦ 장애인용 승강기, 장애인용 에스컬레이터, 휠체어리프트, 경사로 또는 승강장 ⑧ 소독설비를 갖추기 위하여 가축사육시설에서 설치하는 시설 ⑨ 현지보존 및 이전보존을 위하여 매장문화재 보호 및 전시에 전용되는 부분 ⑩ 영유아건축물의 외부에 설치하는 비상계단 ⑪ 지하주차장의 경사로(지상층에서 지하 1층으로 내려가는 부분으로 한정)

(4) **연면적**

하나의 건축물 각 층의 바닥면적의 합계로 한다.

2. 높이의 산정방법

건축물의 높이	**원 칙**	지표면으로부터 그 건축물의 상단까지의 높이
	옥상에 승강기탑 등이 있는 경우	건축물의 옥상에 설치되는 승강기탑 · 계단탑 · 망루 · 장식탑 · 옥탑 등으로서 그 수평투영면적의 합계가 해당 건축물 건축면적의 8분의 1(사업계획승인 대상인 공동주택 중 세대별 전용면적이 85m² 이하인 경우에는 6분의 1) 이하인 경우로서 그 부분의 높이가 12m를 넘는 경우에는 그 넘는 부분만 해당 건축물의 높이에 산입
처마높이		지표면으로부터 건축물의 지붕틀 또는 이와 비슷한 수평재를 지지하는 벽 · 깔도리 또는 기둥의 상단까지의 높이
반자높이		방의 바닥면으로부터 반자까지의 높이로 한다. 다만, 한 방에서 반자높이가 다른 부분이 있는 경우에는 그 각 부분의 반자면적에 따라 가중평균한 높이
층 고		방의 바닥구조체 윗면으로부터 위층 바닥구조체의 윗면까지의 높이로 한다.

3. 층 수

층수에 산입되지 않는 경우	① 지하층 ② 승강기탑, 계단탑, 망루, 장식탑, 옥탑, 그 밖에 이와 비슷한 건축물의 옥상부분으로서 그 수평투영면적의 합계가 해당 건축물의 건축면적의 8분의 1(「주택법」에 따른 사업계획승인대상인 공동주택 중 세대별 전용면적이 85m² 이하인 경우에는 6분의 1) 이하인 것
층의 구분이 명확하지 아니한 경우	해당 건축물의 높이 4m마다 하나의 층으로 산정
건축물의 부분에 따라 층수를 달리하는 경우	그 중 가장 많은 층수를 당해 건축물의 층수
층수계산	$$층수 = \frac{용적률}{건폐율}$$ (최대건폐율로 건축하되 각 층의 바닥면적은 동일한 것을 가정)

3 건축물의 면적제한

1. 대지의 분할제한

건축물이 있는 대지는 다음의 해당 용도지역의 규모의 범위 안에서 해당 지방자치단체의 조례가 정하는 면적에 못 미치게 분할할 수 없다.

1. 주거지역: 60m² 이상
2. 상업지역: 150m² 이상
3. 공업지역: 150m² 이상
4. 녹지지역: 200m² 이상
5. 위의 용도지역에 해당하지 아니하는 지역: 60m² 이상

2. 건폐율 및 용적률

(1) 건폐율

$$건폐율 = \frac{건축면적}{대지면적} \times 100\%$$

(2) 용적률

$$용적률 = \frac{연면적}{대지면적} \times 100\%$$

용적률을 산정할 때에는 다음에 해당하는 면적은 연면적에서 제외한다.

1. 지하층의 면적
2. 지상층의 주차용(해당 건축물의 부속용도인 경우만 해당한다)으로 쓰는 면적
3. 초고층건축물과 준초고층건축물의 피난안전구역의 면적
4. 층수가 11층 이상인 건축물로서 11층 이상인 층의 바닥면적의 합계가 1만m² 이상인 건축물의 지붕을 경사 지붕으로 하는 경우 경사 지붕 아래 설치하는 대피공간의 면적

3. 대지 안의 공지

구 분	건축선으로부터 건축물까지 이격거리	인접대지경계선으로부터 건축물까지 이격거리
아파트	2m 이상 6m 이하	2m 이상 6m 이하
연립주택	2m 이상 5m 이하	1.5m 이상 5m 이하
다세대주택	1m 이상 4m 이하	0.5m 이상 4m 이하

보충학습

➤ **맞벽건축**

다음의 지역에서 도시미관 등을 위하여 둘 이상의 건축물 벽을 맞벽(대지경계선으로부터 50cm 이내인 경우를 말한다)으로 하여 건축하는 경우를 말한다.
1. 상업지역(다중이용 건축물 및 공동주택은 스프링클러나 그 밖에 이와 비슷한 자동식 소화설비를 설치한 경우로 한정한다)
2. 주거지역(건축물 및 토지의 소유자 간 맞벽건축을 합의한 경우에 한정한다)
3. 허가권자가 도시미관 또는 한옥 보전·진흥을 위하여 건축조례로 정하는 구역
4. 건축협정구역

4 건축물의 높이제한

1. 가로구역단위별 건축물의 높이제한

허가권자의 가로구역별 높이제한	허가권자는 가로구역별 건축물의 높이를 지정하려면 지방건축위원회의 심의를 거쳐야 한다.
	허가권자는 같은 가로구역에서 건축물의 용도 및 형태에 따라 건축물의 높이를 다르게 정할 수 있다.
특별시·광역시의 가로구역별 높이제한	특별시장이나 광역시장은 도시의 관리를 위하여 필요하면 가로구역별 건축물의 높이를 특별시나 광역시의 조례로 정할 수 있다
가로구역별 높이제한 완화	허가권자는 일조(日照)·통풍 등 주변 환경 및 도시미관에 미치는 영향이 크지 않다고 인정하는 경우에는 건축위원회의 심의를 거쳐 이 법 및 다른 법률에 따른 가로구역의 높이 완화에 관한 규정을 중첩하여 적용할 수 있다.

05

2. 일조 등의 확보를 위한 건축물의 높이제한

정북방향에서의 일조확보를 위한 높이제한 (전용주거지역 및 일반주거지역)	원 칙	건축물의 각 부분을 정북방향으로의 인접대지경계선으로부터 다음의 범위 안에서 건축조례가 정하는 거리 이상을 띄어 건축 ① 높이 10m 이하인 부분: 인접대지경계선으로부터 1.5m 이상 ② 높이 10m를 초과하는 부분: 인접대지경계선으로부터 해당 건축물의 각 부분의 높이의 2분의 1 이상
	제 외	다음의 어느 하나에 해당하는 경우에는 정북방향의 일조확보를 위한 높이제한 규정을 적용하지 않는다. ① 다음의 어느 하나에 해당하는 구역 안의 대지 상호간에 건축하는 건축물로서 해당 대지가 너비 20m 이상의 도로에 접한 대지 상호간에 건축하는 건축물은 정북방향의 일조권을 적용하지 않는다. 　㉠ 지구단위계획구역, 경관지구 　㉡ 중점경관관리구역 　㉢ 특별가로구역 　㉣ 도시미관 향상을 위하여 허가권자가 지정·공고하는 구역 ② 건축협정구역 안에서 대지 상호간에 건축하는 건축물의 경우 ③ 건축물의 정북방향의 인접 대지가 전용주거지역이나 일반주거지역이 아닌 용도지역에 해당하는 경우
정남방향의 일조확보를 위한 건축물의 높이제한		다음의 어느 하나에 해당하면, 건축물의 높이를 정남(正南)방향의 인접대지경계선으로부터의 거리에 따라 특별자치시장·특별자치도지사 또는 시장·군수·구청장이 정하여 고시하는 높이 이하로 할 수 있다. ① 택지개발지구 ② 대지조성사업지구 ③ 지역개발사업구역 ④ 산업단지 ⑤ 도시개발구역 ⑥ 정비구역 ⑦ 정북방향으로 도로, 공원, 하천 등 건축이 금지된 공지에 접하는 대지 ⑧ 정북방향으로 접하고 있는 대지의 소유자와 합의한 경우

05

	채광방향에 따른 건축물의 높이제한 (기숙사 제외)	채광을 위한 창문 등이 있는 벽면으로부터 직각방향으로 <u>인접대지경계선까지의 수평거리의 2배</u>(근린상업지역 또는 준주거지역 안의 건축물은 4배) <u>이하</u>의 범위 안에서 건축조례가 정하는 높이 이하(제외 : 수평거리가 1m 이상으로서 건축조례가 정하는 거리 이상인 다세대주택)
공동주택에 있어서의 일조확보를 위한 높이제한 (제외 : 일반상업지역, 중심상업지역)	공동주택의 인동거리	같은 대지에서 두 동 이상의 건축물이 서로 마주보고 있는 경우 건축물 각 부분 사이의 거리는 다음의 거리 이상으로서 건축조례가 정하는 거리 이상을 띄어 건축하여야 한다. ① <u>채광을 위한 창문 등이 있는 벽면으로부터 직각방향으로 건축물 각 부분 높이의 0.5배</u>(도시형 생활주택의 경우에는 0.25배) 이상 ② ①에도 불구하고 서로 마주보는 건축물 중 높은 건축물(높은 건축물을 중심으로 마주보는 두 동의 축이 시계방향으로 정동에서 정서 방향인 경우만 해당한다)의 주된 개구부(거실과 주된 침실이 있는 부분의 개구부를 말한다)의 방향이 낮은 건축물을 향하는 경우에는 10m 이상으로서 낮은 건축물 각 부분의 높이의 0.5배(도시형 생활주택의 경우에는 0.25배) 이상의 범위에서 건축조례로 정하는 거리 이상을 띄어 건축하여야 한다. ③ 건축물과 부대시설 또는 복리시설이 서로 마주보고 있는 경우에는 부대시설 또는 복리시설 각 부분 높이의 1배 이상 거리를 띄어 건축하여야 한다. ④ 채광창(창넓이 0.5m² 이상의 창을 말함)이 없는 벽면과 측벽이 마주보는 경우에는 8m 이상 거리를 띄어 건축하여야 한다.

공동주택에 있어서의 일조확보를 위한 높이제한 (제외 : 일반상업지역, 중심상업지역)	**공동주택의 인동거리**	⑤ 측벽 간의 인동거리 　㉠ 측벽과 측벽이 마주보는 경우에는 4m 이상을 띄어 건축하여야 한다. 　㉡ 마주보는 측벽 중 하나의 측벽에 채광을 위한 창문 등이 설치되어 있지 아니한 바닥면적 $3m^2$ 이하의 발코니(출입을 위한 개구부를 포함한다)를 설치하는 경우를 포함하여 4m 이상을 띄어 건축하여야 한다.
일조 등의 확보를 위한 건축물의 높이제한 배제	2층 이하로서 높이가 8m 이하인 건축물에는 해당 지방자치단체의 조례가 정하는 바에 따라 일조 등의 확보를 위한 건축물의 높이제한의 규정을 적용하지 아니할 수 있다.	

특별건축구역 · 특별가로구역

1 특별건축구역

1. 특별건축구역의 지정권자

국토교통부장관, 시 · 도지사

2. 특별건축구역의 지정 대상지역

국토교통부장관이 지정	시 · 도지사가 지정
① 국가가 국제행사 등을 개최하는 도시 또는 지역의 사업구역 ② 관계법령에 따른 국가정책 사업으로서 대통령령으로 정하는 사업구역	① 지방자치단체가 국제행사 등을 개최하는 도시 또는 지역의 사업구역 ② 관계법령에 따른 도시개발 · 도시재정비 및 건축문화 진흥사업으로서 건축물 또는 공간환경을 조성하기 위하여 대통령령으로 정하는 사업구역

3. 특별건축구역의 지정 금지지역

다음의 하나에 해당하는 지역은 특별건축구역으로 지정할 수 없다.

1. 「개발제한구역의 지정 및 관리에 관한 특별조치법」에 따른 개발제한구역
2. 「자연공원법」에 따른 자연공원
3. 「도로법」에 따른 접도구역
4. 「산지관리법」에 따른 보전산지

4. 특별건축구역의 지정협의 대상지역

국토교통부장관 또는 시 · 도지사는 특별건축구역으로 지정하고자 하는 지역이 군사기지 및 군사시설 보호구역에 해당하는 경우에는 국방부장관과 사전에 협의하여야 한다.

5. 특례적용대상건축물

① 국가 또는 지방자치단체가 건축하는 건축물
② 공공기관(한국토지주택공사, 한국수자원공사, 한국도로공사, 한국철도공사, 한국철도시설공단, 한국관광공사, 한국농어촌공사)이 건축하는 건축물
③ 그 밖에 다음과 같이 대통령령으로 정하는 용도·규모의 건축물로서 도시경관의 창출, 건설기술 수준향상 및 건축 관련 제도개선을 위하여 특례적용이 필요하다고 허가권자가 인정하는 건축물

건축물의 용도		규모 (연면적 또는 세대 또는 동)
문화 및 집회시설, 판매시설, 운수시설, 의료시설, 교육연구시설, 수련시설		2천m² 이상
운동시설, 업무시설, 숙박시설, 관광휴게시설, 방송통신시설		3천m² 이상
종교시설		—
노유자시설		5백m² 이상
공동주택 (주거용 외의 용도와 복합된 건축물을 포함한다)		100세대 이상
단독주택	한옥 또는 한옥건축양식의 단독주택	10동 이상
	그 밖의 단독주택	30동 이상
그 밖의 용도		1천m² 이상

6. 특례적용대상건축물에 대한 특례사항

배제하는 규정	① 대지의 조경 ② 건축물의 건폐율, 용적률 ③ 대지 안의 공지 ④ 가로구역별 건축물의 높이제한 ⑤ 일조 등의 확보를 위한 건축물의 높이제한 ⑥ 주택건설기준 등에 관한 규정
완화하여 적용하는 규정	① 건축물의 피난시설·용도제한 등 ② 건축물의 내화구조 및 방화벽 ③ 고층건축물의 피난 및 안전관리 ④ 방화지구 안의 건축물

완화하여 적용하는 규정	⑤ 건축물의 내부마감재료 ⑥ 지하층 ⑦ 건축설비기준 등 ⑧ 승강기 ⑨ 「녹색건축물조성지원법」 건축물에 대한 효율적 에너지관리와 녹색건축물조성의 활성화
통합하여 적용하는 규정	① 건축물에 대한 미술작품의 설치 ② 부설주차장의 설치 ③ 공원의 설치

2 특별가로구역

1. 지정대상

도로에 인접한 건축물의 건축을 통한 조화로운 도시경관의 창출을 위하여 이 법 및 관계 법령에 따라 일부 규정을 적용하지 아니하거나 완화하여 적용할 수 있도록 경관지구 또는 지구단위계획구역 중 미관유지를 위하여 필요하다고 인정하는 구역에서 다음의 대통령령으로 정하는 도로에 접한 대지의 일정 구역을 특별가로구역으로 지정할 수 있다.

1. 건축선을 후퇴한 대지에 접한 도로로서 허가권자가 건축조례로 정하는 도로
2. 허가권자가 리모델링 활성화가 필요하다고 인정하여 지정·공고한 지역 안의 도로
3. 보행자전용도로로서 도시미관 개선을 위하여 허가권자가 건축조례로 정하는 도로
4. 「지역문화진흥법」에 따른 문화지구 안의 도로
5. 그 밖에 조화로운 도시경관 창출을 위하여 필요하다고 인정하여 국토교통부장관이 고시하거나 허가권자가 건축조례로 정하는 도로

2. 지정권자

국토교통부장관 및 허가권자는 특별가로구역을 지정하려는 경우에는 국토교통부장관 또는 허가권자가 두는 건축위원회의 심의를 거쳐야 한다.

3. 특별가로구역 안의 건축물에 대한 특례

특별가로구역 안의 건축물에 대하여 특별건축구역 안의 특례 적용기준 중 일부규정을 배제하는 내용과 일부규정을 완화하여 적용하는 내용과 동일하게 적용

보충학습

➤ **특별건축구역에서 배제 · 완화하는 사항은 특별가로구역에서 준용된다.**

배제하는 규정
① 대지의 조경
② 건축물의 건폐율, 용적률
③ 대지 안의 공지
④ 가로구역별 건축물의 높이제한
⑤ 일조 등의 확보를 위한 건축물의 높이제한
⑥ 주택건설기준 등에 관한 규정

완화하여 적용되는 규정
① 건축물의 피난시설 · 용도제한 등
② 건축물의 내화구조 및 방화벽
③ 고층건축물의 피난 안전관리
④ 방화지구 안의 건축물
⑤ 건축물의 내부마감재료
⑥ 지하층
⑦ 건축설비기준 등
⑧ 승강기
⑨ 「녹색건축물조성지원법」 건축물에 대한 효율적 에너지관리와 녹색건축물조성의 활성화

CHAPTER

07

건축협정구역 및 결합건축

1 건축협정구역

1. 건축협정대상구역

토지 또는 건축물의 소유자, 지상권자 등 대통령령으로 정하는 자는 전원의 합의로 다음의 어느 하나에 해당하는 지역 또는 구역에서 건축물의 건축·대수선 또는 리모델링에 관한 협정(이하 "건축협정"이라 한다)을 체결할 수 있다.

> 1. 「국토의 계획 및 이용에 관한 법률」에 따라 지정된 지구단위계획구역
> 2. 「도시 및 주거환경정비법」에 따른 주거환경개선사업을 시행하기 위하여 지정·고시된 정비구역
> 3. 「도시재정비 촉진을 위한 특별법」에 따른 존치지역
> 4. 「도시재생 활성화 및 지원에 관한 특별법」에 따른 도시재생활성화지역
> 5. 그 밖에 시·도지사 및 시장·군수·구청장(이하 "건축협정인가권자"라 한다)이 도시 및 주거환경개선이 필요하다고 인정하여 해당 지방자치단체의 조례로 정하는 구역

건축협정대상구역
⇩
건축협정인가신청
⇩
인 가
⇩
건축협정구역
⇩
건축허가신청
⇩
허 가
⇩
건축공사

2. 건축협정집중구역

건축협정인가권자는 건축협정의 효율적인 체결을 통한 도시의 기능 및 미관의 증진을 위하여 건축협정대상구역의 어느 하나에 해당하는 지역 및 구역의 전체 또는 일부를 건축협정집중구역으로 지정할 수 있다.

건축협정대상구역
⇩
건축협정인가권자 지정
⇩
건축협정집중구역

3. 연접 대지의 통합적용

건축협정의 인가를 받은 건축협정구역에서 연접한 대지에 대하여는 다음의 관계 법령의 규정을 개별 건축물마다 적용하지 아니하고 건축협정구역의 전부 또는 일부를 대상으로 통합하여 적용할 수 있다.

□ **건축협정인가권자**
시·도지사·시장·군수·구청장

1. 대지의 조경
2. 대지와 도로와의 관계
3. 지하층의 설치
4. 건폐율
5. 「주차장법」에 따른 부설주차장의 설치
6. 「하수도법」에 따른 개인하수처리시설의 설치

□ **특별건축구역·특별가로구역에서 배제규정**
건축협정구역에서는 완화규정으로 적용

4. 건축물의 완화 적용

건축협정구역에 건축하는 건축물에 대하여는 다음의 사항을 대통령령으로 정하는 바에 따라 완화하여 적용할 수 있다.

1. 대지의 조경
2. 건폐율
3. 용적률
4. 대지 안의 공지
5. 가로구역 단위별 건축물의 높이제한
6. 일조 등의 확보를 위한 건축물의 높이제한
7. 주택건설기준 등에 관한 규정(「주택법」제35조 중 대통령령으로 정하는 규정)

5. 폐지 인가

협정체결자 또는 건축협정운영회의 대표자는 건축협정을 폐지하려는 경우에는 협정체결자 과반수의 동의를 받아 국토교통부령으로 정하는 바에 따라 건축협정인가권자의 인가를 받아야 한다. 다만, 특례를 적용하여 착공신고를 한 경우에는 대통령령으로 정하는 기간, 즉 착공신고를 한 날로부터 20년이 경과한 후에 건축협정의 폐지 인가를 신청할 수 있다.

2 결합건축

1. 결합건축대상지역

① 다음의 어느 하나에 해당하는 지역에서 대지 간의 최단거리가 100m 이내의 범위에서 대통령령으로 정하는 범위에 있는 2개의 대지의 건축주가 서로 합의한 경우 용적률을 개별 대지마다 적용하지 아니하고, 2개의 대지를 대상으로 통합적용하여 건축물을 건축(이하 "결합건축"이라 한다)할 수 있다. 다만, 도시경관의 형성, 기반시설 부족 등의 사유로 해당 지방자치단체의 조례로 정하는 지역 안에서는 결합건축을 할 수 없다.

> 1. 「국토의 계획 및 이용에 관한 법률」에 따라 지정된 ㉨업지역
> 2. 「역세권의 개발 및 이용에 관한 법률」에 따라 지정된 ㉭세권개발구역
> 3. 「도시 및 주거환경정비법」에 따른 정비구역 중 ㉬거환경개선사업의 시행을 위한 구역
> 4. 그 밖에 도시 및 주거환경 개선과 효율적인 토지이용이 필요하다고 대통령령으로 정하는 지역
>   (1) 건축㉤정구역
>   (2) ㉦별건축구역
>   (3) ㉯모델링활성화 구역
>   (4) 「도시재생 활성화 및 지원에 관한 특별법」에 따른 도시㉷생활성화 지역
>   (5) 「한옥 등 건축자산의 진흥에 관한 법률」에 따른 건축㉺산 진흥구역

결합건축대상지역
㉨
㉭
㉬
㉯
㉦
㉤
㉷
㉺

05

② 위의 ①에서 "대통령령으로 정하는 범위에 있는 2개의 대지"란 다음의 요건을 모두 충족하는 2개의 대지를 말한다.

> 1. 2개의 대지 모두가 결합건축대상지 각 지역 중 동일한 지역에 속할 것
> 2. 2개의 대지 모두가 너비 12m 이상인 도로로 둘러싸인 하나의 구역 안에 있을 것. 이 경우 그 구역 안에 너비 12m 이상인 도로로 둘러싸인 더 작은 구역이 있어서는 아니 된다.

2. 협정체결 유지기간

결합건축협정서에 따른 협정체결 유지기간은 최소 30년으로 한다. 다만, 결합건축협정서의 용적률 기준을 종전대로 환원하여 신축·개축·재축하는 경우에는 그러하지 아니한다.

3. 결합건축협정서 폐지신고

결합건축협정서를 폐지하려는 경우에는 결합건축협정체결자 전원이 동의하여 허가권자에게 신고하여야 하며, 허가권자는 용적률을 이전받은 건축물이 멸실된 것을 확인한 후 결합건축의 폐지를 수리하여야 한다.

보충학습

➤ **결합건축요건**

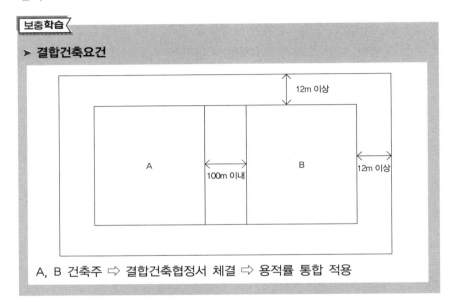

A, B 건축주 ⇨ 결합건축협정서 체결 ⇨ 용적률 통합 적용

CHAPTER 08

보 칙

1 이행강제금

부과대상	1. 건폐율·용적률 초과, 무허가·무신고 건축물 ⇨ 1m²의 시가표준액 × 50/100 × 위반면적 〈위반내용에 따라 대통령령으로 정하는 비율로 곱한 금액〉 ① 건폐율 초과: 100분의 80 ② 용적률 초과: 100분의 90 ③ 무허가: 100분의 100 ④ 무신고: 100분의 70 2. 1. 외의 위반 건축물 ⇨ 시가표준액 × 10/100
가 중	다음의 경우에 100분의 100의 범위에서 가중할 수 있다. 다만, 위반행위 후 소유권이 변경된 경우는 제외한다. ① 임대 등 영리를 목적으로 위반면적이 50m²를 초과 용도변경 ② 임대 등 영리를 목적으로 허가나 신고 없이 위반면적이 50m²를 초과 신축 또는 증축한 경우 ③ 임대 등 영리를 목적으로 허가나 신고 없이 다세대주택의 5세대 이상, 다가구주택의 5가구 이상 가구수를 증가시킨 경우 ④ 동일인이 최근 3년 내에 2회 이상 법 또는 법에 따른 명령이나 처분을 위반한 경우
감 경	연면적(공동주택의 경우에는 세대 면적 기준)이 60m² 이하인 주거용 건축물과 사용승인 위반·조경 위반·높이제한 위반·일조권 위반한 주거용 건축물에는 시가표준액×10/100의 2분의 1의 범위에서 해당 지방자치단체의 조례로 정하는 금액을 부과한다.
부과횟수	허가권자는 최초의 시정명령이 있었던 날을 기준으로 하여 1년에 2회 이내의 범위에서 해당 지방자치단체의 조례로 정하는 횟수만큼 그 시정명령이 이행될 때까지 반복하여 이행강제금을 부과·징수할 수 있다.

부과절차	① 허가권자는 이행강제금을 부과하기 전에 이행강제금을 부과·징수한다는 뜻을 미리 문서로서 계고하여야 한다. ② 허가권자는 이행강제금 부과처분을 받은 자가 이행강제금을 납부기한까지 내지 아니하면 「지방행정제재·부과금의 징수 등에 관한 법률」에 따라 징수한다.
시정명령 이행시	허가권자는 시정명령을 받은 자가 이를 이행하면 새로운 이행강제금의 부과를 즉시 중지하되, 이미 부과된 이행강제금은 징수하여야 한다.

2 지역건축안전센터

설 치	시·도지사 및 인구 50만 이상 지방자치단체의 시장·군수·구청장 또는 건축허가 면적(직전 5년 동안의 연평균 건축허가 면적을 말한다) 또는 노후건축물 비율이 전국 지방자치단체 중 상위 30% 이내에 해당하는 인구 50만명 미만 시·군·구는 관할 구역에 지역건축안전센터를 설치하여야 하고, 그 외의 지방자치단체의 시장·군수·구청장은 관할 구역에 지역건축안전센터를 설치할 수 있다.
업 무	① 제21조(착공신고 등), 제22조(사용승인), 제27조(현장조사·검사 등) 및 제87조(보고와 검사)에 따른 기술적인 사항에 대한 보고·확인·검토·심사 및 점검 ② 제11조(허가), 제14조(신고) 및 제16조(허가·신고사항의 변경)에 따른 허가 또는 신고에 관한 업무 ③ 제25조에 따른 공사감리에 대한 관리·감독
전문인력 배치	체계적이고 전문적인 업무 수행을 위하여 지역건축안전센터에 신고한 건축사 또는 등록한 기술사 등 전문인력을 배치하여야 한다.
예산 지원	시·도지사 또는 시장·군수·구청장은 관할 구역의 지역건축안전센터 설치·운영 등을 지원하기 위하여 건축안전특별회계를 설치할 수 있다.

M·E·M·O

도시 및 주거환경정비법

용 어

⊡ 정비사업의 시행절차

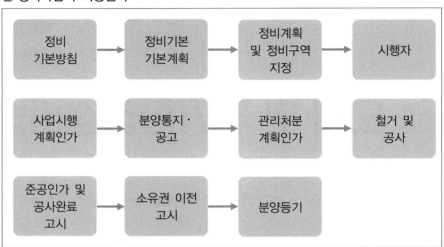

정비구역	정비사업을 계획적으로 시행하기 위하여 지정·고시된 구역을 말한다.	
정비사업	도시기능을 회복하기 위하여 정비구역에서 정비기반시설을 정비하거나 주택등 건축물을 개량하거나 건설하는 사업	
	주거환경 개선사업	도시저소득 주민이 집단거주하는 지역으로서 정비기반시설이 극히 열악하고 노후·불량건축물이 과도하게 밀집한 지역의 주거환경을 개선하거나 단독주택 및 다세대주택이 밀집한 지역에서 정비기반시설과 공동이용시설 확충을 통하여 주거환경을 보전·정비·개량하기 위한 사업
	재개발사업	정비기반시설이 열악하고 노후·불량건축물이 밀집한 지역에서 주거환경을 개선하거나 상업지역·공업지역 등에서 도시기능의 회복 및 상권 활성화 등을 위하여 도시환경을 개선하기 위한 사업
	재건축사업	정비기반시설은 양호하나 노후·불량건축물에 해당하는 공동주택이 밀집한 지역에서 주거환경을 개선하기 위한 사업

공공 재개발사업	① 시장·군수등 또는 토지주택공사등(조합과 공동으로 시행하는 경우를 포함)이 주거환경개선사업의 시행자, 재개발사업의 시행자나 재개발사업의 대행자(이하 "공공재개발사업 시행자"라 한다)일 것 ② 건설·공급되는 주택의 전체 세대수 또는 전체 연면적 중 토지등소유자 대상 분양분을 제외한 나머지 주택의 세대수 또는 연면적의 100분의 20 이상 100분의 50 이하를 지분형 주택, 공공임대주택(지분형 주택 제외) 또는 공공지원민간임대주택으로 건설·공급할 것
공공 재건축사업	① 시장·군수등 또는 토지주택공사등(조합과 공동으로 시행하는 경우를 포함)이 재건축사업의 시행자나 재건축사업의 대행자(이하 "공공재건축사업 시행자"라 한다)일 것 ② 종전의 용적률, 토지면적, 기반시설 현황 등을 고려하여 종전 세대수의 160/100 이상을 건설·공급할 것
정비기반시설	도로·상하수도·공원·공용주차장·공동구(「국토의 계획 및 이용에 관한 법률」에 의한 공동구를 말한다) 그 밖에 주민의 생활에 필요한 가스 등의 공급시설로서 대통령령으로 정하는 시설
공동이용시설	주민이 공동으로 사용하는 놀이터·마을회관·공동작업장 그 밖에 대통령령으로 정하는 시설을 말한다.
대 지	정비사업에 따라 조성된 토지
노후불량 건축물	① 건축물이 훼손되거나 일부가 멸실되어 붕괴 그 밖의 안전사고의 우려가 있는 건축물 ② 내진성능이 확보되지 아니한 건축물 중 중대한 기능적 결함 또는 부실 설계·시공으로 인한 구조적 결함 등이 있는 건축물로서 대통령령으로 정하는 건축물 　㉠ 급수·배수·오수 설비 등의 설비 또는 지붕·외벽 등 마감의 노후화나 손상으로 그 기능을 유지하기 곤란할 것으로 우려되는 건축물 　㉡ 안전진단기관이 실시한 안전진단 결과 건축물의 내구성·내하력(耐荷力) 등이 국토교통부장관이 정하여 고시하는 기준에 미치지 못할 것으로 예상되어 구조 안전의 확보가 곤란할 것으로 우려되는 건축물 ③ 주변 토지의 이용 상황 등에 비추어 주거환경이 불량한 곳에 소재할 뿐만 아니라 건축물을 철거하고 새로운 건축물을 건설하는 경우 그에 소요되는 비용에 비하여 효용의 현저한 증가가 예상되는 건축물로서 대통령령으로 정하는 바에 따라 시·도 조례로 정하는 건축물

06

노후불량
건축물
	⊙ 「건축법」에 따라 해당 지방자치단체의 조례가 정하는 면적에 미치지 못하거나 도시·군계획시설 등의 설치로 인하여 효용을 다할 수 없게 된 대지에 있는 건축물
	ⓒ 공장의 매연·소음 등으로 인하여 위해를 초래할 우려가 있는 지역에 있는 건축물
	ⓒ 해당 건축물을 준공일 기준으로 40년까지 사용하기 위하여 보수·보강하는 데 드는 비용이 철거 후 새로운 건축물을 건설하는 데 드는 비용보다 클 것으로 예상되는 건축물
	④ 도시미관을 저해하거나 노후화로 인하여 구조적 결함 등이 있는 건축물로서 대통령령으로 정하는 바에 따라 시·도조례로 정하는 건축물
	  ⊙ 준공된 후 20년 이상 30년 이하의 범위에서 시·도조례로 정하는 기간이 지난 건축물
	  ⓒ 「국토의 계획 및 이용에 관한 법률」의 규정에 의한 도시·군기본계획의 경관에 관한 사항에 어긋나는 건축물	

주택단지	주택 및 부대·복리시설을 건설하거나 대지로 조성되는 일단의 토지	
사업시행자	정비사업을 시행하는 자	
토지등소유자	주거환경개선사업, 재개발사업	토지 또는 건축물의 소유자 또는 그 지상권자
	재건축사업	건축물 및 부속토지의 소유자
토지주택공사등	한국토지주택공사 또는 「지방공기업법」에 따라 주택사업을 수행하기 위하여 설립된 지방공사를 말한다.	
정관등	정비사업조합이 정한 정관 및 토지등소유자가 자치적으로 정하여 운영하는 규약 그리고 특별자치시장, 특별자치도지사, 시장, 군수, 자치구의 구청장(이하 '시장·군수등'이라 한다) 또는 주택공사등이 작성한 시행규정을 말한다.	

정비기본계획의 수립 및 정비계획의 입안

1 도시 및 주거환경기본방침

국토교통부장관은 도시 및 주거환경을 개선하기 위하여 10년마다 기본방침을 수립하고, 5년마다 그 타당성을 검토하여 그 결과를 기본방침에 반영하여야 한다.

2 도시 및 주거환경정비기본계획

1. 정비기본계획의 수립권자

특별시장·광역시장·특별자치시장·특별자치도지사 또는 시장은 관할구역에 대하여 도시 및 주거환경정비기본계획(이하 '기본계획'이라 한다)을 10년 단위로 수립하여야 한다. 다만, 도지사가 대도시가 아닌 시로서 기본계획을 수립할 필요가 없다고 인정하는 시에 대하여는 기본계획을 수립하지 아니할 수 있다.

2. 타당성 검토

특별시장·광역시장·특별자치시장·특별자치도지사 또는 시장은 기본계획에 대하여 5년마다 그 타당성 여부를 검토하여 그 결과를 기본계획에 반영하여야 한다.

3 정비계획의 입안 및 정비구역의 지정

1. 정비계획의 입안 및 정비구역의 지정

정비계획입안 및 구역지정신청	1. 구청장등(자치구의 구청장, 광역시의 군수) 입안 ⇨ 특별시장·광역시장 정비구역 지정 신청 2. 특별자치시장·특별자치도지사, 시장 또는 군수의 정비계획입안 및 정비구역지정
정비계획의 내용	1. 정비사업의 명칭 2. 정비구역 및 그 면적 2의2. 토지소유자별 분담금 추산액 및 산출근거 3. 도시·군계획시설의 설치에 관한 계획 4. 공동이용시설 설치계획 5. 건축물의 주용도·건폐율·용적률·높이에 관한 계획 6. 환경보전 및 재난방지에 관한 계획 7. 정비구역 주변의 교육환경 보호에 관한 계획 8. 세입자 주거대책 9. 정비사업시행 예정시기 등
정비구역 지정절차	정비계획입안을 위한 주민설명회 및 주민공람(30일 이상) ⇨ 지방의회 의견청취(60일 이내 의견제시) ⇨ 지방도시계획위원회 심의 ⇨ 정비구역의 지정 고시(공보)
정비구역의 지정권자	특별시장, 광역시장, 특별자치시장, 특별자치도지사, 시장 또는 군수
정비구역의 지정고시 효과	1. 해당 정비구역 및 정비계획 중 지구단위계획의 내용에 해당하는 사항은 지구단위계획구역 및 지구단위계획으로 결정·고시된 것으로 본다. 2. 정비구역 안에서 건축물의 건축, 공작물의 설치, 용도변경, 토지의 형질변경, 토석의 채취, 토지분할, 물건을 쌓아놓는 행위, 죽목의 벌채, 식재를 하고자 하는 자는 시장·군수등의 허가를 받아야 한다(단, 재해복구 등을 위한 응급조치나 경작을 위한 토지의 형질변경, 붕괴우려가 있는 건축물의 안전조치 등의 행위는 허가 없이 할 수 있다).

2. 투기방지를 위한 토지분할 등 제한

국토교통부장관, 시·도지사 또는 시장·군수 또는 구청장은 비경제적인 건축행위 및 투기수요의 유입방지를 위하여 기본계획을 공람 중인 정비예정구역 또는 정비계획을 수립 중인 지역에 대하여 3년 이내의 기간(1회에 한하여 1년의 범위 안에서 연장할 수 있다)을 정하여 대통령령으로 정하는 방법과 절차에 따라 건축물의 건축행위와 토지분할행위를 제한할 수 있다.

> **보충학습**
>
> ➤ **주요사항 정리**
>
> 1. 정비기본계획의 수립권자 : 특3·광·시장
> 2. 정비계획의 입안권자 : 특2·시장·군수·구청장등
> 3. 정비구역의 지정권자 : 특3·광·시장·군수(광역시 군수 제외)
> 4. 구청장등 : 자치구 구청장, 광역시의 군수
> 5. 시장·군수등 : 특2·시장·군수·자치구의 구청장

4 정비구역등의 해제

1. 정비구역등 필연적 해제사유

정비구역의 지정권자는 다음의 어느 하나에 해당하는 경우에는 정비예정구역 또는 정비구역(이하 "정비구역등"이라 한다)을 해제하여야 한다.

> 1. 정비예정구역에 대하여 기본계획에서 정한 정비구역 지정 예정일부터 3년이 되는 날까지 특별자치시장, 특별자치도지사, 시장 또는 군수가 정비구역을 지정하지 아니하거나 구청장등이 정비구역 지정을 신청하지 아니하는 경우
> 2. 재개발사업·재건축사업(조합이 시행하는 경우로 한정한다)이 다음 각 어느 하나에 해당하는 경우
>   ① 토지등소유자가 정비구역으로 지정·고시된 날부터 2년이 되는 날까지 조합 설립추진위원회(이하 "추진위원회"라 한다)의 승인을 신청하지 아니하는 경우
>   ② 토지등소유자가 정비구역으로 지정·고시된 날부터 3년이 되는 날까지 조합 설립인가를 신청하지 아니하는 경우(공공지원을 시행하려는 경우로서 추진위원회를 구성하지 아니하는 경우로 한정한다)

③ 추진위원회가 추진위원회 승인일부터 2년이 되는 날까지 조합설립
　　인가를 신청하지 아니하는 경우
④ 조합이 조합 설립인가를 받은 날부터 3년이 되는 날까지 사업시행
　　계획인가를 신청하지 아니하는 경우
3. 토지등소유자가 시행하는 재개발사업으로서 토지등소유자가 정비구역
　으로 지정·고시된 날부터 5년이 되는 날까지 사업시행계획인가를 신
　청하지 아니하는 경우

2. 지정권자의 정비구역등 임의적 해제사유

특별시장, 광역시장, 특별자치시장, 특별자치도지사, 시장 또는 군수는
다음의 경우 지방도시계획위원회의 심의를 거쳐 정비구역등의 지정을
해제할 수 있다.

1. 정비사업의 시행으로 토지등소유자에게 과도한 부담이 발생할 것으로
　예상되는 경우
2. 정비구역등의 추진 상황으로 보아 지정 목적을 달성할 수 없다고 인정
　되는 경우
3. 토지등소유자의 100분의 30 이상이 정비구역등(추진위원회가 구성되
　지 아니한 구역으로 한정한다)의 해제를 요청하는 경우
4. 사업시행자가 정비구역에서 정비기반시설 및 공동이용시설을 새로 설
　치하거나 확대하고 토지등소유자가 스스로 주택을 보전·정비하거나
　개량하는 방법으로 시행 중인 주거환경개선사업의 정비구역이 지정·
　고시된 날부터 10년 이상 경과하고, 추진 상황으로 보아 지정 목적을
　달성할 수 없다고 인정되는 경우로서 토지등소유자의 3분의 2 이상이
　정비구역의 해제에 동의하는 경우

5 재건축사업의 안전진단

안전진단실시 의무	① 정비계획의 입안권자는 재건축사업 정비계획의 입안을 위하여 기본계획의 내용 중 정비예정구역별 정비계획의 수립시기가 도래한 때에 안전진단을 실시하여야 한다. ② 정비계획의 입안권자는 시행자등이 토지등소유자 10분의 1 이상이 동의를 받아 안전진단의 실시요청이 있는 경우 안전진단을 실시하여야 한다.
안전진단기관	정비계획의 입안권자는 안전진단의 실시가 필요하다고 결정한 경우에는 다음의 안전진단기관에 안전진단을 의뢰하여야 한다. ① 안전진단전문기관 ② 국토안전관리원 ③ 한국건설기술연구원
안전진단 대상	주택단지 내의 건축물
안전진단 대상 제외	① 정비계획의 입안권자가 천재·지변 등으로 주택이 붕괴되어 신속히 재건축을 추진할 필요가 있다고 인정하는 것 ② 주택의 구조안전상 사용금지가 필요하다고 정비계획의 입안권자가 인정하는 것 ③ 노후불량 건축물 수에 관한 기준을 충족한 경우 잔여 건축물 ④ 정비계획의 입안권자가 진입도로 등 기반시설 설치를 위하여 불가피하게 정비구역에 포함된 것으로 인정하는 건축물 ⑤ 「시설물의 안전 및 유지관리에 관한 특별법」의 시설물로서 지정받은 안전등급이 D(미흡) 또는 E(불량)인 건축물
안전진단구분	① **구조안전성 평가**: 노후·불량건축물을 대상으로 구조적 또는 기능적 결함 등을 평가하는 안전진단
	② **구조안전성 및 주거환경 중심평가**: ① 외의 노후·불량건축물을 대상으로 구조적·기능적 결함 등 구조안전성과 주거생활의 편리성 및 거주의 쾌적성 등 주거환경을 종합적으로 평가하는 안전진단

📋 **재건축사업의 안전진단의 재실시**

시장·군수등은 법 제16조 제2항 전단에 따라 정비구역이 지정·고시된 날부터 10년이 되는 날까지 법 제50조에 따른 사업시행계획인가를 받지 아니하고 다음 각 호의 어느 하나에 해당하는 경우에는 안전진단을 다시 실시하여야 한다(법 제131조).

1. 「재난 및 안전관리 기본법」 제27조 제1항에 따라 재난이 발생할 위험이 높거나 재난예방을 위하여 계속적으로 관리할 필요가 있다고 인정하여 특정관리대상지역으로 지정하는 경우
2. 「시설물의 안전 및 유지관리에 관한 특별법」 제12조 제2항에 따라 재해 및 재난 예방과 시설물의 안전성 확보 등을 위하여 정밀안전진단을 실시하는 경우
3. 「공동주택관리법」 제37조 제3항에 따라 공동주택의 구조안전에 중대한 하자가 있다고 인정하여 안전진단을 실시하는 경우

정비사업의 시행

1 정비사업의 시행방법

주거환경 개선사업	① 토지등소유자에 의한 시행(자력방법) ② 수용방법 ③ 환지방법 ④ 인가받은 관리처분계획에 따라 주택 및 부대 · 복리시설을 건설하여 공급하는 방법 ⑤ 혼용방법
재개발사업	① 인가받은 관리처분계획에 따라 건축물을 건설하여 공급하는 방법 ② 환지방법
재건축사업	인가받은 관리처분계획에 따라 주택 및 부대 · 복리시설 및 오피스텔을 건설하여 공급하는 방법(오피스텔을 건설하여 공급하는 경우에는 준주거지역 및 상업지역에서만 건설할 수 있다. 이 경우 오피스텔의 연면적은 전체 건축물 연면적의 100분의 30 이하이어야 한다)

2 정비사업의 시행자

1. 정비사업별 시행자

주거환경 개선사업	자력방법	시장 · 군수등이 직접시행 하거나 토지주택공사등이 지정받아 시행
	수용방법, 환지방법, 관리처분계획방법	시장 · 군수등이 직접시행 하거나 토지주택공사등 또는 공공출자법인이 시행자로 지정받아 시행(건설업자, 등록사업자와 공동시행 포함)
재개발 사업	토지등소유자 (20명 미만)	토지등소유자가 시행하거나 토지등소유자가 토지등소유자의 과반수의 동의를 얻어 시장 · 군수등, 토지주택공사등 건설업자, 등록사업자 또는 신탁업자와 한국부동산원과 공동시행

재개발 사업	조 합	조합이 시행하거나 조합이 조합원 과반수의 동의를 얻어 시장·군수등, 토지주택공사등 건설업자, 등록사업자 또는 신탁업자와 한국부동산원과 공동시행
재건축 사업	조합이 시행하거나 조합이 조합원 과반수의 동의를 얻어 시장·군수등 또는 토지주택공사등 건설업자 또는 등록사업자와 공동시행	

2. 재개발사업 · 재건축사업의 공공시행자

시장·군수등은 재개발사업 및 재건축사업이 다음의 어느 하나에 해당하는 때에는 직접 정비사업을 시행하거나 토지주택공사등(토지주택공사등이 건설업자 또는 등록사업자와 공동으로 시행하는 경우를 포함한다)을 사업시행자로 지정하여 정비사업을 시행하게 할 수 있다.

1. 천재지변, 「재난 및 안전관리 기본법」 제27조 또는 「시설물의 안전 및 유지관리에 관한 특별법」 제23조에 따른 사용제한·사용금지, 그 밖의 불가피한 사유로 긴급하게 정비사업을 시행할 필요가 있다고 인정하는 때
2. 고시된 정비계획에서 정한 정비사업시행 예정일부터 2년 이내에 사업시행계획인가를 신청하지 아니하거나 사업시행계획인가를 신청한 내용이 위법 또는 부당하다고 인정하는 때(재건축사업의 경우는 제외한다)
3. 추진위원회가 시장·군수등의 구성승인을 받은 날부터 3년 이내에 조합설립인가를 신청하지 아니하거나 조합이 조합설립인가를 받은 날부터 3년 이내에 사업시행계획인가를 신청하지 아니한 때
4. 지방자치단체의 장이 시행하는 「국토의 계획 및 이용에 관한 법률」에 따른 도시·군계획사업과 병행하여 정비사업을 시행할 필요가 있다고 인정하는 때
5. 순환정비방식으로 정비사업을 시행할 필요가 있다고 인정하는 때
6. 사업시행계획인가가 취소된 때
7. 해당 정비구역의 국·공유지 면적 또는 국·공유지와 토지주택공사등이 소유한 토지를 합한 면적이 전체 토지면적의 2분의 1 이상으로서 토지등소유자의 과반수가 시장·군수등 또는 토지주택공사등을 사업시행자로 지정하는 것에 동의하는 때
8. 해당 정비구역의 토지면적 2분의 1 이상의 토지소유자와 토지등소유자의 3분의 2 이상에 해당하는 자가 시장·군수등 또는 토지주택공사등을 사업시행자로 지정할 것을 요청하는 때

🔲 **법 제27조 제1항 제3호**
법 제35조에 따른 재개발사업 및 재건축사업의 조합설립을 위한 동의요건 이상에 해당하는 자가 신탁업자를 사업시행자로 지정하는 것에 동의하는 때

🔲 **법 제28조 제1항 제2호**
해당 조합 또는 토지등소유자를 대신하여 정비사업을 대행하기 위한 요건의 하나인 토지등소유자(조합을 설립한 경우에는 조합원을 말한다)의 과반수 동의로 요청하는 경우

3. 지정개발자

(1) 지정개발자의 사업시행 사유

시장·군수등은 재개발사업 및 재건축사업이 다음의 어느 하나에 해당하는 때에는 토지등소유자, 「사회기반시설에 대한 민간투자법」 제2조 제12호에 따른 민관합동법인 또는 신탁업자로서 대통령령으로 정하는 요건을 갖춘 자(이하 "지정개발자"라 한다)를 사업시행자로 지정하여 정비사업을 시행하게 할 수 있다.

> 1. 천재지변, 「재난 및 안전관리 기본법」 제27조 또는 「시설물의 안전 및 유지관리에 관한 특별법」 제23조에 따른 사용제한·사용금지, 그 밖의 불가피한 사유로 긴급하게 정비사업을 시행할 필요가 있다고 인정하는 때
> 2. 고시된 정비계획에서 정한 정비사업시행 예정일부터 2년 이내에 사업시행계획인가를 신청하지 아니하거나 사업시행계획인가를 신청한 내용이 위법 또는 부당하다고 인정하는 때(재건축사업의 경우는 제외한다)
> 3. 재개발사업 및 재건축사업의 조합설립을 위한 동의요건 이상에 해당하는 자가 신탁업자를 사업시행자로 지정하는 것에 동의하는 때

(2) 지정개발자의 자격

지정개발자는 다음의 어느 하나에 해당하는 자를 말한다.

토지 소유자	정비구역 안의 토지면적의 50% 이상을 소유한 자로서 토지등소유자의 2분의 1 이상의 추천을 받은 자
민관 합동법인	「사회기반시설에 대한 민간투자법」에 따른 민관합동법인(민간투자사업의 부대사업으로 시행하는 경우에 한한다)으로서 토지등소유자의 2분의 1 이상의 추천을 받은 자
신탁업자	신탁업자로서 토지등소유자의 2분의 1 이상의 추천을 받거나 법 제27조 제1항 제3호 또는 법 제28조 제1항 제2호에 따른 동의를 받은 자

4. 재개발사업·재건축사업의 사업대행자

시장·군수등은 다음의 어느 하나에 해당하는 경우에는 해당 조합 또는 토지등소유자를 대신하여 직접 정비사업을 시행하거나 토지주택공사등 또는 지정개발자에게 해당 조합 또는 토지등소유자를 대신하여 정비사업을 시행하게 할 수 있다.

1. 장기간 정비사업이 지연되거나 권리관계에 관한 분쟁 등으로 해당 조합 또는 토지등소유자가 시행하는 정비사업을 계속 추진하기 어렵다고 인정하는 경우
2. 토지등소유자(조합을 설립한 경우에는 조합원을 말한다)의 과반수 동의로 요청하는 경우

3 정비사업조합

조합설립 추진위원회	승인절차	정비구역 지정·고시 후 위원장을 포함한 5명 이상의 위원 및 토지등소유자 과반수의 동의를 얻어 추진위원회를 구성하여 시장·군수등의 승인을 받아야 한다.	
	구성 예외	정비사업에 대하여 공공지원을 시행하려는 경우에는 추진위원회를 구성하지 아니할 수 있다.	
	추진위원회 업무	① 정비사업전문관리업자의 선정 ② 설계자의 선정 및 변경 ③ 개략적인 정비사업 시행계획서의 작성 ④ 조합의 설립인가를 받기 위한 준비업무 ⑤ 그 밖에 조합설립의 추진을 위하여 필요한 업무	
	창립총회	추진위원회는 조합설립인가를 신청하기 전에 조합설립을 위한 창립총회를 창립총회 14일 전까지 인터넷홈페이지 공개 및 개별 통지	
		위원장의 직권 또는 토지등소유자 5분의 1 이상의 요구로 추진위원회 위원장이 소집한다.	
조합설립 인가신청	재개발사업	토지등소유자의 4분의 3 이상 및 토지면적의 2분의 1 이상의 토지소유자 동의	
	재건축사업	주택단지 안	각 동별 구분소유자의 과반수의 토지소유자의 동의와 주택단지 안의 전체 구분소유자의 4분의 3 이상 및 토지면적의 4분의 3 이상의 토지소유자 동의
		주택단지 밖	토지 또는 건축물 소유자의 4분의 3 이상 및 토지면적의 3분의 2 이상의 토지소유자의 동의
조합의 성립	조합설립의 인가를 받은 날부터 30일 이내에 주된 사무소의 소재지에서 대통령령이 정하는 사항을 등기함으로써 성립한다.		

총 회	① 총회는 조합장의 직권, 또는 조합원 5분의 1 이상, 또는 대의원 3분의 2 이상 요구로 조합장이 소집한다. ② 총회를 소집하려는 자는 총회가 개최되기 7일 전까지 회의 목적·안건·일시 및 장소를 정하여 조합원에게 통지하여야 한다. ③ 총회에서 의결하는 경우 조합원의 100분의 10(창립총회, 사업시행계획서와 관리처분계획의 수립 및 변경을 의결하는 총회 등 대통령령으로 정하는 총회의 경우에는 조합원의 100분의 20을 말한다) 이상이 직접 출석하여야 한다. ④ 사업시행계획서의 작성 및 변경, 관리처분계획의 수립 및 변경의 경우에는 조합원 과반수의 동의를 받아야 한다. 다만, 정비사업비가 100분의 10 이상 늘어나는 경우에는 조합원 3분의 2 이상의 동의를 받아야 한다.
조합의 임원	조합장 1명과 이사의 수는 3명 이상(토지등소유자의 수가 100명을 초과하는 경우 이사의 수를 5명 이상으로 한다)으로 하고 감사의 수는 1명 이상 3명 이하로 한다.
대의원	조합원의 수가 100인 이상인 조합은 대의원회를 두어야 한다(조합원의 10분의 1 이상으로 하되 그 범위 안에서 100인 이상으로 할 수 있다).

4 주민대표회의

구 성	토지등소유자가 시장·군수등 또는 토지주택공사등의 사업시행을 원하는 경우 정비구역 지정고시 후 주민대표회의를 구성하여야 한다.
구성원의 수	주민대표회의는 위원장을 포함하여 5명 이상 25명 이하로 한다.
승 인	주민대표회의는 토지등소유자의 과반수의 동의를 받아 구성하며, 국토교통부령으로 정하는 방법 및 절차에 따라 시장·군수등의 승인을 받아야 한다.

5 시공자 선정

정비사업조합이 시행하는 경우	조합설립인가를 받은 후 조합총회에서 건설업자 또는 등록사업자를 시공자로 선정하여야 한다.
토지등소유자가 재개발사업을 시행하는 경우	사업시행계획인가를 받은 후 규약에 따라 건설업자 또는 등록사업자를 시공자로 선정하여야 한다.
시장·군수등이 직접 정비사업을 시행하거나 토지주택공사등을 사업시행자로 지정한 경우	사업시행자 지정·고시 후 건설업자 또는 등록사업자를 시공자로 선정하여야 한다.

6 정비사업시행계획인가

1. 사업시행계획서의 작성

1. 토지이용계획(건축물배치계획을 포함한다)
2. 정비기반시설 및 공동이용시설의 설치계획
3. 임시거주시설을 포함한 주민이주대책
4. 세입자의 주거 및 이주 대책
5. 사업시행기간 동안 정비구역 내 가로등 설치, 폐쇄회로 텔레비전 설치 등 범죄예방대책
6. 법 제10조에 따른 임대주택의 건설계획(재건축사업의 경우는 제외한다)
7. 법 제54조 제4항에 따른 소형 주택의 건설계획(주거환경개선사업의 경우는 제외한다)
8. 공공지원민간임대주택 또는 임대관리 위탁주택의 건설계획(필요한 경우로 한정한다)
9. 건축물의 높이 및 용적률 등에 관한 건축계획
10. 정비사업의 시행과정에서 발생하는 폐기물의 처리계획
11. 교육시설의 교육환경 보호에 관한 계획(정비구역부터 200m 이내에 교육시설이 설치되어 있는 경우로 한정한다)
12. 정비사업비
13. 그 밖에 사업시행을 위한 사항으로서 대통령령으로 정하는 바에 따라 시·도조례로 정하는 사항

2. 사업시행계획인가

(1) 시장·군수등의 인가

① 사업시행자(공동시행의 경우를 포함하되, 사업시행자가 시장·군수등인 경우를 제외한다)는 정비사업을 시행하려는 경우에는 사업시행계획서에 정관 등과 그 밖에 국토교통부령이 정하는 서류를 첨부하여 시장·군수등에게 제출하고 사업시행계획인가를 받아야 한다.

② 시장·군수등은 특별한 사유가 없으면 사업시행계획서의 제출이 있은 날부터 60일 이내에 인가 여부를 결정하여 사업시행자에게 통보하여야 한다.

(2) 사업시행계획인가 신청시 동의

사업시행계획인가 신청 전 총회의 의결	사업시행자(시장·군수등 또는 토지주택공사등을 제외한다)는 사업시행계획인가를 신청(인가받은 내용을 변경하거나 정비사업을 중지 또는 폐지하고자 하는 경우를 포함한다)하기 전에 미리 총회 의결을 거쳐야 한다.
토지등소유자의 재개발사업 시행시 동의	토지등소유자가 재개발사업을 시행하려는 경우에는 사업시행계획인가를 신청하기 전에 사업시행계획서에 대하여 <u>토지등소유자의 4분의 3 이상 및 토지면적의 2분의 1 이상</u>의 토지소유자의 동의를 받아야 한다.
지정개발자의 동의 및 사업비 예치	① 지정개발자가 정비사업을 시행하려는 경우에는 사업시행계획인가를 신청하기 전에 <u>토지등소유자의 과반수의 동의 및 토지면적의 2분의 1 이상</u>의 토지소유자의 동의를 받아야 한다. ② 시장·군수등은 재개발사업의 사업시행계획인가를 하는 경우 해당 정비사업의 사업시행자가 지정개발자(지정개발자가 토지등소유자인 경우로 한정한다)인 때에는 정비사업비의 <u>100분의 20</u>의 범위에서 시·도조례로 정하는 금액을 예치하게 할 수 있다.

(3) 사업시행계획인가·고시의 효과

① 사업시행자가 사업시행계획인가를 받은 때(시장·군수등이 직접 정비사업을 시행하는 경우에는 사업시행계획서를 작성한 때를 말한다)에는 관계 법률에 따른 인가·허가·승인·신고·등록·협의·동의·심사·지정 또는 해제(이하 "인·허가 등"이라 한다)가 있은 것으로 보며, 사업시행계획인가의 고시가 있은 때에는 관계 법률에 따른 인·허가등의 고시·공고등이 있은 것으로 본다.

② 사업시행계획인가 고시(시장·군수등이 직접 정비사업을 시행하는 경우에는 사업시행계획서의 고시를 말한다)가 있은 때에는 「공익사업을 위한 토지등의 취득 및 보상에 관한 법률」에 따른 <u>사업인정</u> 및 그 고시가 있은 것으로 본다.

⑷ 매도청구

동의 여부 회답촉구	재건축사업의 사업시행자는 사업시행계획인가의 고시가 있은 날부터 <u>30일 이내</u>에 다음의 자에게 조합설립 또는 사업시행자의 지정에 관한 동의 여부를 회답할 것을 서면으로 촉구하여야 한다. ① 조합설립에 동의하지 아니한 자 ② 천재지변 등의 사유로 긴급히 정비사업시행이 필요한 경우로서 시행하는 공공시행자 및 지정개발자가 시행하는 정비사업으로 시장·군수등, 토지주택공사등 또는 신탁업자의 사업시행자 지정에 동의하지 아니한 자
동의여부 회답	촉구를 받은 토지등소유자는 촉구를 받은 날부터 <u>2개월 이내</u>에 회답하여야 한다.
회답하지 않는 경우	촉구를 받은 날부터 2개월 이내에 회답하지 아니한 경우 그 토지등소유자는 조합설립 또는 사업시행자의 지정에 동의하지 아니하겠다는 뜻을 회답한 것으로 본다.
매도청구	촉구를 받은 날부터 2개월이 지나면 사업시행자는 <u>그 기간이 만료된 때부터 2개월 이내</u>에 조합설립 또는 사업시행자 지정에 동의하지 아니하겠다는 뜻을 회답한 토지등소유자와 건축물 또는 토지만 소유한 자에게 건축물 또는 토지의 소유권과 그 밖의 권리를 매도할 것을 청구할 수 있다.

3. 분양공고 및 분양신청

⑴ 분양통지 및 분양공고

사업시행자는 <u>사업시행계획인가의 고시가 있은 날</u>(사업시행계획인가 이후 시공자를 선정한 경우에는 시공자와 계약을 체결한 날)<u>부터 120일 이내</u>에 다음의 사항을 토지등소유자에게 통지하고 분양의 대상이 되는 대지 또는 건축물의 내역 등 대통령령이 정하는 사항을 해당 지역에서 발간되는 일간신문에 공고하여야 한다.

> 1. 분양대상자별 종전의 토지 또는 건축물의 명세 및 사업시행계획인가의 고시가 있는 날을 기준으로 한 가격(사업시행계획인가 전에 법 제81조 제3항에 따라 철거된 건축물은 시장·군수등에게 허가를 받은 날을 기준으로 한 가격)
> 2. 분양대상자별 분담금의 추산액
> 3. 분양신청기간
> 4. 그 밖에 대통령령으로 정하는 사항

(2) 분양신청

분양신청기간은 <u>토지등소유자에게 통지한 날부터 30일 이상 60일 이내</u>로 하여야 한다. 다만, 20일의 범위 이내에서 한 차례만 연장할 수 있다.

(3) 분양신청을 하지 아니한 자 등에 대한 조치

1) 손실보상 협의

사업시행자는 관리처분계획이 인가·고시된 다음 날부터 90일 이내에 다음에서 정하는 자와 토지, 건축물 또는 그 밖의 권리의 손실보상에 관한 협의를 하여야 한다. 다만, 사업시행자는 분양신청기간 종료일의 다음 날부터 협의를 시작할 수 있다.

> 1. 분양신청을 하지 아니한 자
> 2. 분양신청기간 종료 이전에 분양신청을 철회한 자
> 3. 투기과열지구에서 당첨된 자의 5년 이내 재당첨 제한 규정에 따라 분양신청을 할 수 없는 자
> 4. 인가된 관리처분계획에 따라 분양대상에서 제외된 자

2) 불협의시 수용재결 신청 또는 매도청구 소송제기

① 사업시행자는 1)에 따른 협의가 성립되지 아니하면 그 기간의 만료일 다음 날부터 60일 이내에 수용재결을 신청하거나 매도청구소송을 제기하여야 한다.

② 사업시행자는 위의 ①에 따른 기간을 넘겨서 수용재결을 신청하거나 매도청구소송을 제기한 경우에는 해당 토지등소유자에게 지연일수에 따른 이자를 지급하여야 한다. 이 경우 이자는 100분의 15 이하의 범위에서 대통령령으로 정하는 이율을 적용하여 산정한다.

4. 관리처분계획 인가

(1) 관리처분계획의 내용 등

사업시행자는 분양신청기간이 종료된 때에는 분양신청의 현황을 기초로 다음의 사항이 포함된 관리처분계획을 수립하여 시장·군수등의 인가를 받아야 하며, 관리처분계획을 변경·중지 또는 폐지하고자 하는 경우에도 같다. 다만, 대통령령으로 정하는 경미한 사항을 변경하고자 하는 때에는 시장·군수등에게 신고하여야 한다.

1. 분양설계
2. 분양대상자의 주소 및 성명
3. 분양대상자별 분양예정인 대지 또는 건축물의 추산액
4. 보류지 등의 명세와 추산액 및 처분방법
5. 분양대상자별 종전의 토지 또는 건축물 명세 및 사업시행계획인가 고시가 있은 날을 기준으로 한 가격
6. 정비사업비의 추산액 및 그에 따른 조합원 분담규모 및 분담시기
7. 분양대상자의 종전 토지 또는 건축물에 관한 소유권 외의 권리명세
8. 세입자별 손실보상을 위한 권리명세 및 그 평가액
9. 그 밖에 정비사업과 관련한 권리 등에 관하여 다음의 대통령령으로 정하는 사항
   ① 현금으로 청산하여야 하는 토지등소유자별 기존의 토지·건축물 또는 그 밖의 권리의 명세와 이에 대한 청산방법
   ② 정비사업의 시행으로 인하여 새로이 설치되는 정비기반시설의 명세와 용도가 폐지되는 정비기반시설의 명세

(2) 관리처분계획의 기준

① 종전의 토지 또는 건축물의 면적·이용상황·환경 그 밖의 사항을 종합적으로 고려하여 대지 또는 건축물이 균형 있게 분양신청자에게 배분되고 합리적으로 이용되도록 한다.

② 분양설계에 관한 계획은 분양신청기간이 만료되는 날을 기준으로 하여 수립한다.

(3) 주택의 공급기준

원 칙		1세대 또는 1명이 하나 이상의 주택 또는 토지를 소유한 경우 1주택을 공급하고, 같은 세대에 속하지 아니하는 2명 이상이 1주택 또는 1토지를 공유한 경우에는 1주택만 공급한다.
예 외	시·도 조례	2명 이상이 1토지를 공유한 경우로서 시·도 조례로 주택공급에 관하여 따로 정하고 있는 경우에는 시·도 조례로 정하는 바에 따라 주택을 공급
	소유한 주택 수만큼 공급	① 과밀억제권역에 위치하지 아니하는 재건축사업의 토지등소유자. 다만, 투기과열지구 또는 조정대상지역에서 최초 사업시행계획인가를 신청하는 재건축사업의 토지등소유자는 제외한다. 위의 단서에도 불구하고 과밀억제권역 외의 조정대상지역 또는 투기과열지구에서 조정대상지역 또는 투기과열지구로 지정되기 전에 1명의 토지등소유자로부터 토지 또는 건축물의 소유권을 양수하여 여러 명이 소유하게 된 경우에는 양도인과 양수인에게 각각 1주택을 공급할 수 있다. ② 근로자(공무원인 근로자를 포함한다) 숙소·기숙사 용도로 주택을 소유하고 있는 토지등소유자 ③ 국가, 지방자치단체 및 토지주택공사등 ④ 「국가균형발전 특별법」 제18조에 따른 공공기관 지방이전 및 혁신도시 활성화를 위한 시책 등에 따라 이전하는 공공기관이 소유한 주택을 양수한 자
	2주택 공급	사업시행계획인가고시일을 기준으로 한 가격의 범위 또는 종전 주택의 주거전용면적의 범위에서 2주택을 공급할 수 있고, 이 중 1주택은 주거전용면적을 60m² 이하로 한다. 다만, 60m² 이하로 공급받은 1주택은 소유권이전고시일 다음 날부터 3년이 지나기 전에는 주택을 전매(매매·증여나 그 밖에 권리의 변동을 수반하는 모든 행위를 포함하되 상속의 경우는 제외한다) 하거나 이의 전매를 알선할 수 없다.
	3주택 이하 공급	과밀억제권역에 위치한 재건축사업의 경우에는 토지등소유자가 소유한 주택 수의 범위에서 3주택 까지 공급할 수 있다. 다만, 투기과열지구 또는 조정대상지역에서 최초 사업시행계획인가를 신청하는 재건축사업의 경우는 그러하지 아니하다.

(4) 지분형 주택

의 의	토지주택공사등이 사업시행자인 경우 분양대상자와 사업시행자가 공동소유하는 방식으로 주택을 공급
규 모	주거전용면적 60m² 이하인 주택으로 한정한다.
공동소유기간	소유권이전고시일 다음 날, 즉 소유권을 취득한 날부터 10년의 범위에서 사업시행자가 정하는 기간으로 한다.
분양대상자	종전소유 토지 또는 건축물의 가격이 주택의 분양가격 이하이고, 세대주로서 정비계획의 공람 공고일 당시 해당 정비구역에 2년 이상 실제 거주한 사람으로, 정비사업의 시행으로 철거되는 주택 외 다른 주택을 소유하지 아니한 사람

(5) 토지임대부 분양주택

의 의	국토교통부장관, 시·도지사, 시장, 군수, 구청장 또는 토지주택공사 등은 정비구역에 세입자와 대상 면적 이하의 토지 또는 주택을 소유한 자의 요청이 있는 경우에는 법 제79조 제5항에 따라 인수한 임대주택의 일부를 「주택법」에 따른 토지임대부 분양주택으로 전환하여 공급하여야 한다.
대상자	① 면적이 90m² 미만의 토지를 소유한 자로서 건축물을 소유하지 아니한 자 ② 바닥면적이 40m² 미만의 사실상 주거를 위하여 사용하는 건축물을 소유한 자로서 토지를 소유하지 아니한 자
시·도조례	토지 또는 주택의 면적은 위에서 정한 면적의 2분의 1의 범위에서 시·도 조례로 달리 정할 수 있다.

5. 준공인가

시장·군수등이 아닌 사업시행자는 정비사업에 관한 공사를 완료한 때에는 시장·군수등의 준공인가를 받아야 한다.

6. 준공검사 및 공사완료고시

시장·군수등은 준공검사를 실시한 결과 정비사업이 인가받은 사업시행계획대로 완료되었다고 인정되는 때에는 준공인가를 하고 공사의 완료를 해당 지방자치단체의 공보에 고시하여야 한다.

7. 소유권의 이전고시 및 청산

📌 **소유권이 확정되는 시기**
소유권 이전고시 다음 날

📌 **소유권을 처분할 수 있는 시기**
분양등기 마친 날

소유권 취득시기		대지 또는 건축물을 분양 받을 자는 고시가 있은 날의 다음 날
종전의 토지 또는 건축물에 설정된 권리		소유권을 이전 받은 대지 또는 건축물에 설정된 것으로 본다.
청산금	의 의	대지 또는 건축물을 분양 받은 자가 종전에 소유하고 있던 토지 또는 건축물의 가격과 분양 받은 대지 또는 건축물의 가격 사이에 차이가 있는 경우에는 사업시행자는 소유권 이전의 고시가 있은 후에 그 차액에 상당하는 금액
	지급 (징수)	소유권 이전의 고시가 있은 후에 청산금을 분양 받은 자로부터 징수하거나 분양 받은 자에게 지급하여야 한다. 다만, 정관 등에서 분할징수 및 분할지급에 대하여 정하고 있거나 총회의 의결을 거쳐 따로 정한 경우에는 관리처분계획인가 후부터 소유권 이전의 고시일까지 일정기간별로 분할징수하거나 분할지급할 수 있다.
	산정기준	그 토지 또는 건축물의 규모·위치·용도·이용상황·정비사업비 등을 참작하여 평가
	미납시 강제징수	1. 시장·군수등인 사업시행자는 지방세체납처분의 예에 따라 이를 징수(분할징수를 포함함)할 수 있다. 2. 시장·군수등이 아닌 사업시행자는 시장·군수 등에게 청산금의 징수를 위탁할 수 있다. 이 경우 사업시행자는 징수한 금액의 100분의 4에 해당하는 금액을 해당 시장·군수등에게 교부
	소멸시효	청산금을 지급(분할지급을 포함한다) 받을 권리 또는 이를 징수할 권리는 소유권 이전의 고시일 다음날부터 5년간 이를 행사하지 아니하면 소멸한다.

M·E·M·O

도시재정비 촉진을 위한 특별법

용 어

재정비 촉진지구		도시의 낙후된 지역에 대한 주거환경의 개선, 기반시설의 확충 및 도시기능의 회복을 광역적으로 계획하고 체계적·효율적으로 추진하기 위하여 지정하는 지구
	주거지형	노후·불량주택과 건축물이 밀집한 지역으로서 주로 주거환경의 개선과 기반시설의 정비가 필요한 지구
	중심지형	상업지역, 공업지역 등으로서 토지의 효율적 이용과 도심 또는 부도심 등의 도시기능의 회복이 필요한 지구
	고밀복합형	주요 역세권, 간선도로의 교차지 등 양호한 기반시설을 갖추고 있어 대중교통 이용이 용이한 지역으로서 도심 내 소형 주택의 공급 확대, 토지의 고도이용과 건축물의 복합개발이 필요한 지구
재정비 촉진사업		① 「도시 및 주거환경정비법」에 따른 주거환경개선사업, 재개발사업 및 재건축사업, 「빈집 및 소규모주택 정비에 관한 특례법」에 따른 가로주택정비사업, 소규모재건축사업 및 소규모재개발사업 ② 「도시개발법」에 따른 도시개발사업 ③ 「도시재생 활성화 및 지원에 관한 특별법」에 따른 주거재생혁신지구의 혁신지구재생사업 ④ 「공공주택 특별법」에 따른 도심 공공주택 복합사업 ⑤ 「전통시장 및 상점가 육성을 위한 특별법」에 따른 시장정비사업 ⑥ 「국토의 계획 및 이용에 관한 법률」에 따른 도시·군계획시설사업
재정비 촉진구역		재정비촉진사업별로 결정된 구역
우선사업 구역		재정비촉진구역 중 재정비촉진사업의 활성화, 소형 주택 공급확대, 주민 이주대책 지원 등을 위하여 다른 구역에 우선하여 개발하는 구역으로서 재정비촉진계획으로 결정되는 구역
존치지역		재정비촉진지구에서 재정비촉진사업을 할 필요성이 적어 재정비촉진계획에 따라 존치하는 지역을 말한다.
	존치정비구역	재정비촉진구역의 지정 요건에는 해당하지 아니하나 시간의 경과 등 여건의 변화에 따라 재정비촉진사업 요건에 해당할 수 있거나 재정비촉진사업의 필요성이 높아질 수 있는 구역
	존치관리구역	재정비촉진구역의 지정 요건에 해당하지 아니하거나 기존의 시가지로 유지·관리할 필요가 있는 구역

토지등 소유자	주거환경개선사업 · 재개발 사업 및 소규모재개발사업, 가로주택정비사업, 시장정비사업 및 도시 · 군계획시설사업	재정비촉진구역에 있는 토지 또는 건 축물의 소유자와 그 지상권자
	재건축사업 및 소규모재건축사업	재정비촉진구역에 있는 건축물 및 그 부속토지의 소유자
	도시개발사업	재정비촉진구역에 있는 토지소유자와 그 지상권자
	주거재생혁신지구의 혁신지구재생사업	재정비촉진구역에 있는 토지 · 물건 또는 권리의 소유자
	도심 공공주택 복합사업	재정비촉진구역에 있는 토지 또는 건 축물의 소유자
총괄 계획가	시 · 도지사 또는 대도시의 시장은 재정비촉진계획수립의 모든 과 정을 총괄 진행 · 조정하게 하기 위하여 도시계획 · 도시설계 · 건축 등 분야의 전문가인 자를 총괄계획가로 위촉할 수 있다.	
총괄사업 관리자	재정비촉진계획 수립권자는 사업을 효율적으로 추진하기 위하여 재정비촉진계획 수립단계에서부터 한국토지주택공사 또는 지방공 사를 총괄사업관리자로 지정할 수 있다. 〈총괄사업관리자의 업무〉 ① 재정비촉진지구에서의 모든 재정비촉진사업의 총괄관리 ② 도로 등 기반시설의 설치 ③ 기반시설의 비용 분담금과 지원금의 관리 ④ 재정비촉진계획 수립시 기반시설 설치계획 등에 대한 조언 ⑤ 그 밖에 「도시재정비 촉진을 위한 특별법」에서 규정하는 업무	
사업 협의회	구성 · 운영	재정비촉진계획 수립권자는 사업협의회를 구성 · 운 영할 수 있다.
	협의 · 자문사항	① 재정비촉진계획의 수립 및 재정비촉진사업의 시 행을 위하여 필요한 사항 ② 재정비촉진사업별 지역주민의 의견조정을 위하 여 필요한 사항
	위원의 구성	20인 이내(재정비촉진구역이 10곳 이상인 경우에는 30인 이내)의 위원으로 구성(총괄계획가와 총괄사업 관리자, 공무원, 시행자, 관계전문가)
	개 최	① 위원의 2분의 1 이상이 요청하는 경우 ② 재정비촉진계획 수립권자가 필요하다고 판단하 는 경우

07

재정비촉진지구

www.pmg.co.kr

📋 재정비촉진지구 지정절차

의견청취
⇩
협 의
⇩
심 의
⇩
지구지정 · 고시

지정기준	도시 · 군기본계획과 도시 · 주거환경정비기본계획을 고려	
지정권자	시 · 도지사(특별자치도지사, 특별자치시장 포함) 또는 대도시 시장	
지정 대상 지역	① 노후 · 불량주택과 건축물이 밀집한 지역으로서 주로 주거환경 　의 개선과 기반시설의 정비가 필요한 경우 ② 상업지역 · 공업지역 등으로서 토지의 효율적 이용과 도심 또는 　부도심 등의 도시기능의 회복이 필요한 경우 ③ 주요 역세권, 간선도로의 교차지 등 양호한 기반시설을 갖추고 　있어 대중교통 이용이 용이한 지역으로서 도심 내 소형 주택의 　공급확대, 토지의 고도이용과 건축물의 복합개발이 필요한 경우 ④ 재정비촉진사업에 따른 여러 사업을 체계적 · 계획적으로 개발 　할 필요가 있는 경우 ⑤ 이전되는 대규모 시설의 기존 부지를 포함한 지역으로서 도시기 　능의 재정비가 필요한 경우	
면 적	10만㎡ 이상	
지정의 효력 상실	재정비촉진지구 지정을 고시한 날부터 2년이 되는 날까지 재정비촉 진계획이 결정되지 아니하면 경우, 그 2년이 되는 날의 다음 날에 재정비촉진지구 지정의 효력이 상실된다. 다만, 시 · 도지사 또는 대 도시의 시장은 해당 기간을 1년의 범위 내에서 연장할 수 있다.	
지정의 해제	시 · 도지사 또는 대도시의 시장은 그 밖에 재정비촉진사업의 추진 상황으로 보아 재정비촉진지구의 지정목적을 달성하였거나 달성할 수 없다고 인정되는 경우에는 지방도시계획위원회 또는 도시재정 비위원회의 심의를 거쳐 재정비촉진지구의 지정을 해제할 수 있다.	
지정 · 고시의 효과	**행위허가 금지**	재정비촉진지구의 지정을 고시한 날부터 재정비촉진계획 의 결정을 고시한 날까지 재정비촉진지구에서 개발행위 의 허가를 할 수 없다. 재정비촉진계획의 수립에 지장이 없다고 판단하여 허가하는 경우에는 그러하지 아니하다.

재정비촉진계획

1. 재정비촉진계획 수립(수립권자 : 시·군·구, 특3·광·도, 대도시 시장)

시장·군수·구청장의 수립	시장·군수·구청장은 재정비촉진계획을 수립하여 시·도지사에게 결정을 신청하여야 한다. 재정비촉진지구가 둘 이상의 시·군·구의 관할 지역에 걸쳐 있는 경우에는 관할 시장·군수·구청장이 공동으로 이를 수립한다.
특·광·도지사, 특별자치시장, 특별자치도지사·대도시 시장의 직접 수립	시·군·구 간 협의가 어려운 경우이거나 특·광·도지사가 직접 재정비촉진지구를 지정한 경우에는 특·광·도지사가 직접 재정비촉진계획을 수립할 수 있으며, 특별자치시장, 특별자치도지사·대도시 시장이 직접 재정비촉진지구를 지정한 경우에는 그가 직접 재정비촉진계획을 수립할 수 있다. 이 경우 주민공람·지방의회 의견청취·공청회 개최를 거쳐야 한다.
주공·지방공사의 수립제안	한국토지주택공사 또는 지방공사는 재정비촉진사업을 효율적으로 추진하기 위하여 재정비촉진계획을 마련한 후 토지등소유자 과반수의 동의를 받아 재정비촉진계획 수립권자에게 재정비촉진계획의 수립(변경하는 경우를 포함한다)을 제안할 수 있다.

📖 재정비촉진계획의 수립 절차

> 의견청취
> ⇩
> 협의
> ⇩
> 심의
> ⇩
> 재정비촉진계획 결정·고시
> ⇩
> 사업시행

2. 재정비촉진계획의 결정(결정권자 : 시·도지사 또는 대도시의 시장)

재정비촉진계획의 결정절차	관계 행정기관의 장과 협의하고 해당 시·도 또는 대도시에 두는 지방도시계획위원회 심의 또는 해당 시·도 또는 대도시에 두는 건축위원회와 지방도시계획위원회가 공동으로 하는 심의를 거쳐 결정하거나 변경하여야 한다.
재정비촉진계획의 결정·고시의 효과	재정비촉진계획이 결정·고시된 날부터 해당 재정비촉진지구에서는 재정비촉진계획의 내용에 적합하지 아니한 건축물의 건축 또는 공작물의 설치를 할 수 없다. 다만, 특별자치시장, 특별자치도지사, 시장·군수·구청장이 재정비촉진사업의 시행에 지장이 없다고 판단하여 허가하는 경우에는 그러하지 아니하다.

3. 재정비촉진계획의 효력이 상실된 구역

재정비촉진계획의 효력이 상실된 구역은 재정비촉진지구에서 제외된다. 이 경우 재정비촉진계획의 효력이 상실된 구역은 재정비촉진계획에 따라 변경된 도시·군관리계획은 재정비촉진계획 결정 이전의 상태로 환원된 것으로 본다.

4. 존치지역

시·도지사 또는 대도시 시장은 재정비촉진계획 결정의 효력이 상실된 구역을 존치지역으로 전환할 수 있다. 이 경우 해당 존치지역에서는 기반시설과 관련된 도시·군관리계획은 재정비촉진계획 결정 이전의 상태로 환원되지 아니할 수 있다.

재정비촉진사업의 시행

사업시행자	원 칙	재정비촉진사업은 관계 법령에 따른 사업시행자가 시행한다.	
	예 외	정비사업	토지등소유자의 과반수가 동의한 경우에는 특별자치시장, 특별자치도지사, 시장·군수·구청장이 재정비촉진사업을 직접 시행하거나 주택공사등을 사업시행자로 지정할 수 있다.
		우선사업 구역의 재정비촉진 사업	토지등소유자의 과반수의 동의를 받아 특별자치시장, 특별자치도지사, 시장·군수·구청장이 직접 시행하거나 총괄사업관리자를 사업시행자로 지정하여 시행하도록 하여야 한다.
시공자 선정		특별자치시장, 특별자치도지사, 시장·군수·구청장이 재정비촉진사업을 직접 시행하거나 한국토지주택공사 또는 지방공사가 사업시행자로 지정되는 경우 사업시행자는 「도시 및 주거환경정비법」에 따른 주민대표회의에서 대통령령으로 정하는 경쟁입찰의 방법에 따라 추천한 자를 시공자로 선정할 수 있다.	
공공기관의 시행		재정비촉진계획의 결정·고시일부터 2년 이내에 재정비촉진사업과 관련하여 조합설립인가를 신청하지 아니하거나, 3년 이내에 사업시행인가를 신청하지 아니한 경우에는 특별자치시장, 특별자치도지사, 시장·군수·구청장이 그 사업을 직접 시행하거나 총괄사업관리자를 사업시행자로 우선하여 지정할 수 있다.	
국민주택규모 주택의 건설비율		재정비촉진사업에서 규모가 주거전용면적 85m² 이하인 주택의 건설비율은 다음과 같다. ① 주거환경개선사업의 경우 : 전체 세대수 중 80% 이상 ② 재개발사업의 경우 : 전체 세대수 중 60% 이상	
임대주택등의 건설비율		사업시행자는 세입자의 주거안정과 개발이익의 조정을 위하여 해당 재정비촉진사업으로 증가되는 용적률의 75% 범위에서 임대주택등으로 공급해야 한다. 주거전용면적이 85m²를 초과하는 주택의 비율은 50% 이하의 범위에서 대통령령으로 정한다.	
기반시설 설치비용		재정비촉진계획에 따라 설치되는 기반시설의 설치비용은 「도시재정비 촉진을 위한 특별법」에 특별한 규정이 있는 경우를 제외하고는 사업시행자가 부담하는 것을 원칙으로 한다.	

시설물의 안전 및
유지관리에 관한 특별법

용 어

건설공사를 통하여 만들어진 교량·터널·항만·댐·건축물 등 구조물과 그 부대시설로서 법 제7조 각 호에 따른 제1종 시설물, 제2종 시설물 및 제3종 시설물을 말한다.

구 분		제1종 시설물	제2종 시설물	제3종 시설물
시설물	교 량	고속철도 교량, 연장 500m 이상의 도로 및 철도 교량	연장 100m 이상 도로 및 철도 교량	연장 20m 이상 도로 및 100m 미만 철도 교량
	터 널	고속철도 및 도시철도 터널, 연장 1,000m 이상의 도로 및 철도 터널	고속국도, 일반국도, 특별시·도 및 광역시·도 도로 터널 및 특별시 또는 광역시에 있는 철도 터널	300m 미만의 지방도, 시·도, 군·도 및 구도의 터널, 100m 미만의 철도 터널
	방파제	갑문시설 및 연장 1,000m 이상의 방파제	연장 500m 이상의 방파제	—
	방조제	하구둑, 포용저수량 8천만톤 이상의 방조제	포용저수량 1천만톤 이상의 방조제	
	댐	다목적댐, 발전용댐, 홍수전용댐 및 총저수용량 1천만톤 이상의 용수전용댐	지방상수도 전용댐 및 총저수용량 1백만톤 이상의 용수전용댐	중앙행정기관의 장 또는 지방자치단체의 장이 재난예방을 위해 안전관리가 필요한 것으로 인정하는 시설물
	상수도	광역상수도, 공업용수도, 1일 공급능력 3만톤 이상의 지방상수도	1일 공급능력 3만톤 미만의 지방상수도	

시설물	건축물	21층 이상 또는 연면적 5만㎡ 이상의 건축물	16층 이상 또는 연면적 3만㎡ 이상의 건축물	제1종 및 제2종이 아닌 건축물
	공동주택	−	16층 이상 아파트	① 5층 이상 15층 이하인 아파트 ② 연립주택 ③ 연면적 660m² 초과인 기숙사
관리주체	공공관리주체	① 국가·지방자치단체 ② 「공공기관의 운영에 관한 법률」 제4조에 따른 공공기관 ③ 「지방공기업법」에 따른 지방공기업		
	민간관리주체	공공관리주체 외의 관리주체를 말한다.		
안전점검		경험과 기술을 갖춘 자가 육안이나 점검기구 등으로 검사하여 시설물에 내재(內在)되어 있는 위험요인을 조사하는 행위를 말하며, 점검목적 및 점검수준을 고려하여 국토교통부령으로 정하는 바에 따라 정기안전점검 및 정밀안전점검으로 구분한다.		
긴급안전점검		시설물의 붕괴·전도 등으로 인한 재난 또는 재해가 발생할 우려가 있는 경우에 시설물의 물리적·기능적 결함을 신속하게 발견하기 위하여 실시하는 점검을 말한다.		
정밀안전진단		시설물의 물리적·기능적 결함을 발견하고 그에 대한 신속하고 적절한 조치를 하기 위하여 구조적 안전성과 결함의 원인 등을 조사·측정·평가하여 보수·보강 등의 방법을 제시하는 행위를 말한다.		
내진성능평가		지진으로부터 시설물의 안전성을 확보하고 기능을 유지하기 위하여 「지진·화산재해대책법」 제14조 제1항에 따라 시설물별로 정하는 내진설계기준(耐震設計基準)에 따라 시설물이 지진에 견딜 수 있는 능력을 평가하는 것을 말한다.		
도 급		원도급·하도급·위탁, 그 밖에 명칭 여하에도 불구하고 안전점검·정밀안전진단이나 긴급안전점검, 유지관리 또는 성능평가를 완료하기로 약정하고, 상대방이 그 일의 결과에 대하여 대가를 지급하기로 한 계약을 말한다.		
하도급		도급받은 안전점검·정밀안전진단이나 긴급안전점검, 유지관리 또는 성능평가 용역의 전부 또는 일부를 도급하기 위하여 수급인(受給人)이 제3자와 체결하는 계약을 말한다.		

유지관리	완공된 시설물의 기능을 보전하고 시설물이용자의 편의와 안전을 높이기 위하여 시설물을 일상적으로 점검·정비하고 손상된 부분을 원상복구하며 경과시간에 따라 요구되는 시설물의 개량·보수·보강에 필요한 활동을 하는 것을 말한다.
성능평가	시설물의 기능을 유지하기 위하여 요구되는 시설물의 구조적 안전성, 내구성, 사용성 등의 성능을 종합적으로 평가하는 것을 말한다.
하자담보책임기간	「건설산업기본법」과 「공동주택관리법」 등 관계법령에 따른 하자담보책임기간 또는 하자보수기간 등을 말한다.

시설물의 안전 및 유지관리계획

1. 기본계획수립

국토교통부장관은 시설물이 안전하게 유지관리될 수 있도록 하기 위하여 5년마다 시설물의 안전과 유지관리에 관한 기본계획(이하 '기본계획'이라 한다)을 수립·시행하고, 이를 관보에 고시하여야 한다.

2. 시설물의 안전 및 유지관리계획

(1) 수립권자

관리주체는 기본계획에 따라 소관시설물에 대한 안전 및 유지관리계획(이하 "시설물관리계획")을 매년 수립·시행하여야 한다. 다만, 의무관리대상 공동주택이 아닌 공동주택등 민간관리주체 소관 시설물 중 대통령령으로 정하는 시설물의 경우에는 시장·군수·구청장이 수립하여야 한다.

(2) 시설물관리계획의 내용

시설물관리계획에는 다음의 사항이 포함되어야 한다. 다만, (1)의 단서에 해당하여 시장·군수·구청장이 시설물관리계획을 수립하는 경우에는 아래 5.의 사항을 생략할 수 있다.

1. 시설물의 적정한 안전과 유지관리를 위한 조직·인원 및 장비의 확보에 관한 사항
2. 긴급상황 발생시 조치체계에 관한 사항
3. 시설물의 설계·시공·감리 및 유지관리 등에 관련된 설계도서의 수집 및 보존에 관한 사항
4. 안전점검 또는 정밀안전진단의 실시에 관한 사항
5. 보수·보강 등 유지관리 및 그에 필요한 비용에 관한 사항

3. 성능평가대상시설물의 중기관리계획

① 성능평가대상시설물의 관리주체는 해당 시설물의 생애주기를 고려하여 소관 시설물별로 5년마다 중기 시설물관리계획(이하 "중기관리계획"이라 한다)을 수립·시행하고, 중기관리계획에 따라 매년 시설물관리계획을 수립·시행하여야 한다.

② 성능평가대상시설물의 관리주체는 중기관리계획을 해당 시설물의 성능평가가 완료된 해의 다음 해부터 5년마다 2월 15일까지 각각 제출하여야 한다.

4. 시설물관리계획 및 중기관리계획의 보고체계

(1) 공공관리주체의 보고체계

① 공공관리주체는 시설물의 안전 및 유지관리계획을 매년 2월 15일까지 소속 중앙행정기관의 장, 시·도지사에게 제출하여야 한다.

② 중앙행정기관의 장과 시·도지사는 시설물관리계획 및 중기관리계획을 국토교통부장관에게 15일 이내에 제출하여야 한다.

(2) 민간관리주체의 보고체계

① 민간관리주체는 시설물의 안전 및 유지관리계획을 시장·군수·구청장에게 매년 2월 15일까지 제출하여야 한다.

② 시장·군수 또는 구청장은 시설물관리계획 및 중기관리계획을 시·도지사에게 15일 이내에 보고하여야 한다.

③ 시·도지사는 시설물의 시설물관리계획 및 중기관리계획을 국토교통부장관에게 15일 이내에 제출하여야 한다.

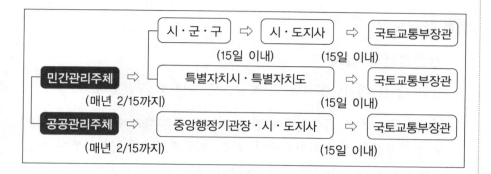

시설물 유지관리 기본계획(국토교통부장관 ; 5년마다 수립 · 시행)

⇩

시설물 유지관리계획(관리주체 ; 매년 수립 · 시행)

시설물의 안전관리

1 안전점검

1. 안전점검의 실시

안전점검은 정기안전점검 및 정밀안전점검으로 구분한다.

(1) 관리주체는 소관 시설물의 안전과 기능을 유지하기 위하여 정기적으로 안전점검을 실시하여야 한다. 다만, 의무관리대상 공동주택이 아닌 공동주택 및 노유자시설 등의 경우에는 시장·군수·구청장이 안전점검을 실시하여야 한다.

(2) 실시하여야 하는 안전점검의 수준은 시설물의 종류에 따라 다음의 구분에 따른다.

> 1. 제1종 시설물 및 제2종 시설물: 정기안전점검 및 정밀안전점검
> 2. 제3종 시설물: 정기안전점검, 정밀안전진단(정기안전점검 결과 안전등급이 D·E경우에 한정하여 실시한다).

정기 안전점검	제1종 및 제2종 시설물의 정기안전점검은 다음과 같다. 단, 공동주택의 정기점검은 「공동주택관리법 시행령」에 따른 안전점검으로 갈음한다. ① A·B·C등급의 경우: 반기에 1회 이상 ② D·E등급의 경우: 해빙기·우기·동절기 전 각각 1회씩 1년에 3회 이상

	안전등급	건축물	그 외 시설물
정밀 안전점검	A등급	4년에 1회 이상	3년에 1회 이상
	B·C등급	3년에 1회 이상	2년에 1회 이상
	D·E등급	2년에 1회 이상	1년에 1회 이상

최초로 실시하는 정밀안전점검은 시설물의 준공일 또는 사용승인일을 기준으로 3년 이내(건축물은 4년 이내)에 실시한다.

2. 시설물의 안전등급기준

안전등급	시설물의 상태
A(우수)	문제점이 없는 최상의 상태
B(양호)	보조부재에 경미한 결함이 발생하였으나 기능 발휘에는 지장이 없으며, 내구성 증진을 위하여 일부의 보수가 필요한 상태
C(보통)	주요부재에 경미한 결함 또는 보조부재에 광범위한 결함이 발생하였으나 전체적인 시설물의 안전에는 지장이 없으며, 주요부재에 내구성, 기능성 저하 방지를 위한 보수가 필요하거나 보조부재에 간단한 보강이 필요한 상태
D(미흡)	주요부재에 결함이 발생하여 긴급한 보수·보강이 필요하며 사용제한 여부를 결정하여야 하는 상태
E(불량)	주요부재에 발생한 심각한 결함으로 인하여 시설물의 안전에 위험이 있어 즉각 사용을 금지하고 보강 또는 개축을 하여야 하는 상태

3. 안전진단전문기관이나 국토안전관리원에 의뢰하여 실시

관리주체는 시설물의 하자담보책임기간(동일한 시설물의 각 부분별 하자담보책임기간이 다른 경우에는 시설물의 부분 중 대통령령으로 정하는 주요 부분의 하자담보책임기간을 말한다)이 끝나기 전에 마지막으로 실시하는 정밀안전점검의 경우에는 안전진단전문기관이나 국토안전관리원에 의뢰하여 실시하여야 한다.

4. 시장·군수·구청장이 대신하여 안전점검을 실시

민간관리주체가 어음·수표의 지급불능으로 인한 부도 등 부득이한 사유로 인하여 안전점검을 실시하지 못하게 될 때에는 관할 시장·군수·구청장이 민간관리주체를 대신하여 안전점검을 실시할 수 있다. 이 경우 안전점검에 드는 비용은 그 민간관리주체에게 부담하게 할 수 있다.

2 긴급안전점검

① 관리주체는 시설물의 붕괴 · 전도 등이 발생할 위험이 있다고 판단하는 경우 긴급안전점검을 실시하여야 한다.
② 국토교통부장관 또는 관계 행정기관의 장은 긴급안전점검을 실시한 경우 그 결과를 종료일로부터 15일 이내에 관리주체에게 통보하여야 하며, 시설물의 안전 확보를 위하여 필요하다고 인정하는 경우에는 정밀안전진단의 실시, 보수 · 보강 등 필요한 조치를 취할 것을 명할 수 있다.

3 정밀안전진단

실시사유	관리주체는 1종 시설물에 대하여 정기적으로 정밀안전진단을 실시하여야 한다.
	관리주체는 시설물에 대하여 안전점검을 실시한 결과 재해 및 재난 예방과 시설물의 안전성 확보 등을 위하여 필요하다고 인정하면 정밀안전진단을 실시하여야 한다.
실시시기	<table><tr><th>안전등급</th><th>실시시기</th></tr><tr><td>A등급</td><td>6년에 1회 이상</td></tr><tr><td>B · C등급</td><td>5년에 1회 이상</td></tr><tr><td>D · E등급</td><td>4년에 1회 이상</td></tr></table>
	최초로 실시하는 정밀안전진단은 준공일 또는 사용승인일(준공 또는 사용승인 후에 구조형태의 변경으로 제1종 시설물로 된 경우에는 최초 준공일 또는 사용승인일을 말한다) 후 10년이 지난 때부터 1년 이내에 실시한다.
내진성능 평가	관리주체는 「지진 · 화산재해대책법」 제14조 제1항에 따른 내진설계 대상 시설물 중 내진성능평가를 받지 않은 시설물에 대하여 정밀안전진단을 실시하는 경우에는 해당 시설물에 대한 내진성능평가를 포함하여 실시하여야 한다.

4 안전점검 등 및 정밀안전진단의 대행기관

안전점검 및 긴급안전점검의 대행기관	관리주체는 안전점검 및 긴급안전점검을 국토안전관리원, 안전진단전문기관 또는 안전점검전문기관에게 대행하게 할 수 있다.
정밀안전진단의 대행기관	관리주체는 정밀안전진단을 실시하려는 경우 이를 직접 수행할 수 없고 국토안전관리원 또는 안전진단전문기관에 대행하게 하여야 한다. 다만, 대통령령으로 정하는 시설물의 경우에는 국토안전관리원에만 대행하게 하여야 한다.
공동 정밀안전진단	국토안전관리원이나 안전진단전문기관이 정밀안전진단을 실시할 때에는 관리주체의 승인을 받아 다른 안전진단전문기관과 공동으로 정밀안전진단을 실시할 수 있다.

5 안전진단전문기관

등 록	시설물의 안전점검 등 성능평가를 하려는 자는 기술인력 및 장비 등 분야별 등록기준을 갖추어 시·도지사에게 안전진단전문기관으로 등록을 하여야 한다.
등록사항 변경신고	상호·대표자·사무소의 소재지·기술인력·장비에 관한 사항이 변경된 때에는 그 날부터 30일 이내에 시·도지사에게 신고하여야 한다.
영업의 양도나 합병신고	안전진단전문기관이 영업의 양도나 합병을 하려는 경우에는 국토교통부령으로 정하는 바에 따라 시·도지사에게 신고하여야 한다.
휴업 등 신고	계속하여 1년 이상 휴업하거나 재개업 또는 폐업하려는 경우에는 국토교통부령으로 정하는 바에 따라 시·도지사에게 신고하여야 한다.
필연적 등록취소	① 거짓이나 그 밖의 부정한 방법으로 등록한 경우 ② 최근 2년 이내에 두 번의 영업정지처분을 받고 다시 영업정지처분에 해당하는 행위를 한 경우 ③ 영업정지처분을 받고 그 영업정지기간 중 안전점검 등 또는 성능평가의 대행계약을 새로 체결한 경우 ④ 안전진단전문기관의 결격사유의 어느 하나에 해당하는 경우. 다만, 결격사유에 해당하는 임원이 있는 법인이 6개월 이내에 그 임원을 바꾸어 임명한 경우에는 그러하지 아니하다.

📌 하도급 제한
안전진단전문기관, 안전점검전문기관 또는 국토안전관리원은 관리주체로부터 안전점검 등의 실시에 관한 도급을 받은 경우에는 이를 하도급할 수 없다. 다만, 총 도급금액의 100분의 50 이하의 범위에서 전문기술이 필요한 경우 등 대통령령으로 정하는 경우에는 분야별로 한 차례만 하도급할 수 있다.

08

필연적 등록취소	⑤ 제30조를 위반하여 타인에게 자기의 명칭 또는 상호를 사용하게 하거나 그 안전진단전문기관 등록증을 대여한 경우 ⑥ 국토교통부장관, 주무부처의 장 또는 지방자치단체의 장이 폐업사실을 확인한 때
청 문	시·도지사는 안전진단전문기관 또는 안전점검전문기관의 등록을 취소하거나 영업정지를 하려는 경우에는 청문을 하여야 한다.

6 안전점검전문기관

등 록	시설물의 안전점검 또는 긴급안전점검을 대행하려는 자는 기술인력 및 장비 등 대통령령으로 정하는 분야별 등록기준을 갖추어 시·도지사에게 등록하여야 한다.
안전진단 전문기관 내용 준용	안전점검전문기관의 변경등록, 등록증의 발급·재발급, 휴업·재개업·폐업 신고, 결격사유, 명의대여의 금지 및 영업 양도 등에 관하여는 안전진단전문기관의 제28조(같은 조 제1항은 제외한다), 제29조(결격사유), 제30조(명의대여의 금지) 및 제38조(영업 양도 등)를 준용한다.

보충학습

➤ 안전진단전문기관 또는 안전점검전문기관의 결격사유

1. 피성년후견인 또는 피한정후견인
2. 파산선고를 받고 복권되지 아니한 자
3. 등록이 취소된 날부터 2년이 지나지 아니한 자. 다만, 임원 중 결격사유에 해당하는 법인이 6개월 이내에 그 임원을 바꾸어 임명한 경우에는 제외한다.
4. 이 법을 위반하여 징역 이상의 실형을 선고받고 그 형의 집행이 끝나거나(집행이 끝난 것으로 보는 경우를 포함한다) 집행을 받지 아니하기로 확정된 날부터 2년이 지나지 아니한 자
5. 이 법을 위반하여 징역형의 집행유예를 선고받고 그 유예기간 중에 있는 자
6. 임원 중에 1.부터 5.까지의 어느 하나에 해당하는 자가 있는 법인

7 시설물의 유지관리 등

유지관리 주체	관리주체는 시설물의 기능을 보전하고 편의와 안전을 높이기 위하여 소관 시설물을 유지관리하여야 한다. 다만, 대통령령으로 정하는 시설물로서 다른 법령에 따라 유지관리하는 경우에는 그러하지 아니하다.
유지관리의 대행	관리주체는 건설사업자 또는 그 시설물을 시공한 자(하자담보책임기간 내인 경우에 한정한다)로 하여금 시설물의 유지관리를 대행하게 할 수 있다.
유지관리비용 부담	시설물의 유지관리에 드는 비용은 관리주체가 부담한다.

8 시설물의 성능평가

성능평가 시설물	도로, 철도, 항만, 댐 등 대통령령으로 정하는 시설물(제1종 시설물 및 제2종 시설물인 도로교량·철도교량·터널·항만·공항청사·국가하천의 수문 등, 제1종 시설물인 다목적 댐·광역상수도 등)의 관리주체는 시설물의 성능을 유지하기 위하여 시설물에 대한 성능평가를 실시하여야 한다.
성능평가의 대행	관리주체는 성능평가를 국토안전관리원과 안전진단전문기관에게 대행하게 할 수 있다.
성능평가의 실시시기	5년에 1회 이상 실시한다.
최초 성능평가	최초로 실시하는 성능평가는 성능평가대상시설물 중 제1종 시설물의 경우에는 최초로 정밀안전진단을 실시하는 때, 제2종 시설물의 경우에는 법 제11조 제2항에 따른 하자담보책임기간이 끝나기 전에 마지막으로 실시하는 정밀안전점검을 실시하는 때에 실시한다.

08

CHAPTER 01 용 어

1 용 어

소방대상물	건축물, 차량, 선박(「선박법」의 규정에 따른 선박으로서 항구 안에 매어둔 선박에 한한다), 선박 건조구조물, 산림, 그 밖의 공작물 또는 물건
관계지역	소방대상물이 있는 장소 및 그 이웃지역으로서 화재의 예방·경계·진압, 구조·구급 등의 활동에 필요한 지역
관계인	소방대상물의 소유자·관리자 또는 점유자
소방본부장	특별시·광역시·특별자치시·도 또는 특별자치도(이하 "시·도"라 한다)에서 화재의 예방·경계·진압·조사 및 구조·구급 등의 업무를 담당하는 부서의 장
소방대	화재를 진압하고 화재, 재난·재해, 그 밖의 위급한 상황에서의 구조·구급활동 등을 하기 위하여 소방공무원, 의무소방원, 의용소방대원으로 구성된 조직체
소방대장	소방본부장 또는 소방서장 등 화재, 재난·재해 그 밖의 위급한 상황이 발생한 현장에서 소방대를 지휘하는 사람을 말한다.

2 소방본부장 또는 소방서장에 대한 지휘와 감독

① 소방업무를 수행하는 소방본부장 또는 소방서장은 그 소재지를 관할하는 시·도지사의 지휘와 감독을 받는다.

② ①에도 불구하고 소방청장은 화재 예방 및 대형 재난 등 필요한 경우 시·도 소방본부장 및 소방서장을 지휘·감독할 수 있다.

3 소방업무에 관한 종합계획

소방청장은 화재, 재난·재해, 그 밖의 위급한 상황으로부터 국민의 생명·신체 및 재산을 보호하기 위하여 소방업무에 관한 종합계획을 5년마다 수립·시행하여야 하고, 이에 필요한 재원을 확보하도록 노력하여야 한다.

소방용수시설 및 소방활동

1 소방용수시설의 설치 및 관리

1. 소방용수시설의 설치

시·도지사는 소방활동에 필요한 소화전·급수탑·저수조(이하 '소방용수시설'이라 한다)를 설치하고 유지·관리하여야 한다. 다만, 「수도법」에 따라 소화전을 설치하는 일반수도사업자는 관할 소방서장과 사전협의를 거친 후 소화전을 설치하여야 하며, 설치 사실을 관할 소방서장에게 통지하고, 그 소화전을 유지·관리하여야 한다.

2. 소방용수시설의 설치 기준

주거지역·상업지역 및 공업지역에 설치하는 경우	소방대상물과의 수평거리를 100m 이하가 되도록 할 것
그 밖의 지역에 설치하는 경우	소방대상물과의 수평거리를 140m 이하가 되도록 할 것

2 화재오인지역

화재오인 지역	다음의 어느 하나에 해당하는 지역 또는 장소에서 화재로 오인할 만한 우려가 있는 불을 피우거나 연막소독을 실시하려는 자는 시·도의 조례로 정하는 바에 따라 관할 소방본부장 또는 소방서장에게 신고하여야 한다. ① 시장지역 ② 공장·창고가 밀집한 지역 ③ 목조건물이 밀집한 지역 ④ 위험물의 저장 및 처리시설이 밀집한 지역 ⑤ 석유화학제품을 생산하는 공장이 있는 지역 ⑥ 그 밖에 시·도의 조례가 정하는 지역 또는 장소

3 소방대의 소방활동

소방활동	화재진압과 인명구조·구급 등 소방에 필요한 활동
소방지원활동	① 산불에 대한 예방·진압 등 지원활동 ② 자연재해에 따른 급수·배수 및 제설 등 지원활동 ③ 집회·공연 등 각종 행사시 사고에 대비한 근접대기 등 지원활동 ④ 화재, 재난·재해로 인한 피해복구 지원활동 ⑤ 그 밖에 행정안전부령으로 정하는 활동 　㉠ 군·경찰 등 유관기관에서 실시하는 훈련지원활동 　㉡ 소방시설 오작동 신고에 따른 조치활동 　㉢ 방송제작 또는 촬영 관련 지원활동
생활안전활동	① 붕괴, 낙하 등이 우려되는 고드름, 나무, 위험 구조물 등의 제거활동 ② 위해동물, 벌 등의 포획 및 퇴치활동 ③ 끼임, 고립 등에 따른 위험제거 및 구출활동 ④ 단전사고시 비상전원 또는 조명의 공급 ⑤ 그 밖에 방치하면 급박해질 우려가 있는 위험을 예방하기 위한 활동

4 소방신호

경계신호	화재예방상 필요하다고 인정되거나 화재위험 경보시 발령
발화신호	화재가 발생한 때 발령
해제신호	소화활동이 필요 없다고 인정되는 때 발령
훈련신호	훈련상 필요하다고 인정되는 때 발령

5 소방자동차 전용구역

공동주택의 건축주는 소방활동의 원활한 수행을 위하여 다음의 공동주택에 소방자동차 전용구역을 설치하여야 한다.

1. 100세대 이상인 아파트
2. 3층 이상의 기숙사

6 소방활동구역

설정권자	소방대장은 화재, 재난·재해 그 밖의 위급한 상황이 발생한 현장에 소방활동구역을 정하여 소방활동에 필요한 사람으로서 대통령령으로 정하는 사람 외에는 그 구역에 출입하는 것을 제한할 수 있다.
출입할 수 있는 자	① 소방활동구역 안에 있는 소방대상물의 소유자·관리자 또는 점유자 ② 전기·가스·수도·통신·교통의 업무에 종사하는 자로서 원활한 소방활동을 위하여 필요한 자 ③ 의사·간호사 그 밖의 구조·구급업무에 종사하는 사람 ④ 취재인력 등 보도업무에 종사하는 사람 ⑤ 수사업무에 종사하는 사람 ⑥ 그 밖에 소방대장이 소방활동을 위하여 출입을 허가한 사람
소방활동 종사명령	소방본부장, 소방서장 또는 소방대장은 화재, 재난·재해 그 밖의 위급한 상황이 발생한 현장에서 소방활동을 위하여 필요할 때에는 그 관할 구역에 사는 사람 또는 그 현장에 있는 사람으로 하여금 사람을 구출하는 일 또는 불을 끄거나 불이 번지지 아니하도록 하는 일을 하게 할 수 있다.
소방활동비용	소방활동에 종사한 사람은 시·도지사로부터 소방활동의 비용을 지급 받을 수 있다.
	다음 사람은 소방활동비용 지급 대상에서 제외된다. ① 소방대상물에 화재, 재난, 재해, 그 밖의 위급한 상황이 발생한 경우 그 관계인 ② 고의 또는 과실로 화재 또는 구조·구급 활동이 필요한 상황을 발생시킨 사람 ③ 화재 또는 구조·구급현장에서 물건을 가져간 사람

7 한국소방안전관리원

설립인가	소방기술과 안전관리기술의 향상 및 홍보, 그 밖의 교육·훈련 등 행정기관이 위탁하는 업무의 수행과 소방 관계 종사자의 기술 향상을 위하여 한국소방안전원(이하 '안전원'이라 한다)을 소방청장의 인가를 받아 설립한다.
법적성격	안전원에 관하여 「소방기본법」에 규정된 것을 제외하고는 「민법」 중 재단법인에 관한 규정을 준용한다.
교육계획의 수립	안전원장은 소방기술과 안전관리의 기술향상을 위하여 매년 교육 수요조사를 실시하여 교육계획을 수립하고 소방청장의 승인을 받아야 한다.
안전원의 업무	① 소방기술과 안전관리에 관한 교육 및 조사·연구 ② 소방기술과 안전관리에 관한 각종 간행물의 발간 ③ 화재 예방과 안전관리의식 고취를 위한 대국민 홍보 ④ 소방업무에 관하여 행정기관이 위탁하는 업무 ⑤ 소방안전에 관한 국제협력 ⑥ 그 밖에 회원에 대한 기술지원 등 정관으로 정하는 사항

8 손실보상

손실보상 대상	소방청장 또는 시·도지사는 다음의 어느 하나에 해당하는 자에게 손실보상심의위원회의 심사·의결에 따라 정당한 보상을 하여야 한다. ① 생활안전활동에 따른 조치로 인하여 손실을 입은 자 ② 소방활동 종사로 인하여 사망하거나 부상을 입은 자 ③ 소방활동 긴급처분으로 인하여 손실을 입은 자. 다만, 법령을 위반하여 소방자동차의 통행과 소방활동에 방해가 된 경우는 제외한다. ④ 화재진압 등 소방활동을 위하여 댐·저수지 또는 수영장 등의 물을 사용하거나, 위험시설 등에 대한 공급차단 등 긴급조치에 따른 조치로 인하여 손실을 입은 자 ⑤ 그 밖에 소방기관 또는 소방대의 적법한 소방업무 또는 소방활동으로 인하여 손실을 입은 자
소멸시효	손실보상을 청구할 수 있는 권리는 손실이 있음을 안 날부터 3년, 손실이 발생한 날부터 5년간 행사하지 아니하면 시효의 완성으로 소멸한다.

M·E·M·O

소방시설 설치 및 관리에 관한 법률

www.pmg.co.kr

용 어

소방시설	소화설비, 경보설비, 피난구조설비, 소화용수설비, 소화활동설비를 말한다.
소방시설 등	소방시설과 비상구, 그 밖에 소방 관련 시설로서 대통령령으로 정하는 것(즉, 방화문과 방화셔터)을 말한다.
특정소방 대상물	• 소방시설을 설치하여야 하는 소방대상물을 말한다. • 건축법령상 건축물의 용도의 건축물 중 단독주택을 제외한 용도는 특정소방대상물이다. 또한 항공기 격납고, 지하가, 지하구, 문화재, 복합건축물도 특정소방대상물에 포함된다.
화재안전성능	"화재안전성능"이란 화재를 예방하고 화재발생시 피해를 최소화하기 위하여 소방대상물의 재료, 공간 및 설비 등에 요구되는 안전성능을 말한다.
성능위주설계	"성능위주설계"란 건축물 등의 재료, 공간, 이용자, 화재 특성 등을 종합적으로 고려하여 공학적 방법으로 화재 위험성을 평가하고 그 결과에 따라 화재안전성능이 확보될 수 있도록 특정소방대상물을 설계하는 것을 말한다.
화재안전기준	"화재안전기준"이란 소방시설 설치 및 관리를 위한 다음 각 목의 기준을 말한다. (1) 성능기준 　 화재안전 확보를 위하여 재료, 공간 및 설비 등에 요구되는 안전 성능으로서 소방청장이 고시로 정하는 기준 (2) 기술기준 　 (1)에 따른 성능기준을 충족하는 상세한 규격, 특정한 수치 및 시험방법 등에 관한 기준으로서 행정안전부령으로 정하는 절차에 따라 소방청장의 승인을 받은 기준
소방용품	소방시설 등을 구성하거나 소방용으로 사용되는 제품 또는 기기(소화기구는 소방용품의 해당되나 소화약제 외의 것을 이용한 간이소화용구는 제외한다)

무창층	"무창층"(無窓層)이란 지상층 중 다음 각 목의 요건을 모두 갖춘 개구부(창·출입구등을 말한다)의 면적의 합계가 해당 층의 바닥면적의 30분의 1 이하가 되는 층을 말한다. ① 크기는 지름 50cm 이상의 원이 통과할 수 있을 것 ② 해당 층의 바닥면으로부터 개구부 밑부분까지의 높이가 1.2m 이내일 것 ③ 도로 또는 차량이 진입할 수 있는 빈터를 향할 것 ④ 화재시 건축물로부터 쉽게 피난할 수 있도록 창살이나 그 밖의 장애물이 설치되지 않을 것 ⑤ 내부 또는 외부에서 쉽게 부수거나 열 수 있을 것
피난층	"피난층"이란 곧바로 지상으로 갈 수 있는 출입구가 있는 층을 말한다

10

CHAPTER 02

소방시설의 설치 및 유지관리

1 건축허가 등의 동의

동의권자	건축허가 등의 권한이 있는 행정기관은 건축허가 등을 할 때 미리 그 건축물 등의 시공지 또는 소재지를 관할하는 소방본부장이나 소방서장의 동의를 받아야 한다.
동의 대상 건축물	① 연면적이 400m² 이상인 건축물이나 시설 　㉠ 학교시설 : 100m² 　㉡ 노유자시설 및 수련시설 : 200m² 　㉢ 정신의료기관 : 300m² 　㉣ 장애인 의료재활시설 : 300m² ② 지하층 또는 무창층이 있는 건축물로서 바닥면적이 150m²(공연장의 경우에는 100m²) 이상인 층이 있는 것 ③ 차고·주차장 또는 주차용도로 사용되는 시설로서 다음의 어느 하나에 해당하는 것 　㉠ 차고·주차장으로 사용되는 바닥면적이 200m² 이상인 층이 있는 건축물이나 주차시설 　㉡ 승강기 등 기계장치에 의한 주차시설로서 자동차 20대 이상을 주차할 수 있는 시설 ④ 6층 이상인 건축물 ⑤ 항공기 격납고, 관망탑, 항공 관제탑, 방송용 송·수신탑 ⑥ 특정소방대상물 중 의원(입원실이 있는 것으로 한정), 조산원, 산후조리원, 위험물 저장 및 처리 시설, 풍력발전소, 전기저장시설, 지하구 ⑦ 노유자시설 중 일정시설 ⑧ 요양병원(의료재활시설 제외) ⑨ 특정소방대상물 중 공장 또는 창고시설로서 「화재의 예방 및 안전관리에 관한 법률 시행령」 별표 2에서 정하는 수량의 750배 이상의 특수가연물을 저장·취급하는 것 ⑩ 가스시설로서 지상에 노출된 탱크의 저장용량의 합계가 100톤 이상인 것

동의 절차	① 건축허가 등의 권한이 있는 행정기관은 건축허가 등의 동의를 받고자 하는 때에는 소방본부장 또는 소방서장에게 동의를 요구하여야 한다. ② 소방본부장이나 소방서장은 건축허가 등의 동의를 요구를 받으면 그 건축물 등이 동의 요구서류를 접수한 날부터 5일(특급소방안전관리대상물의 경우에는 10일) 이내에 그 행정기관에 건축허가 등의 동의 여부를 회신하여야 한다.

2 소방시설 등의 유지 · 관리

주택용 소방시설 설치	단독주택 및 공동주택(아파트 및 기숙사는 제외한다)의 소유자는 소방시설 중 소화기 및 단독경보형감지기를 설치하여야 한다.
소방시설의 내진설계기준	「지진 · 화산재해대책법」 제14조 제1항 각 호의 시설 중 대통령령으로 정하는 특정소방대상물(건축물로서 「지진 · 화산재해대책법 시행령」 제10조 제1항 각 호에 해당하는 시설)에 대통령령으로 정하는 소방시설(옥내소화전설비, 스프링클러, 물분무등소화설비)을 설치하려는 자는 지진이 발생할 경우 소방시설이 정상적으로 작동될 수 있도록 소방청장이 정하는 내진설계기준에 맞게 소방시설을 설치하여야 한다.
성능위주설계	다음의 특정소방대상물(신축하는 것만 해당한다)에 소방시설을 설치하려는 자는 그 용도, 위치, 구조, 수용 인원, 가연물(可燃物)의 종류 및 양 등을 고려하여 설계(이하 "성능위주설계"라 한다)하여야 한다. ① 연면적 20만㎡ 이상인 특정소방대상물. 다만, 아파트 등은 제외한다. ② 50층 이상(지하층은 제외한다)이거나 지상으로부터 높이가 200m 이상인 아파트 등 ③ 30층 이상(지하층을 포함한다)이거나 지상으로부터 높이가 120m 이상인 특정소방대상물(아파트 등은 제외한다) ④ 연면적 3만㎡ 이상인 특정소방대상물로서 다음의 어느 하나에 해당하는 특정소방대상물 　㉠ 철도 및 도시철도 시설 　㉡ 공항시설

10

성능위주설계	⑤ 창고시설 중 연면적 10만m² 이상인 것 또는 지하층의 층수가 2개 층 이상이고 지하층의 바닥면적의 합계가 3만m² 이상인 것 ⑥ 하나의 건축물에 「영화 및 비디오물의 진흥에 관한 법률」 제2조 제10호에 따른 영화상영관이 10개 이상인 특정소방대상물 ⑦ 「초고층 및 지하연계 복합건축물 재난관리에 관한 특별법」 제2조 제2호에 따른 지하연계 복합건축물에 해당하는 특정소방대상물 ⑧ 터널 중 수저(水底)터널 또는 길이가 5천m 이상인 것

3 임시소방시설의 유지·관리

임시소방시설 설치 및 유지·관리	특정소방대상물의 건축·대수선·용도변경 또는 설치 등을 위한 공사를 시공하는 자는 공사 현장에서 화재위험작업을 하기 전에 임시소방시설을 설치하고 유지·관리하여야 한다.
임시소방시설 종류	① 소화기 ② 간이소화장치: 물을 방사(放射)하여 화재를 진화할 수 있는 장치로서 소방청장이 정하는 성능을 갖추고 있을 것 ③ 비상경보장치: 화재가 발생한 경우 주변에 있는 작업자에게 화재사실을 알릴 수 있는 장치로서 소방청장이 정하는 성능을 갖추고 있을 것 ④ 가스누설경보기: 가연성 가스가 누설되거나 발생된 경우 이를 탐지하여 경보하는 장치로서 법 제37조에 따른 형식승인 및 제품 검사를 받은 것 ⑤ 간이피난유도선: 화재가 발생한 경우 피난구 방향을 안내할 수 있는 장치로서 소방청장이 정하는 성능을 갖추고 있을 것 ⑥ 비상조명등: 화재가 발생한 경우 안전하고 원활한 피난활동을 할 수 있도록 자동 점등되는 조명장치로서 소방청장이 정하는 성능을 갖추고 있을 것 ⑦ 방화포: 용접·용단 등의 작업시 발생하는 불티로부터 가연물이 점화되는 것을 방지해주는 천 또는 불연성 물품으로서 소방청장이 정하는 성능을 갖추고 있을 것

보충학습

➤ 소방기술심의위원회

1. 중앙소방기술심의위원회(소방청에 위원장을 포함하여 성별을 고려하여 60명 이내로 구성)

   ① 화재안전기준에 관한 사항
   ② 소방시설의 구조 및 원리 등에서 공법이 특수한 설계 및 시공에 관한 사항
   ③ 소방시설의 설계 및 공사감리의 방법에 관한 사항
   ④ 소방시설공사의 하자를 판단하는 기준에 관한 사항
   ⑤ 연면적 10만m² 이상의 특정소방대상물에 설치된 소방시설의 설계·시공·감리의 하자 유무에 관한 사항

2. 지방소방기술심의위원회(시·도에 위원장을 포함하여 5명 이상 9명 이하의 위원으로 구성)

   ① 소방시설에 하자가 있는지의 판단에 관한 사항
   ② 연면적 10만m² 미만의 특정소방대상물에 설치된 소방시설의 설계·시공·감리의 하자 유무에 관한 사항

4 방염대상물품

의 의	특정소방대상물에서 사용하는 실내장식물과 그 밖에 이와 유사한 물품으로서 대통령령으로 정하는 물품(이하 '방염대상물품'이라 한다)은 방염성능기준 이상의 것으로 설치하여야 한다.
방염성능기준 이상 설치의무가 있는 특정소방대상물	① 근린생활시설 중 의원, 체력단련장, 공연장 및 종교집회장 ② 건축물의 옥내에 있는 시설로서 다음의 시설 　㉠ 문화 및 집회시설 　㉡ 종교시설 　㉢ 운동시설(수영장은 제외한다) ③ 의료시설 ④ 교육연구시설 중 합숙소 ⑤ 노유자시설 ⑥ 숙박이 가능한 수련시설 ⑦ 숙박시설

방염성능기준 이상 설치의무가 있는 특정소방대상물	⑧ 방송통신시설 중 방송국 및 촬영소 ⑨ 다중이용업소 ⑩ 위의 시설에 해당하지 않는 것으로서 층수가 11층 이상인 것(아파트는 제외한다)
방염대상물품	① 제조 또는 가공 공정에서 방염처리를 다음 각 항목의 물품 　㉠ 창문에 설치하는 커튼류(블라인드를 포함한다) 　㉡ 카펫 　㉢ 벽지류(두께가 2mm 미만인 종이벽지는 제외한다) 　㉣ 전시용 합판・목재 또는 섬유판, 무대용 합판・목재 또는 섬유판(합판・목재류의 경우 불가피하게 설치 현장에서 방염처리한 것을 포함한다) 　㉤ 암막・무대막 　㉥ 섬유류 또는 합성수지류 등을 원료로 하여 제작된 소파・의자(단란주점영업, 유흥주점영업 및 노래연습장업의 영업장에 설치하는 것으로 한정한다) ② 건축물 내부의 천장이나 벽에 부착하거나 설치하는 것으로서 다음 각 항목의 것. 다만, 가구류와 너비 10cm 이하인 반자돌림대 등과 내부마감재료는 제외한다. 　㉠ 종이류(두께 2mm 이상인 것을 말한다)・합성수지류 또는 섬유류를 주원료로 한 물품 　㉡ 합판이나 목재 　㉢ 공간을 구획하기 위하여 설치하는 간이 칸막이(접이식 등 이동 가능한 벽체나 천장 또는 반자가 실내에 접하는 부분까지 구획하지 아니하는 벽체를 말한다) 　㉣ 흡음(吸音)을 위하여 설치하는 흡음재(흡음용 커튼을 포함한다) 　㉤ 방음(防音)을 위하여 설치하는 방음재(방음용 커튼을 포함한다)
방염성능검사	방염대상물품은 소방청장(대통령령으로 정하는 방염대상물품의 경우에는 시・도지사를 말한다)이 실시하는 방염성능검사를 받은 것이어야 한다.

소방시설 등의 자체점검

1. 특정소방대상물의 관계인의 정기적인 점검

특정소방대상물의 관계인은 그 대상물에 설치되어 있는 소방시설등이 이 법이나 이 법에 따른 명령 등에 적합하게 설치·관리되고 있는지에 대하여 다음 각 호의 구분에 따른 기간 내에 스스로 점검하거나 제34조에 따른 점검능력 평가를 받은 관리업자 또는 행정안전부령으로 정하는 기술자격자(이하 "관리업자등"이라 한다)로 하여금 정기적으로 점검(이하 "자체점검"이라 한다)하게 하여야 한다. 이 경우 관리업자등이 점검한 경우에는 그 점검 결과를 행정안전부령으로 정하는 바에 따라 관계인에게 제출하여야 한다.

> 1. 해당 특정소방대상물의 소방시설등이 신설된 경우:「건축법」제22조에 따라 건축물을 사용할 수 있게 된 날부터 60일
> 2. 제1호 외의 경우: 행정안전부령으로 정하는 기간

2. 자체점검의 구분과 대상 등

자체점검의 구분 및 대상, 점검인력의 배치기준, 점검자의 자격, 점검장비, 점검 방법 및 횟수 등 자체점검시 준수하여야 할 사항은 행정안전부령(규칙 별표3)으로 정한다.

자체점검결과 서류제출

1. 관리업자 또는 소방안전관리자로 선임된 소방시설관리사 및 소방기술사(이하 "관리업자등"이라 한다)는 자체점검을 실시한 경우에는 그 점검이 끝난 날부터 10일 이내에 소방시설등 자체점검 실시결과 보고서(전자문서로 된 보고서를 포함한다)에 소방청장이 정하여 고시하는 소방시설등점검표를 첨부하여 관계인에게 제출해야 한다.

2. 자체점검 실시결과 보고서를 제출받거나 스스로 자체점검을 실시한 관계인은 자체점검이 끝난 날부터 15일 이내에 소방시설등 자체점검 실시결과 보고서(전자문서로 된 보고서를 포함한다)에 다음 각 호의 서류를 첨부하여 소방본부장 또는 소방서장에게 서면이나 소방청장이 지정하는 전산망을 통하여 보고해야 한다.
   ① 점검인력 배치확인서(관리업자가 점검한 경우만 해당한다)
   ② 소방시설등의 자체점검 결과 이행계획서

3. 소방본부장 또는 소방서장에게 자체점검 실시결과 보고를 마친 관계인은 소방시설등 자체점검 실시결과 보고서(소방시설등점검표를 포함한다)를 점검이 끝난 날부터 2년간 자체 보관해야 한다.

구 분	작동점검	종합점검
의 의	소방시설등을 인위적으로 조작하여 소방시설이 정상적으로 작동하는지를 소방청장이 정하여 고시하는 소방시설등 작동점검표에 따라 점검하는 것을 말한다.	소방시설등의 작동점검을 포함하여 소방시설등의 설비별 주요 구성 부품의 구조기준이 화재안전기준과 「건축법」 등 관련 법령에서 정하는 기준에 적합한 지 여부를 소방청장이 정하여 고시하는 소방시설등 종합점검표에 따라 점검하는 것을 말하며, 다음과 같이 구분한다. ① 최초점검 : 법 제22조 제1항 제1호에 따라 소방시설이 새로 설치되는 경우 「건축법」 제22조에 따라 건축물을 사용할 수 있게 된 날부터 60일 이내 점검하는 것을 말한다. ② 그 밖의 종합점검 : 최초점검을 제외한 종합점검을 말한다.
점검 대상	작동점검은 특정소방대상물을 대상으로 한다. 다만, 다음의 어느 하나에 해당하는 특정소방대상물은 제외한다. ① 특정소방대상물 중 「화재의 예방 및 안전관리에 관한 법률」 제24조 제1항에 해당하지 않는 특정소방대상물(소방안전관리자를 선임하지 않는 대상을 말한다) ② 「위험물안전관리법」 제2조 제6호에 따른 제조소등(이하 "제조소등"이라 한다) ③ 「화재의 예방 및 안전관리에 관한 법률 시행령」 별표 4 제1호 가목의 특급소방안전관리대상물	다음의 어느 하나에 해당하는 특정소방대상물을 대상으로 한다. ① 법 제22조 제1항 제1호에 해당하는 특정소방대상물 ② 스프링클러설비가 설치된 특정소방대상물 ③ 물분무등소화설비(호스릴방식의 물분무등소화설비만을 설치한 경우는 제외한다)가 설치된 연면적 5천m² 이상인 특정소방대상(제조소 등은 제외한다). ④ 「다중이용업소의 안전관리에 관한 특별법 시행령」의 다중이용업의 영업장이 설치된 특정소방대상물(단란주점, 유흥주점, 영화상영관, 노래연습장업, 산후조리업, 고시원업, 안마시술소 등)로서 연면적이 2천m² 이상인 것 ⑤ 제연설비가 설치된 터널 ⑥ 「공공기관의 소방안전관리에 관한 규정」에 따른 공공기관 중 연면적(터널・지하구의 경우 그 길이와 평균폭을 곱하여 계산된 값을 말한다)이 1,000m² 이상인 것으로서 옥내소화전설비 또는 자동화재탐지설비가 설치된 것. 다만, 소방대가 근무하는 공공기관은 제외한다.

점검자	해당 특정소방대상물의 관계인·소방안전관리자 또는 관리업에 등록된 소방시설관리사가 점검할 수 있다.	관리업에 등록된 소방시설관리사 또는 소방안전관리자로 선임된 소방시설관리사 및 소방기술사가 실시할 수 있다.
점검 횟수	연 1회 이상 실시한다.	① 연 1회 이상(특급소방안전관리대상물은 반기에 1회 이상) 실시한다. ② 소방본부장 또는 소방서장은 소방청장이 소방안전관리가 우수하다고 인정한 특정소방대상물에 대해서는 3년의 범위에서 소방청장이 고시하거나 정한 기간 동안 종합정밀점검을 면제할 수 있다. 다만, 면제기간 중 화재가 발생한 경우는 제외한다.
비 고	① 신축·증축·개축·재축·이전·용도변경 또는 대수선 등으로 소방시설이 새로 설치된 경우에는 해당 특정소방대상물의 소방시설 전체에 대하여 실시한다. ② 작동점검 및 종합점검(최초점검은 제외한다)은 건축물 사용승인 후 그 다음 해부터 실시한다. ③ 특정소방대상물이 증축·용도변경 또는 대수선 등으로 사용승인일이 달라지는 경우 사용승인일이 빠른 날을 기준으로 자체점검을 실시한다. ④ 관리자(관리소장, 입주자대표회의 및 소방안전관리자를 포함한다) 및 입주민(세대 거주자를 말한다)은 2년 이내 모든 세대에 대하여 점검을 해야 한다.	

10

소방시설관리사 및 소방시설관리업

구 분	소방시설관리사	소방시설관리업
의 의	소방시설관리사가 되려는 사람은 소방청장이 실시하는 관리사시험에 합격하여야 한다.	소방시설등의 점검 및 관리를 업으로 하려는 자 또는 「화재의 예방 및 안전관리에 관한 법률」 제25조에 따른 소방안전관리업무의 대행을 하려는 자는 대통령령으로 정하는 업종별로 시·도지사에게 소방시설관리업(이하 "관리업"이라 한다) 등록을 하여야 한다.
결격 사유	① 피성년후견인 ② 이 법, 「소방기본법」, 「화재의 예방 및 안전관리에 관한 법률」, 「소방시설공사업법」 또는 「위험물안전관리법」을 위반하여 금고 이상의 실형을 선고받고 그 집행이 끝나거나(집행이 끝난 것으로 보는 경우를 포함한다) 집행이 면제된 날부터 2년이 지나지 아니한 사람 ③ 이 법, 「소방기본법」, 「화재의 예방 및 안전관리에 관한 법률」, 「소방시설공사업법」 또는 「위험물안전관리법」을 위반하여 금고 이상의 형의 집행유예를 선고받고 그 유예기간 중에 있는 사람 ④ 제28조에 따라 자격이 취소(이 조 제1호에 해당하여 자격이 취소된 경우는 제외한다)된 날부터 2년이 지나지 아니한 사람	① 피성년후견인 ② 이 법, 「소방기본법」, 「화재의 예방 및 안전관리에 관한 법률」, 「소방시설공사업법」 또는 「위험물안전관리법」을 위반하여 금고 이상의 실형을 선고받고 그 집행이 끝나거나(집행이 끝난 것으로 보는 경우를 포함한다) 집행이 면제된 날부터 2년이 지나지 아니한 사람 ③ 이 법, 「소방기본법」, 「화재의 예방 및 안전관리에 관한 법률」, 「소방시설공사업법」 또는 「위험물안전관리법」을 위반하여 금고 이상의 형의 집행유예를 선고받고 그 유예기간 중에 있는 사람 ④ 제35조 제1항에 따라 관리업의 등록이 취소(제1호에 해당하여 등록이 취소된 경우는 제외한다)된 날부터 2년이 지나지 아니한 자 ⑤ 임원 중에 제1호부터 제4호까지의 어느 하나에 해당하는 사람이 있는 법인

소방용품의 품질관리

소방용품의 형식승인	① 대통령령으로 소방용품(자동소화장치 중 상업용 주방자동소화장치는 제외한다)을 제조하거나 수입하려는 자는 소방청장의 형식승인을 받아야 한다. 다만, 연구개발 목적으로 제조하거나 수입하는 소방용품은 그러하지 아니하다. ② 형식승인을 받으려는 자는 행정안전부령으로 정하는 기준에 따라 형식승인을 위한 시험시설을 갖추고 소방청장의 심사를 받아야 한다. 다만, 소방용품을 수입하는 자가 판매를 목적으로 하지 아니하고 자신의 건축물에 직접 설치하거나 사용하려는 경우 등 행정안전부령으로 정하는 경우에는 시험시설을 갖추지 아니할 수 있다.
소방용품의 제품검사	형식승인을 받은 자는 그 소방용품에 대하여 소방청장이 실시하는 제품검사를 받아야 한다.
소방용품의 형식승인 제한	소방용품의 형식승인이 취소된 자는 그 취소된 날부터 2년 이내에는 형식승인이 취소된 동일 품목에 대하여 형식승인을 받을 수 없다.
성능인증	① 소방청장은 제조자 또는 수입자 등의 요청이 있는 경우 소방용품에 대하여 성능인증을 할 수 있다. ② 성능인증을 받은 자는 그 소방용품에 대하여 소방청장의 제품검사를 받아야 한다.
소방용품의 성능인증 제한	소방용품의 성능인증이 취소된 자는 그 취소된 날부터 2년 이내에는 성능인증이 취소된 동일 품목에 대하여 성능인증을 받을 수 없다.
우수품질인증	① 소방청장은 품질이 우수하다고 인정하는 소방용품에 대하여 우수품질인증을 할 수 있다. ② 우수품질인증을 받으려는 자는 행정안전부령으로 정하는 바에 따라 소방청장에게 신청하여야 한다. ③ 우수품질인증의 유효기간은 5년의 범위에서 행정안전부령으로 정한다.

PART

11

화재의 예방 및
안전관리에 관한 법률

용 어

예 방	"예방"이란 화재의 위험으로부터 사람의 생명·신체 및 재산을 보호하기 위하여 화재발생을 사전에 제거하거나 방지하기 위한 모든 활동을 말한다.
안전관리	"안전관리"란 화재로 인한 피해를 최소화하기 위한 예방, 대비, 대응 등의 활동을 말한다.
화재안전조사	"화재안전조사"란 소방청장, 소방본부장 또는 소방서장(이하 "소방관서장"이라 한다)이 소방대상물, 관계지역 또는 관계인에 대하여 소방시설등(「소방시설 설치 및 관리에 관한 법률」 제2조 제1항 제2호에 따른 소방시설등을 말한다)이 소방 관계 법령에 적합하게 설치·관리되고 있는지, 소방대상물에 화재의 발생 위험이 있는지 등을 확인하기 위하여 실시하는 현장조사·문서열람·보고요구 등을 하는 활동을 말한다.
화재예방강화지구	"화재예방강화지구"란 특별시장·광역시장·특별자치시장·도지사 또는 특별자치도지사(이하 "시·도지사"라 한다)가 화재발생 우려가 크거나 화재가 발생할 경우 피해가 클 것으로 예상되는 지역에 대하여 화재의 예방 및 안전관리를 강화하기 위해 지정·관리하는 지역을 말한다.
화재예방안전진단	"화재예방안전진단"이란 화재가 발생할 경우 사회·경제적으로 피해 규모가 클 것으로 예상되는 소방대상물에 대하여 화재 위험요인을 조사하고 그 위험성을 평가하여 개선대책을 수립하는 것을 말한다.

화재의 예방 및 안전관리에 관한 계획

기본계획	소방청장은 화재예방정책을 체계적·효율적으로 추진하고 이에 필요한 기반 확충을 위하여 화재의 예방 및 안전관리에 관한 기본계획(이하 "기본계획"이라 한다)을 5년마다 수립·시행하여야 한다.
시행계획	소방청장은 기본계획을 시행하기 위하여 매년 시행계획을 수립·시행하여야 한다.
세부시행계획	기본계획과 시행계획을 통보받은 관계 중앙행정기관의 장과 시·도지사는 소관 사무의 특성을 반영한 세부시행계획을 수립·시행하고 그 결과를 소방청장에게 통보하여야 한다.

화재안전조사

화재안전조사 대상	소방관서장(소방청장, 소방본부장 또는 소방서장)은 다음 각 호의 어느 하나에 해당하는 경우 화재안전조사를 실시할 수 있다. 다만, 개인의 주거(실제 주거용도로 사용되는 경우에 한정한다)에 대한 화재안전조사는 관계인의 승낙이 있거나 화재발생의 우려가 뚜렷하여 긴급한 필요가 있는 때에 한정한다. ① 「소방시설 설치 및 관리에 관한 법률」 제22조에 따른 자체점검이 불성실하거나 불완전하다고 인정되는 경우 ② 화재예방강화지구 등 법령에서 화재안전조사를 하도록 규정되어 있는 경우 ③ 화재예방안전진단이 불성실하거나 불완전하다고 인정되는 경우 ④ 국가적 행사 등 주요 행사가 개최되는 장소 및 그 주변의 관계 지역에 대하여 소방안전관리 실태를 조사할 필요가 있는 경우 ⑤ 화재가 자주 발생하였거나 발생할 우려가 뚜렷한 곳에 대한 조사가 필요한 경우 ⑥ 재난예측정보, 기상예보 등을 분석한 결과 소방대상물에 화재의 발생 위험이 크다고 판단되는 경우 ⑦ ①부터 ⑥까지에서 규정한 경우 외에 화재, 그 밖의 긴급한 상황이 발생할 경우 인명 또는 재산 피해의 우려가 현저하다고 판단되는 경우

화재안전조사
방법
	① 소방관서장은 화재안전조사의 목적에 따라 다음 각 호의 어느 하나에 해당하는 방법으로 화재안전조사를 실시할 수 있다.
	  ㉠ 종합조사: 화재안전조사 항목 전부를 확인하는 조사
	  ㉡ 부분조사: 화재안전조사 항목 중 일부를 확인하는 조사
	② 소방관서장은 화재안전조사를 실시하려는 경우 사전에 조사 대상, 조사기간 및 조사사유 등 조사계획을 소방청, 소방본부 또는 소방서(이하 "소방관서"라 한다)의 인터넷 홈페이지나 전산시스템을 통해 7일 이상 공개해야 한다.

화재안전조사 시기	화재안전조사는 관계인의 승낙 없이 소방대상물의 공개시간 또는 근무시간 이외에는 할 수 없다. 다만, 화재가 발생할 우려가 뚜렷하여 긴급하게 조사할 필요가 있는 경우에는 그러하지 아니하다.

화재안전 조사단	소방관서장은 화재안전조사를 효율적으로 수행하기 위하여 대통령령으로 정하는 바에 따라 소방청에는 중앙화재안전조사단을, 소방본부 및 소방서에는 지방화재안전조사단을 편성하여 운영할 수 있다
화재안전조사 위원회	소방관서장은 화재안전조사의 대상을 객관적이고 공정하게 선정하기 위하여 필요한 경우 화재안전조사위원회를 구성하여 화재안전조사의 대상을 선정할 수 있다
조사결과에 따른 조치	소방관서장은 화재안전조사 결과에 따른 소방대상물의 위치·구조·설비 또는 관리의 상황이 화재예방을 위하여 보완될 필요가 있거나 화재가 발생하면 인명 또는 재산의 피해가 클 것으로 예상되는 때에는 행정안전부령으로 정하는 바에 따라 관계인에게 그 소방대상물의 개수(改修)·이전·제거, 사용의 금지 또는 제한, 사용폐쇄, 공사의 정지 또는 중지, 그 밖에 필요한 조치를 명할 수 있다.
손실보상	소방청장 또는 시·도지사는 조치명령으로 인하여 손실을 입은 자가 있는 경우에는 보상하여야 한다 ① 소방청장 또는 시·도지사가 손실을 보상하는 경우에는 시가(時價)로 보상해야 한다. ② 손실보상에 관하여는 소방청장 또는 시·도지사와 손실을 입은 자가 협의해야 한다. ③ 소방청장 또는 시·도지사는 보상금액에 관한 협의가 성립되지 않은 경우에는 그 보상금액을 지급하거나 공탁하고 이를 상대방에게 알려야 한다. ④ 보상금의 지급 또는 공탁의 통지에 불복하는 자는 지급 또는 공탁의 통지를 받은 날부터 30일 이내에 「공익사업을 위한 토지 등의 취득 및 보상에 관한 법률」 제49조에 따른 중앙토지수용위원회 또는 관할 지방토지수용위원회에 재결(裁決)을 신청할 수 있다.

11

화재의 예방조치 등

1 화재의 예방조치

화재발생 위험행위	누구든지 화재예방강화지구 및 제조소등, 고압가스 저장소, 액화석유가스의 저장소·판매소, 수소연료공급시설·사용시설, 화약류를 저장하는 장소에서는 다음 각 호의 어느 하나에 해당하는 행위를 하여서는 아니 된다. 다만, 행정안전부령으로 정하는 바에 따라 안전조치를 한 경우에는 그러하지 아니한다. ① 모닥불, 흡연 등 화기의 취급 ② 풍등 등 소형열기구 날리기 ③ 용접·용단 등 불꽃을 발생시키는 행위 ④ 위험물을 방치하는 행위
조치명령	소방관서장은 화재 발생 위험이 크거나 소화 활동에 지장을 줄 수 있다고 인정되는 행위나 물건에 대하여 행위 당사자나 그 물건의 소유자, 관리자 또는 점유자에게 다음 각 호의 명령을 할 수 있다. ① 화재발생 위험행위의 각 호의 어느 하나에 해당하는 행위의 금지 또는 제한 ② 목재, 플라스틱 등 가연성이 큰 물건의 제거, 이격, 적재 금지 등 ③ 소방차량의 통행이나 소화 활동에 지장을 줄 수 있는 물건의 이동

2 화재예방강화지구

지정대상 지역	시·도지사는 다음 각 호의 어느 하나에 해당하는 지역을 화재예방강화지구로 지정하여 관리할 수 있다. ① 시장지역 ② 공장·창고가 밀집한 지역 ③ 목조건물이 밀집한 지역 ④ 노후·불량건축물이 밀집한 지역 ⑤ 위험물의 저장 및 처리 시설이 밀집한 지역 ⑥ 석유화학제품을 생산하는 공장이 있는 지역 ⑦ 산업단지 ⑧ 소방시설·소방용수시설 또는 소방출동로가 없는 지역 ⑨ 그 밖에 소방관서장이 화재예방강화지구로 지정할 필요가 있다고 인정하는 지역
화재안전조사	소방관서장은 화재예방강화지구 안의 소방대상물의 위치·구조 및 설비 등에 대한 화재안전조사를 연 1회 이상 실시해야 한다
소방훈련 및 교육	① 소방관서장은 화재예방강화지구 안의 관계인에 대하여 소방에 필요한 훈련 및 교육을 연 1회 이상 실시할 수 있다. ② 소방관서장은 훈련 및 교육을 실시하려는 경우에는 화재예방강화지구 안의 관계인에게 훈련 또는 교육 10일 전까지 그 사실을 통보해야 한다.

3 화재안전영향평가

화재안전영향평가 실시	소방청장은 화재발생 원인 및 연소과정을 조사·분석하는 등의 과정에서 법령이나 정책의 개선이 필요하다고 인정되는 경우 그 법령이나 정책에 대한 화재 위험성의 유발요인 및 완화 방안에 대한 평가(이하 "화재안전영향평가"라 한다)를 실시할 수 있다.
화재안전영향평가심의회	① 소방청장은 화재안전영향평가에 관한 업무를 수행하기 위하여 화재안전영향평가심의회(이하 "심의회"라 한다)를 구성·운영할 수 있다. ② 심의회는 위원장 1명을 포함한 12명 이내의 위원으로 구성한다.

11

소방안전관리대상물

1 소방안전관리대상물

1. 등급별 소방안전관리대상물

소방안전관리자를 선임해야하는 소방안전관리대상물은 다음과 같다.

특급 소방안전 관리대상물	1급 소방안전 관리대상물	2급 소방안전 관리대상물	3급 소방안전 관리대상물
① 초고층아파트 ② 30층 이상(지하층 포함)이거나 높이가 120m 이상인 특정소방대상물(아파트 제외) ③ 연면적이 10만㎡ 이상인 특정소방대상물(아파트 제외)	① 고층아파트 ② 연면적 1만5천㎡ 이상인 특정소방대상물(아파트 및 연립주택제외) ③ 지상층의 층수가 11층 이상인 특정소방대상물(아파트 제외) ④ 가연성 가스를 1천톤 이상 저장·취급하는 시설	① 옥내소화전설비·스프링클러설비 또는 물분무 등 소화설비를 설치해야하는 특정소방대상물 ② 가스제조설비를 갖추고 도시가스 사업허가를 받아야 하는 시설 또는 가연성가스를 100톤 이상 1천톤 미만 저장·취급하는 시설	① 간이스프링클러설비(주택전용 간이스프링클러설비는 제외한다)를 설치해야하는 특정소방대상물 ② 자동화재탐지설비를 설치해야하는 특정소방대상물(공동주택의 경우 연면적 1천㎡ 이상인 것)
위험물제조소 등, 지하구, 철강 등 불연성 물품을 저장·취급하는 창고 및 동·식물원을 제외		③ 지하구 ④ 의무관리 대상 공동주택 ⑤ 보물 또는 국보로 지정된 목조건축물	

2. 권원별 소방안전관리대상물 등

권원별 소방안전관리 대상물	다음 각 호의 어느 하나에 해당하는 특정소방대상물로서 그 관리의 권원(權原)이 분리되어 있는 특정소방대상물의 경우 그 관리의 권원별 관계인은 대통령령으로 정하는 바에 따라 소방안전관리자를 선임하여야 한다. ① 복합건축물(지하층을 제외한 층수가 11층 이상 또는 연면적 3만m² 이상인 건축물) ② 지하가 ③ 판매시설 중 도매시장 및 소매시장 및 전통시장
총괄소방안전 관리자	관리의 권원별 관계인은 상호 협의하여 특정소방대상물의 전체에 걸쳐 소방안전관리상 필요한 업무를 총괄하는 소방안전관리자(이하 "총괄소방안전관리자"라 한다)를 권원별에 따라 선임된 소방안전관리자 중에서 선임하거나 별도로 선임하여야 한다.
공동소방안전 관리협의회	선임된 소방안전관리자 및 총괄소방안전관리자는 해당 특정소방대상물의 소방안전관리를 효율적으로 수행하기 위하여 공동소방안전관리협의회를 구성하고, 해당 특정소방대상물에 대한 소방안전관리를 공동으로 수행하여야 한다.

3. 소방안전관리보조자 선임

소방안전관리 보조자 선임대상	다음 각 목의 어느 하나에 해당하는 특정소방대상물로 한다. 다만, 아래의 ③의 경우 해당 특정소방대상물이 소재하는 지역을 관할하는 소방서장이 야간이나 휴일에 해당 특정소방대상물이 이용되지 않는다는 것을 확인한 경우에는 소방안전관리보조자를 선임하지 않을 수 있다. ① 300세대 이상의 아파트 ② 연면적이 1만 5천m² 이상인 특정소방대상물(아파트 및 연립주택은 제외한다) ③ 다음의 어느 하나에 해당하는 특정소방대상물 　㉠ 공동주택 중 기숙사 　㉡ 의료시설 　㉢ 노유자시설 　㉣ 수련시설 　㉤ 숙박시설(숙박시설로 사용되는 바닥면적의 합계가 1천 500m² 미만이고 관계인이 24시간 상시 근무하고 있는 숙박시설은 제외한다)

4. 소방안전관리자 선임신고

소방안전관리대상물의 관계인이 소방안전관리자를 선임한 경우에는 행정안전부령으로 정하는 바에 따라 선임한 날부터 14일 이내에 소방본부장이나 소방서장에게 신고하고, 소방안전관리대상물의 출입자가 쉽게 알 수 있도록 소방안전관리자의 성명과 그 밖에 행정안전부령으로 정하는 사항을 게시하여야 한다.

소방안전관리자 선임
1. 신축등으로 신규로 선임: 사용승인일로부터 30일 이내 선임
2. 소방안전관리자의 해임, 퇴임: 해임, 퇴임한 날로부터 30일 이내 선임
3. 소방안전관리자의 자격정지, 자격취소: 자격정지, 자격취소한 날로부터 30일 이내 선임

2 특정소방대상물의 관계인과 소방안전관리자의 업무

특정소방대상물(소방안전관리대상물은 제외한다)의 관계인과 소방안전관리대상물의 소방안전관리자는 다음 각 호의 업무를 수행한다. 다만, 다음의 1.·2.·5. 및 7.의 업무는 소방안전관리대상물의 경우에만 해당한다.

1. 제36조에 따른 피난계획에 관한 사항과 대통령령으로 정하는 사항이 포함된 소방계획서의 작성 및 시행
2. 자위소방대(自衛消防隊) 및 초기대응체계의 구성, 운영 및 교육
3. 「소방시설 설치 및 관리에 관한 법률」 제16조에 따른 피난시설, 방화구획 및 방화시설의 관리
4. 소방시설이나 그 밖의 소방 관련 시설의 관리
5. 제37조에 따른 소방훈련 및 교육
6. 화기(火氣) 취급의 감독
7. 소방안전관리에 관한 업무수행에 관한 기록(월 1회 이상 작성하고 그 기록은 2년간 보관)
8. 화재발생시 초기대응
9. 그 밖에 소방안전관리에 필요한 업무

3 소방안전관리자 등에 대한 교육

1. 교육내용

소방안전관리자가 되려고 하는 사람 또는 소방안전관리자(소방안전관리보조자를 포함한다)로 선임된 사람은 소방안전관리업무에 관한 능력의 습득 또는 향상을 위하여 행정안전부령으로 정하는 바에 따라 소방청장이 실시하는 다음 각 호의 강습교육 또는 실무교육을 받아야 한다.

1. 강습교육
   ① 소방안전관리자의 자격을 인정받으려는 사람으로서 대통령령으로 정하는 사람
   ② 제24조 제3항에 따른 소방안전관리자로 선임되고자 하는 사람
   ③ 제29조에 따른 소방안전관리자로 선임되고자 하는 사람
2. 실무교육
   ① 제24조 제1항에 따라 선임된 소방안전관리자 및 소방안전관리보조자
   ② 제24조 제3항에 따라 선임된 소방안전관리자

2. 교육시간

(1) 강습교육

강습교육대상	교육시간
특급 소방안전관리자	160시간
1급 소방안전관리자	80시간
2급 및 공공기관 소방안전관리자	40시간
3급 소방안전관리자 및 건설현장 소방안전관리자	24시간
업무 대행감독 소방안전관리자	16시간

(2) 실무교육

① 소방안전관리자는 소방안전관리자로 선임된 날부터 6개월 이내에 실무교육을 받아야 하며, 그 이후에는 2년마다(최초 실무교육을 받은 날을 기준일로 하여 매 2년이 되는 해의 기준일과 같은 날 전까지를 말한다) 1회 이상 실무교육을 받아야 한다. 다만, 소방안전관리 강습교육 또는 실무교육을 받은 후 1년 이내에 소방안전관리자로 선임된 사람은 해당 강습교육을 수료하거나 실무교육을 이수한 날에 실무교육을 이수한 것으로 본다.

11

② 소방안전관리보조자는 그 선임된 날부터 6개월(영 별표 5 제2호 마목에 따라 소방안전관리보조자로 지정된 사람의 경우 3개월을 말한다) 이내에 실무교육을 받아야 하며, 그 이후에는 2년마다(최초 실무교육을 받은 날을 기준일로 하여 매 2년이 되는 해의 기준일과 같은 날 전까지를 말한다) 1회 이상 실무교육을 받아야 한다. 다만, 소방안전관리자 강습교육 또는 실무교육이나 소방안전관리보조자 실무교육을 받은 후 1년 이내에 소방안전관리보조자로 선임된 사람은 해당 강습교육을 수료하거나 실무교육을 이수한 날에 실무교육을 이수한 것으로 본다.

실무교육대상	교육시간
소방안전관리자	8시간 이내
소방안전관리보조자	4시간

CHAPTER

06

특별관리시설물의 소방안전관리대상물

1 소방안전 특별관리시설물

소방안전 특별관리시설물	공항시설, 철도시설, 도시철도시설, 항만시설, 지정문화재인 시설(시설이 아닌 지정문화재를 보호하거나 소장하고 있는 시설을 포함한다), 산업기술단지, 산업단지, 초고층 건축물 및 지하연계 복합건축물, 영화상영관 중 수용인원 1,000명 이상인 영화상영관, 전력용 및 통신용 지하구, 석유비축시설, 천연가스 인수기지 및 공급망, 점포가 500개 이상인 전통시장. 발전사업자가 가동 중인 발전소
소방안전특별관리 기본계획	소방청장은 소방안전특별관리기본계획을 5년마다 수립·시행하여야 한다.
소방안전특별관리 시행계획	시·도지사는 특별관리기본계획을 시행하기 위하여 매년 소방안전 특별관리시행계획을 수립하여야 하고, 시행결과를 계획 시행 다음 연도 1월 31일까지 소방청장에게 통보하여야 한다.

2 화재예방안전진단

화재예방 안전진단 대상	아래 시설의 관계인은 한국소방안전원 또는 소방청장이 지정하는 화재예방안전진단기관으로부터 정기적으로 화재예방안전진단을 받아야 한다 ① 여객터미널의 연면적이 1천m² 이상인 공항시설 ② 역 시설의 연면적이 5천m² 이상인 철도시설 ③ 역사 및 역 시설의 연면적이 5천m² 이상인 도시철도시설 ④ 여객이용시설 및 지원시설의 연면적이 5천m² 이상인 항만시설 ⑤ 전력용 및 통신용 지하구 중 공동구 ⑥ 천연가스 인수기지 및 공급망 중 가스시설 ⑦ 연면적이 5천m² 이상인 발전소 ⑧ 가연성 가스 탱크의 저장용량의 합계가 100톤 이상이거나 저장용량이 30톤 이상인 가연성 가스 탱크가 있는 가스공급시설

최초	사용승인 또는 「소방시설공사업법」에 따른 완공검사를 받은 날부터 5년이 경과한 날이 속하는 해에 최초의 화재예방안전진단을 받아야 한다.
정기	화재예방안전진단을 받은 소방안전 특별관리시설물의 관계인은 안전등급에 따라 정기적으로 다음 각 호의 기간에 화재예방안전진단을 받아야 한다 ① 안전등급이 우수인 경우: 안전등급을 통보받은 날부터 6년이 경과한 날이 속하는 해 ② 안전등급이 양호·보통인 경우: 안전등급을 통보받은 날부터 5년이 경과한 날이 속하는 해 ③ 안전등급이 미흡·불량인 경우: 안전등급을 통보받은 날부터 4년이 경과한 날이 속하는 해

화재예방안전진단 결과에 따른 안전등급 기준(제44조 제3항 관련 별표7)

안전등급	화재예방안전진단 대상물의 상태
우수(A)	화재예방안전진단 실시 결과 문제점이 발견되지 않은 상태
양호(B)	화재예방안전진단 실시 결과 문제점이 일부 발견되었으나 대상물의 화재안전에는 이상이 없으며 대상물 일부에 대해 보수·보강 등의 조치명령이 필요한 상태
보통(C)	화재예방안전진단 실시 결과 문제점이 다수 발견되었으나 대상물의 전반적인 화재안전에는 이상이 없으며 대상물에 대한 다수의 조치명령이 필요한 상태
미흡(D)	화재예방안전진단 실시 결과 광범위한 문제점이 발견되어 대상물의 화재안전을 위해 조치명령의 즉각적인 이행이 필요하고 대상물의 사용 제한을 권고할 필요가 있는 상태
불량(E)	화재예방안전진단 실시 결과 중대한 문제점이 발견되어 대상물의 화재안전을 위해 조치명령의 즉각적인 이행이 필요하고 대상물의 사용 중단을 권고할 필요가 있는 상태

3 화재예방안전진단기관

지정권자	소방청장으로부터 진단기관으로 지정을 받으려는 자는 대통령령으로 정하는 시설과 전문인력 등 지정기준을 갖추어 소방청장에게 지정을 신청하여야 한다.
지정취소	소방청장은 진단기관으로 지정받은 자가 다음 각 호의 어느 하나에 해당하는 경우에는 그 지정을 취소하거나 6개월 이내의 기간을 정하여 업무의 전부 또는 일부의 정지를 명할 수 있다. 다만, 아래 ① 또는 ④에 해당하는 경우에는 그 지정을 취소하여야 한다. ① 거짓이나 그 밖의 부정한 방법으로 지정을 받은 경우 ② 제41조 제4항에 따른 화재예방안전진단 결과를 소방본부장 또는 소방서장, 관계인에게 제출하지 아니한 경우 ③ 화재예방안전진단기관의 지정기준에 미달하게 된 경우 ④ 업무정지기간에 화재예방안전진단 업무를 한 경우

전기사업법

용 어

전기 사업	발전사업 · 송전사업 · 배전사업 · 전기판매사업 및 구역전기사업	
	발전사업	전기를 생산하여 이를 전력시장을 통하여 전기판매사업자에게 공급함을 주된 목적으로 하는 사업
	송전사업	발전소에서 생산된 전기를 배전사업자에게 송전하는 데 필요한 전기설비를 설치 · 관리함을 주된 목적으로 하는 사업
	배전사업	발전소로부터 송전된 전기를 전기사용자에게 배전하는 데 필요한 전기설비를 설치 · 운영함을 주된 목적으로 하는 사업
	전기판매사업	전기사용자에게 전기를 공급함을 주된 목적으로 하는 사업
	구역전기사업	3만 5천킬로와트 이하의 발전설비를 갖추고 특정한 공급구역의 수요에 응하여 전기를 생산하여 전력시장을 통하지 아니하고 당해 공급구역 안의 전기사용자에게 공급함을 주된 목적으로 하는 사업
전기 신사업	전기자동차 충전사업	전기자동차에 전기를 유상으로 공급하는 것을 주된 목적으로 하는 사업
	소규모전력 중개사업	소규모전력자원에서 생산 또는 저장된 전력을 모아서 전력시장을 통하여 거래하는 것을 주된 목적으로 하는 사업
	재생에너지 전기공급사업	재생에너지를 이용하여 생산한 전기를 전기사용자에게 공급하는 것을 주된 목적으로 하는 사업을 말한다.
	재생에너지 전기저장 판매사업	재생에너지전기저장판매사업이란 재생에너지를 이용하여 생산한 전기를 전기저장장치에 저장하여 전기사용자에게 판매하는 것을 주된 목적으로 하는 사업으로서 산업통상자원부령으로 정하는 것을 말한다.
	통합발전소 사업	통합발전소사업이란 정보통신 및 자동제어 기술을 이용해 대통령령으로 정하는 에너지자원을 연결 · 제어하여 하나의 발전소처럼 운영하는 시스템을 활용하는 사업을 말한다.

전기 신사업	송전제약발생 지역전기공급 사업	송전제약발생지역전기공급사업이란 발전용량과 송전용량의 불일치(이하 "송전제약"이라 한다)로 인하여 전력시장을 통하여 전기판매사업자에게 공급하지 못하게 된 전기를 발전설비의 인접한 지역에 위치한 전기사용자의 신규 시설에 공급하는 것을 주된 목적으로 하는 사업을 말한다.
소규모 전력 자원		① 신에너지 및 재생에너지의 발전설비로서 발전설비용량 2만킬로와트 이하 ② 충전·방전설비용량 2만킬로와트 이하의 전기저장장치 ③ 전기자동차
전력 시장		전력거래를 위하여 한국전력거래소가 개설하는 시장
소규모전력 중개시장		소규모전력중개사업자가 소규모전력자원을 모집·관리할 수 있도록 한국전력거래소가 개설하는 시장
전력 계통		원활한 전기의 흐름과 전기의 품질유지를 위하여 전기의 흐름을 통제·관리하는 체제
보편적 공급		전기사용자가 언제 어디서나 적정한 요금으로 전기를 사용할 수 있도록 전기를 공급하는 것
전기 설비		발전·송전·변전·배전 또는 전기사용을 위하여 설치하는 기계·기구·댐·수로·저수지·전선로·보안통신선로 그 밖의 설비로서 다음의 것
	전기사업용 전기설비	전기설비 중 전기사업자가 전기사업에 사용하는 전기설비
	일반용 전기설비	다음에 정하는 소규모의 전기설비로서 한정된 구역에서 전기를 사용하기 위하여 설치하는 전기설비 ① 저압에 해당하는 용량 75kW(제조업 또는 심야전력을 이용하는 전기설비는 용량 100kW) 미만의 전력을 타인으로부터 수전하여 그 수전장소에서 그 전기를 사용하기 위한 전기설비 ② 저압에 해당하는 용량 10kW 이하인 발전설비
	자가용 전기설비	전기사업용 전기설비 및 일반용 전기설비 외의 전기설비
전기 설비에서 제외		댐 및 저수지와 선박·차량 또는 항공기가 그 기능을 유지하도록 하기 위하여 설치되는 전기설비, 전압 30V 미만의 전기설비로서 전압 30V 이상의 전기설비와 전기적으로 접속되어 있지 아니한 것, 「전기통신기본법」에 따른 전기통신설비. 다만, 전기를 공급하기 위한 수전설비는 제외한다.

12

변전소		변전소의 밖으로부터 전압 5만V 이상의 전기를 전송 받아 이를 변성(전압을 올리거나 내리는 것 또는 전기의 성질을 변경시키는 것을 말한다)하여 변전소 밖의 장소에 전송할 목적으로 설치하는 변압기 그 밖의 전기설비의 총합체
전기 수용 설비	수전 설비	타인의 전기설비 또는 구내발전설비로부터 전기를 공급 받아 구내배전설비로 전기를 공급하기 위한 전기설비로서 수전지점으로부터 배전반(구내배전설비로 전기를 배전하는 전기설비를 말한다)까지의 설비
	구내 배전 설비	수전설비의 배전반에서부터 전기사용기기에 이르는 전선로·개폐기·차단기·분전함·콘센트·제어반·스위치 및 그 밖의 부속설비
전 압	저 압	직류에서는 1500V 이하의 전압을 말하고, 교류에서는 1000V 이하의 전압
	고 압	직류에서는 1500V를 초과하고 7천V 이하인 전압을 말하고, 교류에서는 1000V를 초과하고 7천V 이하인 전압
	특고압	7천V를 초과하는 전압
안전 관리		국민의 생명과 재산을 보호하기 위하여 이 법 및 「전기안전관리법」에서 정하는 바에 따라 전기설비의 공사·유지 및 운용에 필요한 조치를 하는 것
분산형 전원		분산형전원이란 전력수요 지역 인근에 설치하여 송전선로의 건설을 최소화할 수 있는 일정규모 이하의 발전설비로서 산업통상자원부령으로 정하는 것을 말한다. ① 발전설비용량 4만킬로와트 이하의 발전설비 ② 다음의 자가 설치한 발전설비용량 50만킬로와트 이하의 발전설비 　㉠ 「집단에너지사업법」 제48조에 따라 발전사업의 허가를 받은 것으로 보는 집단에너지사업자 　㉡ 구역전기사업자 　㉢ 자가용전기설비를 설치한 자

전기사업 및 전기신사업

1 전기사업

1. 전기사업의 허가

(1) 허가권자

전기사업을 하려는 자는 전기사업의 종류별로 미리 전기위원회의 심의를 거쳐 산업통상자원부장관 또는 시·도지사(이하 "허가권자"라 한다)의 허가를 받아야 한다.

(2) 이중허가금지

동일인이 두 종류 이상의 전기사업을 할 수 있는 경우: 동일인에게는 두 종류 이상의 전기사업을 허가할 수 없다. 다만, 다음의 어느 하나에 해당하는 경우에는 그러하지 아니하다.

> 1. 배전사업과 전기판매사업을 겸업하는 경우
> 2. 도서지역에서 전기사업을 하는 경우
> 3. 「집단에너지사업법」에 따라 발전사업의 허가를 받은 것으로 보는 집단에너지사업자가 전기판매사업을 겸업하는 경우. 다만, 같은 법 규정에 따라 허가 받은 공급구역에 전기를 공급하려는 경우로 한정한다.

(3) 준비기간 지정

전기사업자는 허가권자가 지정한 준비기간 내에 그 사업에 필요한 전기설비를 설치하고 사업을 시작하여야 한다.

(4) 준비기간

준비기간은 10년을 넘을 수 없다. 다만, 허가권자가 정당한 사유가 있다고 인정하는 경우에는 준비기간을 연장할 수 있다.

2. 전기사업자의 결격사유

다음에 해당하는 자는 전기사업의 허가를 받을 수 없다.

1. 피성년후견인
2. 파산선고를 받고 복권되지 아니한 자
3. 「형법」 중 전기에 관한 죄를 짓거나 「전기사업법」에 위반하여 금고 이상의 실형을 선고 받고 그 집행이 끝나거나(집행이 끝난 것으로 보는 경우를 포함한다) 집행이 면제된 날부터 2년이 지나지 아니한 자
4. 위 '3.'에 규정된 죄를 지어 금고 이상의 형의 집행유예선고를 받고 그 유예기간 중에 있는 자
5. 전기사업의 허가가 취소(1. 또는 2.의 결격사유에 해당하여 허가가 취소된 경우에는 제외한다)된 후 2년이 지나지 아니한 자
6. 위 '1.'부터 '5.'까지의 어느 하나에 해당하는 자가 대표자로 되어 있는 법인

3. 허가취소 또는 사업정지사유

산업통상자원장관은 전기사업자가 다음의 하나에 해당하는 경우에는 전기위원회의 심의를 거쳐 그 허가를 취소하거나 6개월 이내의 기간을 정하여 사업정지를 명할 수 있다. 다만, 다음의 '1.'부터 '5.'까지의 어느 하나에 해당하는 경우에는 그 허가를 취소하여야 한다.

1. 전기사업허가의 결격사유에 해당하게 된 경우(필연적 허가취소)
2. 전기사업자가 전기사업의 준비기간 내에 전기설비의 설치 및 사업을 시작하지 아니한 경우(필연적 허가취소)
3. 원자력발전소를 운영하는 발전사업자(이하 '원자력발전사업자')에 대한 외국인의 투자가 「외국인투자촉진법」 외국인투자에 해당하게 된 경우(필연적 허가취소)
4. 거짓 그 밖의 부정한 방법으로 전기사업의 허가 또는 변경허가를 받는 경우(필연적 허가취소)
5. 산업통상자원부장관이 정하여 고시하는 시점까지 정당한 사유 없이 제61조 제1항에 따른 공사계획 인가를 받지 못하여 공사에 착수하지 못하는 경우(필연적 허가취소)
6. 사업정지기간 중에 전기사업을 한 경우
7. 정당한 사유 없이 전기의 공급을 거부한 경우

4. 과징금 부과

사업정지가 전기사용자 등에게 심한 불편을 주거나 공익을 해칠 우려가 있는 경우에는 대통령령으로 정하는 바에 따라 사업정지명령에 갈음하여 5천만원 이하의 과징금을 부과할 수 있다.

허가권자는 과징금을 내야 할 자가 납부기한까지 이를 내지 아니하면 국세 체납처분의 예에 따라 징수할 수 있다.

2 전기신사업의 등록

1. 전기신사업의 등록기관

전기신사업을 하려는 자는 전기신사업의 종류별로 산업통상자원부장관에게 등록하여야 한다.

2. 전기신사업의 등록의 결격사유

다음의 어느 하나에 해당하는 자는 전기신사업의 등록을 할 수 없다.

1. 피성년후견인
2. 파산선고를 받고 복권되지 아니한 자
3. 「형법」 중 전기에 관한 죄를 짓거나 「전기사업법」에 위반하여 금고 이상의 실형을 선고 받고 그 집행이 끝나거나(집행이 끝난 것으로 보는 경우를 포함) 집행이 면제된 날부터 2년이 지나지 아니한 자
4. 위 '3.'에 규정된 죄를 지어 금고 이상의 형의 집행유예선고를 받고 그 유예기간 중에 있는 자
5. 전기신사업의 등록이 취소(피성년후견인 또는 파산선고를 받고 복권되지 아니한 자로서 등록이 취소된 경우는 제외한다)된 후 2년이 지나지 아니한 자
6. 위에 해당하는 자가 대표자인 법인

3. 전기신사업의 등록취소 및 사업정지명령 사유

산업통상자원부장관은 전기신사업자가 다음의 어느 하나에 해당하는 경우에는 그 사업의 등록을 취소하거나 그 사업자에게 6개월 이내의 기간을 정하여 사업정지를 명할 수 있다. 다만, 다음의 1.부터 3.까지의 어느 하나에 해당하는 경우에는 그 등록을 취소하여야 한다.

> 1. 거짓이나 그 밖의 부정한 방법으로 등록 또는 변경등록을 한 경우
> 2. 법 제7조의2 제3항에 따른 등록기준에 부합하지 않게 된 경우. 다만, 30일 이내에 그 기준을 충족시킨 경우는 제외한다.
> 3. 등록결격사유의 어느 하나에 해당하게 된 경우
> 4. 법 제14조를 위반하여 정당한 사유 없이 전기의 공급을 거부한 경우
> 5. 법 제23조 제1항에 따른 산업통상자원부장관의 명령을 위반한 경우
> 6. 사업정지기간에 전기신사업을 한 경우

3 전기공급 등

1. 전기공급의무

발전사업자, 전기판매사업자, 전기자동차충전사업자, 재생에너지전기공급사업자, 재생에너지전기저장판매사업자 및 송전제약발생지역전기공급사업자는 대통령령으로 정하는 정당한 사유 없이 전기의 공급을 거부하여서는 아니 된다.

2. 전기공급을 거부할 수 있는 사유

① 전기요금을 납기일까지 납부하지 아니한 전기사용자가 납기일의 다음날부터 공급약관에서 정하는 기한까지 해당 요금을 납부하지 아니하는 경우
② 전기사용자가 다음의 약관이나 계약에서 정한 기한까지 전기요금을 지급하지 않은 경우

> ㉠ 전기신사업(소규모전력중개사업은 제외한다) 약관
> ㉡ 재생에너지전기공급사업자와 전기사용자 간에 체결한 전기공급 계약
> ㉢ 전기판매사업자와 전기사용자 간에 체결한 전기공급 계약

③ 전기의 공급을 요청하는 자가 불합리한 조건을 제시하거나 전기판매사업자, 전기자동차충전사업자 또는 재생에너지공급사업자의 정당한 조건에 따르지 않고 다른 방법으로 전기의 공급을 요청하는 경우
④ 발전사업자(한국전력거래소가 전력계통의 운영을 위하여 전기공급을 지시한 발전사업자는 제외한다)가 환경을 적정하게 관리·보존하는 데 필요한 조치로서 전기공급을 정지하는 경우
⑤ 전기사용자가 전기의 품질에 적합하지 아니한 전기의 공급을 요청하는 경우

⑥ 발전용 전기설비의 정기적인 보수기간 중 전기의 공급을 요청하는 경우(발전사업자만 해당한다)

⑦ 전기설비의 정기적인 점검 및 보수 등의 약관이나 계약에서 정한 정당한 전기공급 중단 또는 정지 사유가 발생하는 경우

⑧ 전기를 대량으로 사용하려는 자가 다음에서 정하는 시기까지 전기판매사업자에게 미리 전기의 공급을 요청하지 아니하는 경우

> ㉠ 사용량이 5천킬로와트(일반업무시설인 경우에는 2천킬로와트) 이상 1만킬로와트 미만인 경우: 사용 예정일 1년 전
> ㉡ 사용량이 1만킬로와트 이상 10만킬로와트 미만인 경우: 사용 예정일 2년 전
> ㉢ 사용량이 10만킬로와트 이상 30만킬로와트 미만인 경우: 사용 예정일 3년 전
> ㉣ 사용량이 30만킬로와트 이상인 경우: 사용 예정일 4년 전

⑨ 위 ⑧에 따라 전기를 대량으로 사용하려는 자에 대한 전기의 공급으로 전기판매사업자가 다음 각 항의 기준을 유지하기 어려운 경우
　　㉠ 법 제18조 제1항에 따른 전기의 품질 유지 기준
　　㉡ 법 제27조의2 제1항에 따른 전력계통의 신뢰도 유지 기준

⑩ 「전기안전관리법」에 따른 일반용전기설비의 사용전점검을 받지 아니하고 전기공급을 요청하는 경우

⑪ 「전기안전관리법」 제12조 제6항 또는 다른 법률에 따라 시장·군수·자치구의 구청장 또는 그 밖의 행정기관의 장이 전기공급의 정지를 요청하는 경우

⑫ 재난이나 그 밖의 비상사태로 인하여 전기공급이 불가능한 경우

3. 전기의 공급약관

기본공급약관	전기판매사업자는 전기요금과 그 밖의 공급조건에 관한 약관(이하 "기본공급약관"이라 한다)을 작성하여 산업통상자원부장관의 인가를 받아야 한다.
선택공급약관	전기판매사업자는 그 전기수요를 효율적으로 관리하기 위하여 필요한 범위에서 기본공급약관으로 정한 것과 다른 요금이나 그 밖의 공급조건을 내용으로 정하는 약관(이하 "선택공급약관"이라 한다)을 작성할 수 있다.

공급약관	전기판매사업자는 선택공급약관을 포함한 기본공급약관(이하 "공급약관"이라 한다)을 시행하기 전에 영업소 및 사업소 등에 이를 갖춰 두고 전기사용자가 열람할 수 있게 하여야 한다.
약관신고	전기신사업자는 요금과 그 밖의 이용조건에 관한 약관을 작성하여 산업통상자원부장관에게 신고할 수 있다.
표준약관	산업통상자원부장관은 전기신사업의 공정한 거래질서를 확립하기 위하여 공정거래위원회 위원장과 협의를 거쳐 표준약관을 제정 또는 개정할 수 있다.
보완공급약관	구역전기사업자는 사고나 그 밖에 전력이 부족하거나 남는 경우에는 부족한 전력 또는 남는 전력을 전기판매사업자와 거래에 따른 전기요금과 그 밖의 거래조건에 관한 사항을 내용으로 하는 약관(이하 "보완공급약관"이라 한다)을 작성하여 산업통상자원부장관의 인가를 받아야 한다.

4. 전기판매사업자 등의 전기자동차충전사업자와의 전력거래 거부금지

전기판매사업자 또는 구역전기사업자는 정당한 사유 없이 전기자동차충전사업자와의 전력거래를 거부해서는 아니 된다.

5. 재생에너지전기공급사업자등의 전기공급

재생에너지전기공급사업자 및 재생에너지전기저장판매사업자는 재생에너지를 이용하여 생산한 전기를 전력시장을 거치지 아니하고 전기사용자에게 공급할 수 있다.

6. 송전제약발생지역전기공급사업자의 전기공급

송전제약발생지역전기공급사업자는 다음 각 호의 요건을 갖춘 경우에 생산한 전기를 전력시장을 거치지 아니하고 전기사용자에게 공급할 수 있다.

> 1. 송전제약으로 발전설비의 최적 활용이 곤란한 지역에 위치한 발전설비를 이용하여 생산한 전기를 공급할 것
> 2. 전기사용자의 수전설비가 발전설비 인접지역에 위치하고 신규 시설일 것

7. 전기자동차충전사업자의 전기공급

전기자동차충전사업자는 대통령령으로 정하는 범위에서 재생에너지를 이용하여 생산한 전기를 전력시장을 거치지 아니하고 전기자동차에 공급할 수 있다.

8. 전기품질의 유지의무

전기사업자 및 한국전력거래소는 다음에서 정하는 사항을 매년 1회 이상 측정하여야 하며 그 측정결과를 3년간 보존하여야 한다.

> 1. 발전사업자 및 송전사업자의 경우에는 전압 및 주파수
> 2. 배전사업자 및 전기판매사업자의 경우에는 전압
> 3. 한국전력거래소의 경우에는 주파수

9. 전기사업자 등의 금지행위

① 전기사업자 등은 전력시장에서의 공정한 경쟁을 해치거나 전기사용자의 이익을 해칠 우려가 있는 행위를 하거나 제3자로 하여금 이를 하게 하여서는 아니 된다.

② 허가권자는 전기사업자 등이 위의 금지행위를 한 것으로 인정하는 경우에는 전기위원회의 심의를 거쳐 전기사업자에게 조치를 명하거나 금지행위에 관여한 임직원의 징계를 요구할 수 있다. 다만, 전기신사업자의 경우에는 전기위원회의 심의를 거치지 아니한다.

③ 허가권자는 전기사업자 등이 금지행위를 한 경우에는 전기위원회의 심의(전기신사업자와 허가권자가 시·도지사인 전기사업자의 경우는 제외한다)를 거쳐 그 전기사업자 등의 매출액의 100분의 5의 범위에서 과징금을 부과·징수할 수 있다. 다만, 매출액이 없거나 매출액의 산정이 곤란한 경우로서 대통령령으로 정하는 경우에는 10억원 이하의 과징금을 부과·징수할 수 있다.

4 전력시장

1. 전력거래

발전사업자 및 전기판매 사업자의 전력거래	원 칙	발전사업자 및 전기판매사업자는 전력시장운영규칙으로 정하는 바에 따라 전력시장에서 전력거래를 하여야 한다.
	예 외	① 도서지역에서 전력을 거래하는 경우 ② 신·재생에너지발전사업자가 1천kW 이하의 발전설비용량을 이용하여 생산한 전력을 거래하는 경우 ③ 신·재생에너지발전사업자가 발전설비용량이 1천kW를 초과하는 발전설비를 이용하여 생산한 전력을 재생에너지전기공급사업자에게 공급하는 경우 또는 전기판매사업자에게 공급하고, 전기판매사업자가 그 전력을 전기사용자에게 공급하는 방법으로 전력을 거래하는 경우 ④ 「수소경제 육성 및 수소 안전관리에 관한 법률」에 따른 수소발전사업자가 생산한 전력을 수소발전 입찰시장에서 거래하는 경우
자가용 전기설비를 설치한 자의 전력시장 거래	원 칙	자가용 전기설비를 설치한 자는 그가 생산한 전력을 전력시장에서 거래할 수 없다.
	예 외	① 태양광 설비를 설치한 자가 해당 설비를 통하여 생산한 전력 중 자기가 사용하고 남은 전력을 거래하는 경우 ② 태양광 설비 외의 설비를 설치한 자가 해당 설비를 통하여 생산한 전력의 연간 총생산량의 50% 미만의 범위에서 전력을 거래하는 경우
구역전기사업자의 전력거래		구역전기사업자는 다음 각 호의 어느 하나에 해당하는 전력을 전력시장에서 거래할 수 있다. ① 허가받은 공급능력으로 해당 특정한 공급구역의 수요에 부족하거나 남는 전력 ② 발전기의 고장, 정기점검 및 보수 등으로 인하여 해당 특정한 공급구역의 수요에 부족한 전력

전기판매사업자의 전력우선구매	전기판매사업자는 다음의 어느 하나에 해당하는 자가 생산한 전력을 전력시장운영규칙으로 정하는 바에 따라 우선적으로 구매할 수 있다. ① 설비용량이 2만kW 이하의 발전사업자 ② 자가용전기설비를 설치한 자(예외규정에 따라 전력거래를 하는 경우만 해당한다) ③ 신에너지 및 재생에너지를 이용하여 전기를 생산하는 발전사업자 ④ 발전사업의 허가를 받은 것으로 보는 집단에너지사업자 ⑤ 수력발전소를 운영하는 발전사업자	
전기사용자의 직접구매	원 칙	전기사용자는 전력시장에서 전력을 직접 구매할 수 없다.
	예 외	수전설비용량이 3만kVA(킬로볼트암페어) 이상인 전기사용자는 그러하지 아니하다.
전력의 거래가격	전력시장에서 이루어지는 전력의 거래가격은 시간대별로 전력의 수요와 공급에 따라 결정되는 가격으로 한다.	
전력거래의 정산	전력거래의 정산은 전력거래가격을 기초로 하며, 구체적인 정산방법은 전력시장운영규칙에 따른다.	

2. 한국전력거래소

설 립	전력시장 및 전력계통의 운영을 위하여 한국전력거래소를 설립한다.
성립시기	주된 사무소의 소재지에서 설립등기함으로써 성립
업 무	① 전력시장 및 소규모전력중개시장의 개설·운영에 관한 업무 ② 전력거래에 관한 업무 ③ 회원의 자격심사에 관한 업무 ④ 전력거래대금 및 전력거래에 따른 비용의 청구·정산 및 지불에 관한 업무 ⑤ 전력거래량의 계량에 관한 업무 ⑥ 전력시장운영규칙 및 소규모전력중개시장운영규칙 등 제반규칙의 제정·개정에 관한 업무 ⑦ 전력계통의 운영에 관한 업무 ⑧ 전기품질의 측정·기록·보존에 관한 업무 ⑨ 그 밖에 '①'부터 '⑧'까지의 업무에 딸린 업무

전력시장운영규칙

한국전력거래소는 전력시장운영규칙을 제정·변경 또는 폐지하려는 경우에는 전기위원회의 심의를 거쳐 산업통상자원부장관의 승인을 받아 정한다.

중개시장운영규칙

한국전력거래소는 소규모전력중개시장의 운영에 관한 규칙(이하 "중개시장운영규칙"이라 한다)을 제정·변경 또는 폐지하려는 경우에는 산업통상자원부장관의 승인을 받아 정한다.

12

전력에 관한 계획 및 위원회

1 전력에 관한 계획

구 분	수립목적	수립단위	수립권자	심 의
① 전력수급기본계획	전력수급의 안정	2년 단위	산업통상자원부장관	전력정책심의회
② 전력산업기반조성계획	전력산업기반조성	3년 단위	산업통상자원부장관	전력정책심의회
③ 전력산업기반조성시행계획	전력산업기반조성을 효율적으로 시행	매년 수립	산업통상자원부장관	전력정책심의회

2 전력에 관한 위원회

구 분	전기위원회	전력정책심의회
인 원	9명 이내	30명 이내
임명, 위촉	산업통상자원부장관의 제청으로 대통령이 임명 또는 위촉	소속 중앙행정기관장 장이 지정하거나 전기사업자등이 추천하는 사람 중 산업통상자원부장관이 위촉
심 의	① 전기사업의 허가 또는 변경허가에 관한 사항 ② 전기사업의 양수 또는 법인의 분할·합병에 대한 인가에 관한 사항 ③ 전기사업의 허가취소, 사업정지, 사업구역의 감소, 과징금의 부과에 관한 사항 ④ 송전용 또는 배전용 전기설비의 이용요금과 그 밖의 이용조건의 인가에 관한 사항 ⑤ 전력시장운영규칙 및 중개시장운영규칙의 승인에 관한 사항 등	① 기본계획 ② 전력산업기반조성계획 ③ 전력산업기반조성계획의 시행계획 ④ 그 밖에 전력산업의 발전에 중요한 사항으로서 산업통상자원부장관이 심의에 부치는 사항

전기설비의 안전관리

1 전기사업용 전기설비의 안전관리

전기설비공사 계획의 인가	전기사업자는 전기사업용 전기설비의 설치공사 또는 변경공사로서 산업통상자원부령으로 정하는 공사를 하려는 경우에는 그 공사계획에 대하여 산업통상자원부장관의 인가를 받아야 한다.
사용전검사	전기사업용 전기설비의 설치공사 또는 변경공사를 한 자는 산업통상자원부령으로 정하는 바에 따라 허가권자가 실시하는 검사에 합격한 후에 이를 사용하여야 한다(검사를 받으려는 날의 7일 전까지 한국전기안전공사에게 서류 제출).
전기설비의 임시사용	전기설비의 임시사용기간은 3개월 이내로 한다. 다만, 임시사용기간에 임시사용의 사유를 해소할 수 없는 특별한 사유가 있다고 인정되는 경우에는 전체 임시사용기간이 1년을 초과하지 아니하는 범위에서 임시사용기간을 연장할 수 있다.

2 송전사업자 및 배전사업자의 자체검사

자체검사	송전사업자 및 배전사업자는 산업통상자원부령으로 정하는 바에 따라 송전사업자·배전사업자의 전기설비에 대하여 자체적으로 검사를 하여야 하고 산업통상자원부장관에게 검사 결과를 보고하여야 한다.

3 물밑선로보호구역

물밑선로 보호구역	지정 신청	전기사업자는 물밑에 설치한 전선로(이하 '물밑선로'라 한다)를 보호하기 위하여 필요한 경우에는 물밑선로보호구역의 지정을 산업통상자원부장관에게 신청할 수 있다.

| 물밑선로
보호구역 | 지정 | 산업통상자원부장관은 물밑선로보호구역의 지정신청이 있는 경우에는 미리 해양수산부장관과 협의를 하여 물밑선로보호구역을 지정할 수 있다. |
| | 행위
제한 | ① 물밑선로를 손상시키는 행위
② 선박의 닻을 내리는 행위
③ 물밑에서 광물·수산물을 채취하는 행위
④ 그 밖에 물밑선로를 손상하게 할 우려가 있는 행위 |

4 전기사업자의 토지등의 사용

토지등의 사용 및 장애물 변경제거	전기사업자는 전기사업용 전기설비의 설치나 이를 위한 실지조사·측량 및 시공 또는 전기사업용 전기설비의 유지·보수를 위하여 필요한 경우에는 「공익사업을 위한 토지 등의 취득 및 보상에 관한 법률」에서 정하는 바에 따라 다른 자의 토지 또는 이에 정착된 건물 그 밖의 공작물(이하 '토지등'이라 한다)을 사용하거나 다른 자의 식물 그 밖의 장애물을 변경 또는 제거할 수 있다.
다른 자의 토지 일시적 사용등	전기사업자는 다음의 하나에 해당하는 경우에는 다른 자의 토지 등을 일시사용하거나 다른 사람의 식물을 변경 또는 제거할 수 있다. 다만, 다른 자의 토지 등이 주거용으로 사용되고 있는 경우에는 그 사용일시 및 기간에 관하여 미리 거주자와 협의하여야 한다. ① 천재지변·전시·사변 기타 긴급한 사태로 인하여 전기사업용 전기설비 등이 파손되거나 파손될 우려가 있는 경우 15일 이내에서의 다른 자의 토지등의 일시사용 ② 전기사업용 전선로에 장애가 되는 식물을 방치하여 그 전선로를 현저하게 파손하거나 화재 그 밖의 재해를 일으키게 할 우려가 있다고 인정되는 경우 그 식물의 변경 또는 제거
다른 자의 토지등에의 출입	전기사업자는 전기설비의 설치·유지 및 안전관리를 위하여 필요한 경우에는 다른 자의 토지 등에 출입할 수 있다. 이 경우 전기사업자는 출입방법 및 출입기간 등에 대하여 미리 토지 등의 소유자 또는 점유자와 협의하여야 한다.
손실보상	전기사업자는 다른 자의 토지등의 일시사용, 식물의 변경 또는 제거나 토지등에의 출입으로 인하여 손실이 발생한 때에는 손실을 입은 자에게 정당한 보상을 하여야 한다.
	전기사업자는 다른 자의 토지의 지상 또는 지하 공간에 송전선로를 설치함으로 인하여 손실이 발생한 때에는 손실을 입은 자에게 정당한 보상을 하여야 한다.

공공용 토지에 전기사업용 전선로 설치	① 전기사업자는 국가·지방자치단체 그 밖의 공공기관이 관리하는 공공용 토지에 전기사업용 전선로를 설치할 필요가 있는 경우에는 그 <u>토지 관리자의 허가</u>를 받아 사용할 수 있다. ② 공공용 토지 관리자가 정당한 사유 없이 허가를 거절하거나 허가조건이 적절하지 아니한 경우에는 전기사업자의 신청을 받아 그 토지를 관할하는 주무부장관이 사용을 허가하거나 허가조건을 변경할 수 있다.

승강기 안전관리법

용 어

1 승강기

"승강기"란 건축물이나 고정된 시설물에 설치되어 일정한 경로에 따라 사람이나 화물을 승강장으로 옮기는 데에 사용되는 설비(「주차장법」에 따른 기계식주차장치 등 대통령령으로 정하는 것은 제외한다)로서 구조나 용도 등의 구분에 따라 대통령령으로 정하는 설비를 말한다.

1. 구조별 승강기의 세부종류

구 분	승강기의 세부종류	분류기준
1. 엘리베이터	① 전기식 엘리베이터	로프나 체인 등에 매달린 운반구(運搬具)가 구동기에 의해 수직로 또는 경사로를 따라 운행되는 구조의 엘리베이터
	② 유압식 엘리베이터	운반구 또는 로프나 체인 등에 매달린 운반구가 유압잭에 의해 수직로 또는 경사로를 따라 운행되는 구조의 엘리베이터
2. 에스컬레이터	① 에스컬레이터	계단형의 발판이 구동기에 의해 경사로를 따라 운행되는 구조의 에스컬레이터
	② 무빙워크	평면형의 발판이 구동기에 의해 경사로 또는 수평로를 따라 운행되는 구조의 에스컬레이터
3. 휠체어리프트	① 수직형 휠체어리프트	휠체어의 운반에 적합하게 제작된 운반구(이하 "휠체어운반구"라 한다) 또는 로프나 체인 등에 매달린 휠체어운반구가 구동기나 유압잭에 의해 수직로를 따라 운행되는 구조의 휠체어리프트
	② 경사형 휠체어리프트	휠체어운반구 또는 로프나 체인 등에 매달린 휠체어운반구가 구동기나 유압잭에 의해 경사로를 따라 운행되는 구조의 휠체어리프트

2. 용도별 승강기의 세부종류

구 분	승강기의 세부 종류	분류기준
1. 엘리베이터	① 승객용 엘리베이터	사람의 운송에 적합하게 제조·설치된 엘리베이터
	② 전망용 엘리베이터	승객용 엘리베이터 중 엘리베이터 내부에서 외부를 전망하기에 적합하게 제조·설치된 엘리베이터
	③ 병원용 엘리베이터	병원의 병상 운반에 적합하게 제조·설치된 엘리베이터로서 평상시에는 승객용 엘리베이터로 사용하는 엘리베이터
	④ 장애인용 엘리베이터	「장애인·노인·임산부 등의 편의증진 보장에 관한 법률」 제2조 제1호에 따른 장애인등의 운송에 적합하게 제조·설치된 엘리베이터로서 평상시에는 승객용 엘리베이터로 사용하는 엘리베이터
	⑤ 소방구조용 엘리베이터	화재 등 비상시 소방관의 소화활동이나 구조활동에 적합하게 제조·설치된 엘리베이터(「건축법」 제64조 제2항 본문 및 「주택건설기준 등에 관한 규정」 제15조 제2항에 따른 비상용승강기를 말한다)로서 평상시에는 승객용 엘리베이터로 사용하는 엘리베이터
	⑥ 피난용 엘리베이터	화재 등 재난 발생시 거주자의 피난활동에 적합하게 제조·설치된 엘리베이터로서 평상시에는 승객용으로 사용하는 엘리베이터
	⑦ 주택용 엘리베이터	「건축법 시행령」 별표 1 제1호 가목에 따른 단독주택 거주자의 운송에 적합하게 제조·설치된 엘리베이터로서 왕복 운행거리가 12m 이하인 엘리베이터
	⑧ 승객화물용 엘리베이터	사람의 운송과 화물 운반을 겸용하기에 적합하게 제조·설치된 엘리베이터
	⑨ 화물용 엘리베이터	화물의 운반에 적합하게 제조·설치된 엘리베이터로서 조작자 또는 화물취급자가 탑승할 수 있는 엘리베이터(적재용량이 300킬로그램 미만인 것은 제외한다)

1. 엘리베이터	⑩ 자동차용 엘리베이터	운전자가 탑승한 자동차의 운반에 적합하게 제조·설치된 엘리베이터
	⑪ 소형화물용 엘리베이터 (Dumbwaiter)	음식물이나 서적 등 소형 화물의 운반에 적합하게 제조·설치된 엘리베이터로서 사람의 탑승을 금지하는 엘리베이터(바닥면적이 $0.5m^2$ 이하이고, 높이가 0.6m 이하인 것은 제외한다)
2. 에스컬레이터	① 승객용 에스컬레이터	사람의 운송에 적합하게 제조·설치된 에스컬레이터
	② 장애인용 에스컬레이터	장애인등의 운송에 적합하게 제조·설치된 에스컬레이터로서 평상시에는 승객용 에스컬레이터로 사용하는 에스컬레이터
	③ 승객화물용 에스컬레이터	사람의 운송과 화물 운반을 겸용하기에 적합하게 제조·설치된 에스컬레이터
	④ 승객용 무빙워크	사람의 운송에 적합하게 제조·설치된 에스컬레이터
	⑤ 승객화물용 무빙워크	사람의 운송과 화물의 운반을 겸용하기에 적합하게 제조·설치된 에스컬레이터
3. 휠체어리프트	① 장애인용 수직형 휠체어리프트	운반구가 수직로를 따라 운행되는 것으로서 장애인등의 운송에 적합하게 제조·설치된 수직형 휠체어리프트
	② 장애인용 경사형 휠체어리프트	운반구가 경사로를 따라 운행되는 것으로서 장애인등의 운송에 적합하게 제조·설치된 경사형 휠체어리프트

승강기부품	"승강기부품"이란 승강기를 구성하는 제품이나 그 부분품 또는 부속품을 말한다.
제 조	"제조"란 승강기나 승강기부품을 판매·대여하거나 설치할 목적으로 생산·조립하거나 가공하는 것을 말한다.
설 치	"설치"란 승강기의 설계도면 등 기술도서에 따라 승강기를 건축물이나 고정된 시설물에 장착(승강기 교체를 포함한다)하는 것을 말한다.
유지관리	"유지관리"란 설치검사를 받은 승강기가 그 설계에 따른 기능 및 안전성을 유지할 수 있도록 하는 다음의 안전관리 활동을 말한다. ① 주기적인 점검 ② 승강기 또는 승강기부품의 수리 ③ 승강기부품의 교체 ④ 그 밖에 행정안전부장관이 승강기의 기능 및 안전성의 유지를 위하여 필요하다고 인정하여 고시하는 안전관리 활동
승강기사업자	"승강기사업자"란 다음의 어느 하나에 해당하는 자를 말한다. ① 승강기나 승강기부품의 제조업 또는 수입업을 하기 위하여 등록을 한 자 ② 승강기의 유지관리를 업(業)으로 하기 위하여 등록을 한 자 ③ 「건설산업기본법」에 따라 건설업의 등록을 한 자로서 대통령령으로 정하는 승강기설치공사업에 종사하는 자(이하 "설치공사업자"라 한다)
관리주체	"관리주체"란 다음의 어느 하나에 해당하는 자를 말한다. ① 승강기 소유자 ② 다른 법령에 따라 승강기 관리자로 규정된 자 ③ ① 또는 ②에 해당하는 자와의 계약에 따라 승강기를 안전하게 관리할 책임과 권한을 부여받은 자

승강기 등의 제조업 또는 수입업

1 승강기 등의 제조업 또는 수입업의 등록

등 록	승강기나 대통령령으로 정하는 승강기부품의 제조업 또는 수입업을 하려는 자는 시·도지사에게 등록하여야 한다. 변경등록은 등록사항이 변경된 날부터 30일 이내에 하여야 한다.
부품 사전확보	승강기 또는 승강기부품의 제조업자 등은 승강기 또는 승강기부품을 판매하거나 양도하려면 사후관리에 필요한 승강기 유지관리용 부품 등을 미리 확보하여 유상 또는 무상으로 제공하여야 한다.
2일 이내 제공	제조업자 등이 승강기 관리주체·승강기 유지관리업자·승강기 유지관리업자를 조합원으로 하여 「중소기업협동조합법」에 따라 설립된 조합으로부터 승강기 유지관리용 부품·장비 등의 제공을 요청받은 경우에는 특별한 이유가 없으면 2일 이내에 요청에 따라야 한다.
등록취소	시·도지사는 승강기 제조·수입업자가 다음의 어느 하나에 해당하는 경우에는 제조업 또는 수입업의 등록을 취소하거나 6개월 이내의 기간을 정하여 그 사업의 전부 또는 일부의 정지를 명할 수 있다. 다만, 아래의 ①·② 또는 ④에 해당하는 경우에는 그 등록을 취소하여야 한다. ① 거짓이나 그 밖의 부정한 방법으로 제조업 또는 수입업의 등록을 한 경우 ② 사업정지명령을 받은 후 그 사업정지기간에 제조업 또는 수입업을 한 경우 ③ 승강기 제조·수입업의 등록기준을 충족하지 못하게 된 경우 ④ 등록의 결격사유의 어느 하나에 해당하는 경우 ⑤ 승강기 제조·수입업자가 승강기 또는 승강기부품을 판매하거나 양도하였을 때 부품·점검 등의 유상 또는 무상 제공 조치의무에 대한 이행명령을 위반한 경우 ⑥ 다음의 어느 하나에 해당하는 경우로서 중대한 사고 또는 중대한 고장이 발생한 경우 ㉠ 승강기나 승강기부품의 제조를 잘못한 경우 ㉡ 제조가 잘못된 승강기나 승강기부품을 수입한 경우

| 과징금 | 시·도지사는 등록취소 사유 중 ③·⑤ 또는 ⑥에 해당하여 사업정지를 명하여야 하는 경우로서 그 사업의 정지가 이용자 등에게 심한 불편을 주거나 공익을 해칠 우려가 있는 경우에는 사업정지처분을 갈음하여 1억원 이하의 과징금을 부과할 수 있다. |

2 승강기 등의 제조·수입업의 안전인증

승강기 등의 안전인증	승강기 및 승강기부품의 제조·수입업자는 승강기 및 승강기부품에 대하여 모델별로 행정안전부장관이 실시하는 안전인증을 받아야 한다.
안전인증의 절차	승강기 등의 제조·수입업자가 모델별 승강기 등에 대한 안전인증을 받으려는 경우에는 다음 각 호의 심사 및 시험을 거쳐야 한다. ① 설계심사: 승강기 등의 기계도면, 전기회로 등 행정안전부장관이 정하여 고시하는 기술도서가 승강기 안전기준에 맞는지를 심사하는 것 ② 안전성시험: 승강기 등이 승강기 안전기준에 맞는지를 확인하기 위해 시험하는 것 ③ 공장심사: 승강기 등을 제조하는 공장의 설비 및 기술능력 등 제조체계가 승강기공장심사기준에 맞는지를 심사하는 것
승강기 등의 정기심사	승강기안전인증을 받은 승강기 및 승강기부품이 안전인증기준에 맞는지를 확인하기 위하여 행정안전부장관이 실시하는 승강기 및 승강기부품에 대한 심사를 승강기 및 승강기 안전부품의 안전인증을 받은 날부터 3년마다 받아야 한다.
승강기 등의 자체심사	승강기 및 승강기부품안전인증을 받은 후 제조하거나 수입하는 같은 모델의 승강기에 대하여 안전성에 대한 자체심사를 하고, 그 기록을 작성하고 5년간 보관하여야 한다.
판매중지 등 명령	행정안전부장관은 승강기 및 안전부품이 안전인증을 받지 않는 등 의무 위반에 해당하는 경우 그 승강기 및 안전부품의 제조·수입업자, 판매업자 등에 대하여 그 승강기안전부품의 개선·파기·수거 또는 판매중지(이하 "판매중지 등"이라 한다)를 명할 수 있다.
강제처분	행정안전부장관은 판매중지 등의 명령에 따르지 아니한 경우 소속 공무원에게 해당 승강기안전부품 또는 승강기를 직접 파기하거나 수거하게 할 수 있다. 이 경우 그 비용은 해당 업자가 부담한다.

13

승강기의 설치 및 안전관리

1 승강기의 설치

설치신고	설치공사업자는 승강기의 설치를 끝냈을 때에는 행정안전부령으로 정하는 바에 따라 관할 시·도지사에게 그 사실을 신고하여야 한다.
설치검사	① 승강기의 제조·수입업자는 설치를 끝낸 승강기에 대하여 행정안전부장관이 실시하는 설치검사를 받아야 한다. ② 승강기의 제조·수입업자 또는 관리주체는 설치검사를 받지 아니하거나 설치검사에 불합격한 승강기를 운행하게 하거나 운행하여서는 아니 된다.

2 승강기의 안전관리자

선임	① 관리주체는 승강기 운행에 대한 지식이 풍부한 사람을 승강기 안전관리자로 선임하여 승강기를 관리하게 하여야 한다. 다만, 관리주체가 직접 승강기를 관리하는 경우에는 그러하지 아니하다. ② 관리주체는 승강기 안전관리자(관리주체가 직접 승강기를 관리하는 경우에는 그 관리주체를 말한다)를 선임하였을 때에는 행정안전부령으로 정하는 바에 따라 3개월 이내에 행정안전부장관에게 그 사실을 통보하여야 한다.
지도·감독	관리주체(관리주체가 승강기 안전관리자를 선임하는 경우에만 해당한다)는 승강기 안전관리자가 안전하게 승강기를 관리하도록 지도·감독하여야 한다.
승강기 관리 교육	관리주체는 승강기 안전관리자로 하여금 선임 후 3개월 이내에 승강기관리교육을 받게 하여야 한다. 다만, 관리주체가 직접 승강기를 관리하는 경우에는 그 관리주체(법인인 경우에는 그 대표자를 말한다)가 승강기관리교육을 받아야 한다.
보험 가입	관리주체는 승강기의 사고로 승강기 이용자 등 다른 사람의 생명·신체 또는 재산상의 손해를 발생하게 하는 경우 그 손해에 대한 배상을 보장하기 위한 보험(이하 "책임보험"이라 한다)에 가입하여야 한다.

보충학습

➤ 책임보험

1. 책임보험의 종류는 승강기 사고배상책임보험 또는 승강기 사고배상책임보험과 같은 내용이 포함된 보험으로 한다.
2. 책임보험은 다음 각 호의 어느 하나에 해당하는 시기에 가입하거나 재가입해야 한다.
   ① 법 제28조 제1항에 따른 설치검사를 받은 날
   ② 관리주체가 변경된 경우 그 변경된 날
   ③ 책임보험의 만료일 이내
3. 책임보험의 보상한도액은 다음 각 호의 기준에 해당하는 금액 이상으로 한다. 다만, 지급보험금액은 ①의 경우를 제외하고는 실손해액을 초과할 수 없다.
   ① 사망의 경우에는 1인당 8천만원. 다만, 사망에 따른 실손해액이 2천만원 미만인 경우에는 2천만원으로 한다.
   ② 부상의 경우에는 1인당 상해 등급별 보험금액에서 정하는 금액
   ③ 부상의 경우 후유장애가 생긴 경우에는 1인당 후유장애 등급별 보험금액에서 정하는 금액
   ④ 재산피해의 경우에는 사고당 1천만원
4. 책임보험에 가입한 관리주체는 책임보험 판매자로 하여금 책임보험의 가입 사실을 가입한 날부터 14일 이내에 승강기안전종합정보망에 입력하게 해야 한다.

3 승강기의 자체점검

실 시	관리주체는 승강기의 안전에 관한 자체점검을 월 1회 이상 하고, 그 결과를 양호, 주의관찰 또는 긴급수리로 구분하여 자체점검 후 10일 이내에 승강기안전종합정보망에 입력해야 한다.
운행중지	관리주체는 자체점검 결과 승강기에 결함이 있다는 사실을 알았을 경우에는 즉시 보수하여야 하며, 보수가 끝날 때까지 해당 승강기의 운행을 중지하여야 한다.
면 제	다음의 어느 하나에 해당하는 승강기에 대해서는 자체점검의 전부 또는 일부를 면제할 수 있다. ① 승강기안전인증을 면제받은 승강기 ② 안전검사에 불합격한 승강기 ③ 안전검사가 연기된 승강기 ④ 그 밖에 새로운 유지관리기법의 도입 등 대통령령으로 정하는 사유에 해당하여 자체점검의 주기 조정이 필요한 승강기

13

대 행	관리주체는 자체점검을 스스로 할 수 없다고 판단하는 경우에는 승강기의 유지관리를 업으로 하기 위하여 등록을 한 자로 하여금 이를 대행하게 할 수 있다.

4 승강기의 안전검사

1. 안전검사의 유형

관리주체는 승강기에 대하여 행정안전부장관이 실시하는 다음의 안전검사를 받아야 한다.

유 형	내 용
정기검사	1. 설치검사 후 정기적으로 하는 검사. 이 경우 검사주기는 2년 이하로 하되, 다음의 사항을 고려하여 행정안전부령으로 정하는 바에 따라 승강기별로 검사주기를 다르게 할 수 있다. (1) 승강기의 종류 및 사용 연수 (2) 중대한 사고 또는 중대한 고장의 발생 여부 (3) 그 밖에 행정안전부령으로 정하는 사항(즉, 승강기가 설치되는 건축물 또는 고정된 시설물의 용도) 2. 정기검사의 검사주기 등 (1) 정기검사의 검사주기는 1년(설치검사 또는 직전 정기검사를 받은 날부터 매 1년을 말한다)으로 한다. (2) 위 (1)에도 불구하고 다음 각 호의 어느 하나에 해당하는 승강기의 경우에는 정기검사의 검사주기를 직전 정기검사를 받은 날부터 다음 각 호의 구분에 따른 기간으로 한다. ① 설치검사를 받은 날부터 25년이 지난 승강기: 6개월 ② 승강기의 결함으로 중대한 사고 또는 중대한 고장이 발생한 후 2년이 지나지 않은 승강기: 6개월 ③ 다음의 엘리베이터: 2년 　㉠ 화물용 엘리베이터 　㉡ 자동차용 엘리베이터 　㉢ 소형화물용 엘리베이터(Dumbwaiter) ④ 「건축법 시행령」에 따른 단독주택에 설치된 승강기: 2년 (3) 정기검사의 검사기간은 정기검사의 검사주기 도래일 전후 각각 30일 이내로 한다.

수시검사	다음의 어느 하나에 해당하는 경우에 하는 검사 ① 승강기의 종류, 제어방식, 정격속도, 정격용량 또는 왕복운행거리를 변경한 경우(변경된 승강기에 대한 검사의 기준이 완화되는 경우 등 행정안전부령으로 정하는 경우는 제외한다) ② 승강기의 제어반 또는 구동기를 교체한 경우 ③ 승강기에 사고가 발생하여 수리한 경우(승강기의 결함으로 중대한 사고 또는 중대한 고장이 발생한 경우는 제외한다) ④ 관리주체가 요청하는 경우
정밀안전 검사	다음의 어느 하나에 해당하는 경우에 하는 검사. 이 경우 아래의 ③에 해당할 때에는 정밀안전검사를 받고, 그 후 3년마다 정기적으로 정밀안전검사를 받아야 한다. ① 정기검사 또는 수시검사 결과 결함의 원인이 불명확하여 사고 예방과 안전성 확보를 위하여 행정안전부장관이 정밀안전검사가 필요하다고 인정하는 경우 ② 승강기의 결함으로 중대한 사고 또는 중대한 고장이 발생한 경우 ③ 설치검사를 받은 날부터 15년이 지난 경우 ④ 그 밖에 승강기 성능의 저하로 승강기 이용자의 안전을 위협할 우려가 있어 행정안전부장관이 정밀안전검사가 필요하다고 인정한 경우

2. 재검사

관리주체는 안전검사를 받지 아니하거나 안전검사에 불합격한 승강기를 운행할 수 없으며, 운행을 하려면 안전검사에 합격하여야 한다. 이 경우 관리주체는 안전검사에 불합격한 승강기에 대하여 안전검사에 불합격한 날부터 4개월 이내에 안전검사를 다시 받아야 한다.

3. 안전검사의 면제

행정안전부장관은 다음의 구분에 따른 승강기에 대해서는 해당 안전검사를 면제할 수 있다.

1. 제18조 제1호부터 제3호까지의 어느 하나에 해당하여 승강기안전인증을 면제받은 승강기: 안전검사
2. 제32조 제1항 제3호에 따른 정밀안전검사를 받았거나 정밀안전검사를 받아야 하는 승강기: 해당 연도의 정기검사

13

4. 승강기설치검사와 안전검사의 대행

대행기관	행정안전부장관은 설치검사 또는 안전검사의 업무를 다음의 자로 하여금 대행하게 할 수 있다. 다만, 아래 ②에 따른 법인·단체 또는 기관에 대해서는 정기검사 업무의 일부를 대행하게 할 수 있다. ① 한국승강기안전공단 ② 정기검사 업무의 대행기관으로 지정받은 법인·단체 또는 기관
지정검사기관	행정안전부장관은 승강기 안전관리와 관련된 업무를 수행하는 법인·단체 또는 기관 중 대통령령으로 정하는 지정기준을 갖춘 법인·단체 또는 기관을 행정안전부령으로 정하는 바에 따라 정기검사 업무의 대행기관(이하 "지정검사기관"이라 한다)으로 지정할 수 있다.

5 승강기의 유지관리업

등록기관	승강기 유지관리를 업으로 하려는 자는 행정안전부령으로 정하는 바에 따라 시·도지사에게 등록하여야 한다.
결격사유	① 피성년후견인 또는 피한정후견인 ② 파산선고를 받고 복권되지 아니한 자 ③ 이 법을 위반하여 징역 이상의 실형을 선고받고 그 집행이 끝나거나(집행이 끝난 것으로 보는 경우를 포함한다) 집행이 면제된 날부터 2년이 지나지 아니한 자 ④ 이 법을 위반하여 형의 집행유예를 받고 그 유예기간 중에 있는 자 ⑤ 등록이 취소(① 또는 ②에 해당하여 등록이 취소된 경우는 제외한다)된 후 2년이 지나지 아니한 자 ⑥ 대표자가 ①부터 ⑤까지의 어느 하나에 해당하는 법인
등록취소	시·도지사는 유지관리업자가 다음의 어느 하나에 해당하는 경우에는 유지관리업의 등록을 취소하거나 6개월 이내의 기간을 정하여 그 사업의 전부 또는 일부의 정지를 명할 수 있다. 다만, ①·② 또는 ④에 해당하는 경우에는 등록을 취소하여야 한다. ① 거짓이나 그 밖의 부정한 방법으로 유지관리업의 등록을 한 경우(필연적 등록취소) ② 사업정지명령을 받은 후 그 사업정지기간에 유지관리업을 한 경우(필연적 등록취소) ③ 제39조 제2항에 따른 등록기준을 충족하지 못하게 된 경우

등록취소	④ 유지관리업의 결격사유의 어느 하나에 해당하는 경우(필연적 등록취소) ⑤ 제42조를 위반하여 유지관리 업무를 하도급한 경우 ⑥ 제43조 제1항을 위반하여 월간 유지관리 승강기 대수를 초과하여 유지관리 업무를 한 경우 ⑦ 제43조 제2항을 위반하여 관리주체의 용역 제공 요청을 정당한 사유 없이 거부하거나 회피한 경우 ⑧ 유지관리를 잘못하여 제48조 제1항에 따른 중대한 사고 또는 중대한 고장이 발생한 경우
과징금	위의 등록취소사유 중 ③ 또는 ⑤부터 ⑧까지의 어느 하나에 해당하여 사업정지를 명하여야 하는 경우로서 그 사업의 정지가 이용자 등에게 심한 불편을 주거나 공익을 해칠 우려가 있는 경우에는 사업정지 처분을 갈음하여 1억원 이하의 과징금을 부과할 수 있다.

6 중대한 사고 · 중대한 고장

중대한 사고 (사망, 7일 이내 1주 이상 입원, 3주 이상 치료)	1. 사망자가 발생한 사고 2. 사고 발생일부터 7일 이내에 실시된 의사의 최초 진단결과 1주 이상의 입원 치료가 필요한 부상자가 발생한 사고 3. 사고 발생일부터 7일 이내에 실시된 의사의 최초 진단결과 3주 이상의 치료가 필요한 부상자가 발생한 사고	관리주체는 지체 없이 안전공단에게 통보 ⇨ 안전공단 ⇨ 행정안전부장관, 시·도지사, 승강기사고조사위원회 보고
중대한 고장	1. 엘리베이터 및 휠체어리프트: 다음의 경우에 해당하는 고장 ① 출입문이 열린 상태로 움직인 경우 ② 출입문이 이탈되거나 파손되어 운행되지 않는 경우 ③ 최상층 또는 최하층을 지나 계속 움직인 경우 ④ 운행하려는 층으로 운행되지 않은 고장으로서 이용자가 운반구에 갇히게 된 경우(정전 또는 천재지변으로 인해 발생한 경우는 제외한다)	지체 없이 한국승강기안전공단에게 통보

중대한 고장	⑤ 운행 중 정지된 고장으로서 이용자가 운반구에 갇히게 된 경우(정전 또는 천재지변으로 인해 발생한 경우는 제외한다) ⑥ 운반구 또는 균형추(均衡鎚)에 부착된 매다는 장치 또는 보상수단(각각 그 부속품을 포함한다) 등이 이탈되거나 추락된 경우 2. 에스컬레이터: 다음의 경우에 해당하는 고장 ① 손잡이 속도와 디딤판 속도의 차이가 행정안전부장관이 고시하는 기준을 초과하는 경우 ② 하강 운행 과정에서 행정안전부장관이 고시하는 기준을 초과하는 과속이 발생한 경우 ③ 상승 운행 과정에서 디딤판이 하강 방향으로 역행하는 경우 ④ 과속 또는 역행을 방지하는 장치가 정상적으로 작동하지 않은 경우 ⑤ 디딤판이 이탈되거나 파손되어 운행되지 않은 경우

7 기술자의 경력신고 및 교육

기술자
①·②·⑧ 업무에 종사하는 기술자

안전관리기술자
③·④·⑤·⑥·⑦ 업무에 종사하는 기술자

경력신고	다음의 어느 하나에 해당하는 업무에 종사하는 기술자로서 대통령령으로 정하는 기술자(이하 "기술자"라 한다)는 행정안전부령으로 정하는 바에 따라 근무처·경력 및 자격 등(이하 "경력 등"이라 한다)에 관한 사항을 행정안전부장관에게 신고하여야 한다. 신고한 사항이 변경되었을 때에도 또한 같다. ① 승강기나 승강기부품의 제조 또는 수입 ② 유지관리 ③ 부품안전인증 ④ 승강기안전인증 ⑤ 설치검사 ⑥ 자체점검 ⑦ 안전검사 ⑧ 그 밖에 승강기 안전관리에 관한 업무로서 대통령령으로 정하는 업무(즉, 승강기설계자문, 설치공사업 및 그 감리)

기술자의 교육	행정안전부장관은 다음의 업무에 종사하는 기술자에 대하여 행정안전부장관이 실시하는 승강기의 제조·설치 및 유지관리 등에 관한 기술교육을 받게 할 수 있다. ① 승강기나 승강기부품의 제조 또는 수입 ② 유지관리 ③ 그 밖에 승강기 안전관리에 관한 업무로서 대통령령으로 정하는 업무
안전관리 기술자의 직무교육	승강기의 부품안전인증·승강기안전인증·설치검사·자체점검·안전검사업무에 종사하는 기술자 즉, "안전관리기술자"를 고용하고 있는 사용자는 그 안전관리기술자로 하여금 행정안전부장관이 실시하는 승강기 안전관리에 관한 직무교육을 이수하도록 하여야 한다.
교육주기· 교육시간	① 기술교육과 직무교육의 주기는 각각 3년으로 한다. ② 기술교육과 직무교육의 시간은 각각 28시간으로 한다.

8 한국승강기안전공단

설 립	행정안전부장관의 업무를 위탁받거나 대행하여 승강기 안전관리에 관한 사업의 추진과 승강기 안전에 관한 기술의 연구·개발 및 보급 등을 위하여 한국승강기안전공단(이하 "공단"이라 한다)을 설립한다.
사 업	① 승강기 안전에 관한 조사·연구 및 기술 개발 ② 승강기 안전에 관한 교육·홍보 ③ 부품안전인증 및 승강기안전인증 업무의 대행 ④ 설치검사 및 안전검사 업무의 대행 ⑤ 승강기 기술인력의 양성 및 관리 ⑥ 승강기 안전에 관한 정보의 종합관리와 자료의 수집·발간 및 제공 ⑦ 승강기 안전에 관한 국제 교류 및 협력 ⑧ 승강기 안전에 관한 진단 또는 컨설팅 등의 수탁업무 ⑨ 이 법 또는 다른 법령에 따라 대행하거나 위탁받은 업무 ⑩ 그 밖에 공단의 설립목적을 달성하기 위하여 필요한 사업으로서 공단의 정관으로 정하는 사업
법적성격	① 공단에 관하여 이 법 및 「공공기관의 운영에 관한 법률」에서 규정한 사항을 제외하고는 「민법」 중 재단법인에 관한 규정을 준용한다. ② 공단은 법인으로 한다.
성립시기	공단은 주된 사무소의 소재지에서 설립등기를 함으로써 성립한다.

13

9 승강기사업자 협회

설 립	승강기사업자는 승강기 안전산업의 건전한 발전과 승강기사업자의 공동 이익을 위하여 승강기사업자 협회(이하 "협회"라 한다)를 설립할 수 있다.
인 가	① 협회를 설립하려면 회원 자격이 있는 승강기사업자 5명 이상이 발기하고, 회원 자격이 있는 승강기사업자 중 대통령령으로 정하는 수 이상의 동의를 받아 창립총회에서 정관을 작성한 후 행정안전부장관에게 인가를 신청하여야 한다. ② 행정안전부장관은 신청을 인가하면 그 사실을 공고하여야 한다.
법적성격	① 협회는 법인으로 한다. ② 협회에 관하여 이 법에서 규정한 사항을 제외하고는 「민법」 중 사단법인에 관한 규정을 준용한다.
성립시기	협회는 주된 사무소의 소재지에서 설립등기를 함으로써 성립한다.

10 승강기안전종합정보망

구축 · 운영	행정안전부장관은 승강기의 안전과 관련된 정보를 종합적으로 관리하기 위하여 승강기안전종합정보망을 구축 · 운영할 수 있다.
입 력	인증 또는 검사를 하는 자는 그 인증 또는 검사의 결과를 인증 또는 검사 후 5일 이내에 승강기안전종합정보망에 입력하여야 한다. ① 부품안전인증 : 승강기안전부품 안전기준 ② 승강기안전인증 : 승강기 안전기준 ③ 설치검사 : 제28조 제3항에 따른 설치검사의 기준 및 방법 ④ 안전검사 : 제32조 제4항에 따른 안전검사의 기준 및 방법
승강기 번호표지 부착	① 행정안전부장관은 승강기안전종합정보망을 구축 · 운영하기 위해 설치검사를 받은 승강기마다 고유한 번호(이하 "승강기번호"라 한다)를 부여하고, 그 승강기번호가 새겨진 표지를 해당 승강기의 제조 · 수입업자에게 발급해야 한다. ② 승강기번호가 새겨진 표지를 발급받은 자는 그 표지를 해당 승강기에 즉시 부착해야 한다.

M·E·M·O

집합건물의 소유 및
관리에 관한 법률

총 설

1 용 어

구분소유권	건물부분(공용부분으로 된 것은 제외한다)을 목적으로 하는 소유권
구분소유자	구분소유권을 가지는 자
전유부분	구분소유권의 목적인 건물부분
공용부분	전유부분 외의 건물부분, 전유부분에 속하지 아니하는 건물의 부속물 및 공용부분으로 된 부속의 건물
건물의 대지	전유부분이 속하는 1동의 건물이 있는 토지 및 건물의 대지로 된 토지
대지사용권	구분소유자가 전유부분을 소유하기 위하여 건물의 대지에 대하여 가지는 권리
	구분소유자의 대지사용권은 그가 가지는 전유부분의 처분에 따른다.
	구분소유자가 둘 이상의 전유부분을 소유한 경우에는 각 전유부분의 처분에 따르는 대지사용권은 제12조에 규정된 비율(전유부분의 면적의 비율)에 따른다. 다만, 규약(공정증서)으로 달리 정할 수 있다.
	대지 위에 구분소유권의 목적인 건물이 속하는 1동의 건물이 있을 때에는 그 대지의 공유자는 그 건물의 사용에 필요한 범위의 대지에 대하여는 분할을 청구하지 못한다.
	구분소유자가 상속인 없이 사망하거나 구분소유권을 포기한 때에는 전유부분과 대지사용권이 모두 국고에 귀속하게 된다.

2 건물의 구분소유

구분건물의 요건	구조상·이용상 독립성	구분건물이 되기 위해서는 객관적·물리적인 측면에서 우선 구분건물이 구조상·이용상의 독립성을 갖추어야 한다.
	구분건물 여부	구분건물로 할 것인지 여부는 특별한 사정이 없는 한 소유자의 의사에 의하여 결정된다.
상가건물 구분소유 요건	① 구분점포의 용도가 「건축법」의 판매시설 및 운수시설일 것 ② 경계를 명확하게 알아볼 수 있는 표지를 바닥에 견고하게 설치할 것 ③ 구분점포별로 부여된 건물번호 표지를 견고하게 붙일 것	

집합건물의 구분소유

1 공용부분

공용부분의 구분	**구조상 공용부분**	법률상 당연히 공용부분이 되는 것으로서, 건물의 복도·현관·승강기·계단·지하주차장
	규약상 또는 공정증서 상의 공용부분	공용부분이 될 수 없는 전유부분이나 부속건물을 규약 또는 공정증서에 의하여 공용부분으로 정할 수 있는데 관리사무소·노인정·차고 등이 있다.
지분권	① 각 공유자의 지분은 그가 가지는 전유부분의 면적 비율에 따른다. ② 공용부분에 대한 공유자의 지분은 그가 가지는 전유부분의 처분에 따른다.	
사 용	각 공유자는 공용부분을 그 용도에 따라 사용할 수 있다.	
변 경	공용부분의 변경에 관한 관리단집회의 결의	구분소유자의 3분의 2 이상 및 의결권의 3분의 2 이상
	공용부분의 개량이 지나치게 많은 비용이 드는 것이 아닌 경우	통상의 집회결의
	휴양 콘도미니엄의 공용부분 변경에 관한 사항인 경우	
	건물의 노후화 억제 또는 기능 향상 등을 위한 것으로서 구분소유권 및 대지사용권의 범위나 내용에 변동을 일으키는 변경	구분소유자의 5분의 4 이상 및 의결권의 5분의 4 이상
	공용부분의 변경이 다른 구분소유자의 권리에 특별한 영향을 미칠 때에는 그 구분소유자의 승낙을 받아야 한다.	
관 리	공용부분의 관리에 관한 사항은 그것이 공용부분의 변경에 이르는 것이 아닌 한 통상의 집회결의로서 결정한다. 다만, 관리에 관한 사항 중 보존행위만은 각 공유자가 단독으로 할 수 있다.	

채권의 효력	공유자가 공용부분에 대하여 다른 공유자에게 가지는 채권은 그의 특별승계인에 대하여도 행사할 수 있다.
흠의 추정	전유부분이 속하는 1동의 건물의 설치 또는 보존의 흠으로 인하여 다른 자에게 손해를 입힌 경우에는 그 흠은 공용부분에 존재하는 것으로 추정한다.
귀 속	공용부분은 구분소유자 전원의 공유에 속한다. 다만, 일부의 구분 소유자만의 공용하도록 제공되는 것임이 명백한 공용부분(이하 "일부공용부분"이라 한다)은 그들 구분소유자의 공유에 속한다.

2 관리단 및 관리인, 관리위원회

1. 관리단

관리단은 구분소유자 전원으로 구성된다. 구분소유자는 본인의 의사와 관계없이 법률의 규정에 의하여 당연히 구성원이 된다.

2. 관리인

구 성	구분소유자가 10인 이상일 때에는 관리단은 관리인을 선임하여야 하며, 관리인은 관리단의 업무를 집행하는 기관으로서의 성격을 지닌다.
선 임	관리인은 관리단집회의 결의로 선임되거나 해임된다. 다만, 규약으로 관리위원회의 결의로 선임되거나 해임되도록 정한 경우에는 그에 따른다.
점유자의 의결권	구분소유자의 승낙을 받아 전유부분을 점유하는 자는 관리단집회에 참석하여 그 구분소유자의 의결권을 행사할 수 있다. 다만, 구분소유자와 점유자가 달리 정하여 관리단에 통지하거나 구분소유자가 집회 이전에 직접 의결권을 행사할 것을 관리단에 통지한 경우에는 그러하지 아니하다.
해 임	관리인은 임기만료 전이라도 구분소유자 및 의결권의 각 과반수 결정으로 해임될 수 있다.
	부정한 행위나 그 밖에 그 직무를 수행하기에 적합하지 아니한 사정이 있을 때에는 각 구분소유자는 관리인의 해임을 법원에 청구할 수 있다.
기 능	대외적으로 관리단을 대표하는 기관이지만, 대내적으로 집합건물의 관리업무를 집행한다.

권한과 의무	① 공용부분의 보존·관리 및 변경을 위한 행위 ② 관리단의 사무집행을 위한 분담금액과 비용을 각 구분소유자에게 청구·수령하는 행위 및 그 금원을 관리하는 행위 ③ 관리단의 사업시행에 관련하여 관리단을 대표하여 행하는 재판상 또는 재판 외의 행위 ④ 그 밖에 규정에 정하여진 행위
보 고	① 관리인은 대통령령으로 정하는 바에 따라 매년 1회 이상 구분소유자에게 그 사무에 관한 보고를 하여야 한다. ② 관리인이 보고해야 하는 사무는 다음과 같다. 　㉠ 관리단의 사무집행을 위한 분담금액과 비용의 산정방법, 징수·지출·적립내역에 관한 사항 　㉡ ㉠ 외 관리단이 얻은 수입 및 그 사용 내역에 관한 사항 　㉢ 관리위탁계약 등 관리단이 체결하는 계약의 당사자 선정과정 및 계약조건에 관한 사항 　㉣ 규약 및 규약에 기초하여 만든 규정의 설정·변경·폐지에 관한 사항 　㉤ 관리단 임직원의 변동에 관한 사항 　㉥ 건물의 대지, 공용부분 및 부속시설의 보존·관리·변경에 관한 사항 　㉦ 관리단을 대표한 재판상 행위에 관한 사항 　㉧ 그 밖에 규약, 규약에 기초하여 만든 규정이나 관리단집회의 결의에서 정하는 사항 ③ 관리인은 규약에 달리 정한 바가 없으면 월 1회 구분소유자에게 관리단의 사무 집행을 위한 분담금액과 비용의 산정방법을 서면으로 보고하여야 한다. ④ 관리인은 정기 관리단집회에 출석하여 관리단이 수행한 사무의 주요 내용과 예산·결산 내역을 보고하여야 한다.
관리인의 대표권 제한	관리인의 대표권은 규약이나 관리단집회의 결의에 의하여 제한할 수 있다. 다만, 그 제한을 가지고 선의의 제3자에게 대항할 수 없다.

보충학습

▶ 임시관리인

1. 구분소유자, 그의 승낙을 받아 전유부분을 점유하는 자, 분양자 등 이해관계인은 선임된 관리인이 없는 경우에는 법원에 임시관리인의 선임을 청구할 수 있다.
2. 임시관리인은 선임된 날부터 6개월 이내에 관리인 선임을 위하여 관리단집회 또는 관리위원회를 소집하여야 한다.
3. 임시관리인의 임기는 선임된 날부터 관리인이 선임될 때까지로 하되, 규약으로 정한 임기를 초과할 수 없다.

3. 관리위원회

설 치	관리단에는 규약으로 정하는 바에 따라 관리위원회를 둘 수 있다.
위원의 선출	구분소유자 중에서 관리단집회의 결의에 의하여 선출한다. 다만, 규약으로 관리단집회의 결의에 관하여 달리 정한 경우에는 그에 따른다.
위원의 임기	위원의 임기는 2년의 범위에서 규약으로 정한다.
위원의 구성	① 위원은 선거구별로 선출할 수 있다. 이 경우 선거구 및 선거구별 관리위원회 위원의 수는 규약으로 정한다. ② 규약으로 관리위원회의 위원 선출에 대한 관리단집회의 결의에 관하여 달리 정하는 경우에는 구분소유자의 수 및 의결권의 비율을 합리적이고 공평하게 고려하여야 한다. ③ 관리위원회에는 위원장 1명을 두며, 위원장은 관리위원회의 위원 중에서 선출하되 관리단집회의 결의에 의하여 선출한다. 다만, 규약으로 관리단집회의 결의에 관하여 달리 정한 경우에는 그에 따른다. ④ 관리위원회의 위원은 규약에서 정한 사유가 있는 경우에 해임할 수 있다. 관리위원회 위원의 해임 방법에 관하여는 선거구별로 해임할 수 있다. 구분소유자 중에서 관리단집회의 결의에 의하여 해임한다. 다만, 규약으로 관리단집회의 결의에 관하여 달리 정한 경우에는 그에 따른다.
위원의 결격사유	다음의 어느 하나에 해당하는 사람은 관리위원회의 위원이 될 수 없다. ① 미성년자, 피성년후견인 ② 파산선고를 받은 자로서 복권되지 아니한 사람 ③ 금고 이상의 형을 선고받고 그 집행이 끝나거나 그 집행을 받지 아니하기로 확정된 후 5년이 지나지 아니한 사람(과실범은 제외한다) ④ 금고 이상의 형을 선고받고 그 집행유예 기간이 끝난 날부터 2년이 지나지 아니한 사람(과실범은 제외한다) ⑤ 집합건물의 관리와 관련하여 벌금 100만원 이상의 형을 선고받은 후 5년이 지나지 아니한 사람 ⑥ 관리위탁계약 등 관리단의 사무와 관련하여 관리단과 계약을 체결한 자 또는 그 임직원 ⑦ 관리단에 매달 납부하여야 할 분담금을 3개월 연속하여 체납한 사람

소 집	① 관리위원회의 위원장은 필요하다고 인정할 때에는 관리위원회를 소집할 수 있다.
	② 관리위원회의 위원장은 다음의 어느 하나에 해당하는 경우에는 관리위원회를 소집하여야 한다.
	㉠ 관리위원회 위원 5분의 1 이상이 청구하는 경우
	㉡ 관리인이 청구하는 경우
	㉢ 그 밖에 규약에서 정하는 경우
	③ 관리위원회의 위원장이 청구일부터 2주일 이내의 날을 회의일로 하는 소집통지 절차를 1주일 이내에 밟지 아니하면 소집을 청구한 사람이 관리위원회를 소집할 수 있다.
	④ 관리위원회를 소집하려면 회의일 1주일 전에 회의의 일시, 장소, 목적사항을 구체적으로 밝혀 각 관리위원회 위원에게 통지하여야 한다. 다만, 이 기간은 규약으로 달리 정할 수 있다.
	⑤ 관리위원회는 관리위원회의 위원 전원이 동의하면 소집 절차를 거치지 아니하고 소집할 수 있다.
의결방법	① 관리위원회의 의사는 규약에 달리 정한 바가 없으면 관리위원회 재적위원 과반수의 찬성으로 의결한다.
	② 관리위원회 위원은 질병, 해외체류 등 부득이한 사유가 있는 경우 외에는 서면이나 대리인을 통하여 의결권을 행사할 수 없다.
운 영	① 규약에 달리 정한 바가 없으면 다음의 순서에 따른 사람이 관리위원회의 회의를 주재한다.
	㉠ 관리위원회의 위원장
	㉡ 관리위원회의 위원장이 지정한 관리위원회 위원
	㉢ 관리위원회의 위원 중 연장자
	② 관리위원회 회의를 주재한 자는 관리위원회의 의사에 관하여 의사록을 작성·보관하여야 한다.
	③ 이해관계인은 관리위원회의 의사록을 보관하는 자에게 관리위원회 의사록의 열람을 청구하거나 자기 비용으로 등본의 발급을 청구할 수 있다.

3 규약 및 관리단집회

1. 규 약

규약의 범위	① 건물과 대지 또는 부속시설의 관리 또는 사용에 관한 구분소유자들 사이의 사항 중 이 법에서 규정하지 아니한 사항은 <u>규약</u>으로써 정할 수 있다. ② 일부공용부분에 관한 사항으로써 구분소유자 전원에게 이해관계가 있지 아니한 사항은 구분소유자 전원의 규약에 따로 정하지 아니하면 일부공용부분을 공용하는 구분소유자의 규약으로써 정할 수 있다.
표준 규약	특별시장·광역시장·특별자치시장·도지사 및 특별자치도지사(이하 '<u>시·도지사</u>'라 한다)는 「집합건물의 소유 및 관리에 관한 법률」을 적용받는 건물과 대지 및 부속시설의 효율적이고 공정한 관리를 위하여 대통령령으로 정하는 바에 따라 표준규약을 마련하여 보급하여야 한다.
규약의 설정·변경·폐지	① 규약의 설정·변경 및 폐지는 관리단집회에서 <u>구분소유자의 4분의 3 이상 및 의결권 4분의 3 이상</u>의 찬성을 얻어서 한다. 이 경우 규약의 설정·변경 및 폐지가 일부 구분소유자의 권리에 특별한 영향을 미칠 때에는 그 구분소유자의 승낙을 받아야 한다. ② 일부공용부분에 관한 사항으로 구분소유자 전원의 이해에 관계가 없는 사항에 관한 구분소유자 전원의 규약의 설정·변경 또는 폐지는 그 일부공용부분을 공용하는 <u>구분소유자의 4분의 1</u>을 초과하는 자 또는 <u>의결권의 4분의 1을 초과</u>하는 의결권을 가진 자가 반대할 때에는 할 수 없다.
효 력	규약 및 관리단집회의 결의는 구분소유자의 특별승계인에 대하여도 효력이 있다.
보 관	규약은 관리인 또는 구분소유자나 그 대리인으로서 건물을 사용하고 있는 자 중 1인이 보관하여야 하며, 그 보관자는 규약에 다른 규정이 없으면 관리단집회의 결의로써 정한다.

2. 관리단집회

구 성	관리단집회는 구분소유자 전원으로 구성된다. 구분소유자의 승낙을 받아 전유부분을 점유하는 자는 관리단집회의 구성원은 아니나, 집회의 목적사항에 관하여 이해관계가 있는 경우에는 관리단집회에 출석하여 의견을 진술할 수 있다.	
권 한	관리단의 사무는 「집합건물의 소유 및 관리에 관한 법률」 또는 규약으로 관리인에게 위임한 사항 외에는 관리단집회의 결의에 따라 수행한다.	
의 장	관리단집회의 의장은 관리인 또는 집회를 소집한 구분소유자 중 연장자가 된다. 다만, 규약에 특별한 규정이 있거나 관리단집회에서 다른 결의를 한 경우에는 그러하지 아니하다.	
구 분	정기 관리단집회	관리인은 매년 회계연도 종료후 3개월 이내에 정기관리단집회를 소집하여야 한다.
	임시 관리단집회	① 관리인은 필요하다고 인정할 때에는 관리단집회를 집할 수 있다. ② 구분소유자의 5분의 1 이상이 회의의 목적사항을 구체적으로 밝혀 관리단집회의 소집을 청구하면 관리인은 관리단집회를 소집하여야 한다. ③ 소집의 청구가 있은 후 1주일 내에 관리인이 청구일로부터 2주일 이내의 날을 관리단집회일로 하는 소집통지절차를 밟지 아니하면 소집을 청구한 구분소유자가 관리단집회를 소집할 수 있다. ④ 관리인이 없는 경우에는 구분소유자의 5분의 1 이상은 관리단집회를 소집할 수 있다. 이 정수는 규약으로 감경할 수 있다.
소 집	① 관리단집회를 소집하려면 관리단집회일 1주일 전에 회의의 목적사항을 구체적으로 밝혀 각 구분소유자에게 통지하여야 한다. 다만, 이 기간은 규약으로 달리 정할 수 있다. ② 전유부분을 여럿이 공유하는 경우 통지는 관리단집회에서 정해진대로 의결권 행사할 1인(그가 없을 때에는 공유자의 1인)에게 통지하여야 한다. ③ 관리단집회는 구분소유자 전원이 동의하면 소집절차를 거치지 아니하고 소집할 수 있다.	

집회의 결의	결의사항	① 관리단집회는 통지한 사항에 관하여만 결의할 수 있다. ② 관리단집회의 결의에 관하여 특별한 정수가 규정된 사항을 제외하고는 규약으로 달리 정할 수 있다.
	의결권	① 각 구분소유자의 의결권은 규약에 특별한 규정이 없으면 지분비율에 따른다. ② 전유부분을 여럿이 공유하는 경우에는 공유자는 관리단집회에서 의결권을 행사할 1인을 정한다.
	의결방법	① 관리단집회의 의사는 또는 규약에 특별한 규정이 없으면 구분소유자의 과반수 및 의결권의 과반수로써 의결한다. ② 의결권은 서면이나 전자적 방법으로 또는 대리인을 통하여 행사할 수 있다.
통상적 의결정족수		① 공용부분의 개량이 지나치게 많은 비용이 드는 것이 아닌 경우 ② 휴양 콘도미니엄의 공용부분 변경에 관한 사항인 경우
특별 의결정족수	구분소유자 및 의결권의 각 3분의 2 이상의 결의	공용부분의 변경
	구분소유자 및 의결권의 각 4분의 3 이상의 결의	① 규약의 설정·변경·폐지 ② 공동의 이익을 해하는 구분소유자에 대한 사용금지청구 ③ 공동의 이익을 해하는 구분소유자에 대한 경매청구 ④ 공동의 이익을 해하는 점유자에 대한 계약의 해제 및 전유부분의 인도청구
	구분소유자 및 의결권의 각 5분의 4 이상의 결의	① 건물의 노후화 억제 또는 기능 향상 등을 위한 것으로서 구분소유권 및 대지사용권의 범위나 내용에 변동을 일으키는 공용부분의 변경 ② 재건축의 결의 ③ 건물가격의 2분의 1을 초과하는 일부 멸실의 복구

14

서면이나 전자적 방법 또는 서면과 전자적 방법으로 합의	구분소유자의 5분의 4 이상 및 의결권의 5분의 4 이상이 서면이나 전자적 방법 또는 서면과 전자적 방법으로 합의	관리단집회에서 결의한 것으로 간주
	휴양 콘도미니엄의 공용부분 변경에 관한 사항의 경우 구분소유자의 과반수 및 의결권의 과반수가 서면이나 전자적 방법 또는 서면과 전자적 방법으로 합의	
결의 취소의 소	구분소유자는 다음의 어느 하나에 해당하는 경우에는 집회 결의 사실을 안 날부터 6개월 이내에, 결의한 날부터 1년 이내에 결의취소의 소를 제기할 수 있다. ① 집회의 소집 절차나 결의 방법이 법령 또는 규약에 위반되거나 현저하게 불공정한 경우 ② 결의 내용이 법령 또는 규약에 위배되는 경우	

집합건물분쟁조정위원회

구 성	「집합건물의 소유 및 관리에 관한 법률」을 적용받는 건물과 관련된 분쟁을 심의·조정하기 위하여 특별시·광역시·특별자치시·도 또는 특별자치도(이하 '시·도'라 한다)에 집합건물분쟁조정위원회(이하 '조정위원회'라 한다)를 둔다.	
	조정위원회의 구성	조정위원회는 위원장 1명과 부위원장 1명을 포함한 10명 이내의 위원으로 구성한다.
	소위원회의 구성	조정위원회에는 분쟁을 효율적으로 심의·조정하기 위하여 3명 이내의 위원으로 구성되는 소위원회를 둘 수 있다.
심의· 조정 사항	① 「집합건물의 소유 및 관리에 관한 법률」을 적용받는 건물의 하자에 관한 분쟁. 다만, 「공동주택관리법」에 따른 공동주택의 담보책임 및 하자보수 등과 관련된 분쟁은 제외한다. ② 관리인·관리위원의 선임·해임 또는 관리단·관리위원회의 구성·운영에 관한 분쟁 ③ 공용부분의 보존·관리 또는 변경에 관한 분쟁 ④ 관리비의 징수·관리 및 사용에 관한 분쟁 ⑤ 규약의 제정·개정에 관한 분쟁 ⑥ 재건축과 관련된 철거, 비용분담 및 구분소유권 귀속에 관한 분쟁 ⑦ 그 밖에 「집합건물의 소유 및 관리에 관한 법률」을 적용받는 건물과 관련된 분쟁으로서 대통령령으로 정한 분쟁	
위원의 자격	조정위원회의 위원은 집합건물분쟁에 관한 법률지식과 경험이 풍부한 사람으로서 다음의 어느 하나에 해당하는 사람 중에서 <u>시·도지사가 임명하거나 위촉</u>한다. 이 경우 ① 및 ②에 해당하는 사람이 각각 <u>2명</u> 이상 포함되어야 한다(소위원회는 ① 및 ②에 해당하는 사람이 각각 1명 이상 포함되어야 한다). ① 법학 또는 조정·중재 등의 분쟁조정 관련 학문을 전공한 사람으로서 대학에서 조교수 이상으로 3년 이상 재직한 사람 ② 변호사 자격이 있는 사람으로서 3년 이상 법률에 관한 사무에 종사한 사람 ③ 건설공사, 하자감정 또는 공동주택관리에 관한 전문적 지식을 갖춘 사람으로서 해당 업무에 3년 이상 종사한 사람 ④ 해당 시·도 소속 5급 이상 공무원으로서 관련 업무에 3년 이상 종사한 사람	

14

위원장	조정위원회의 위원장은 해당 시·도지사가 위원 중에서 임명하거나 위촉한다.	
위원의 임기	조정위원회 위원의 임기는 2년으로 한다.	
회 의	조정위원회	조정위원회는 재적위원 과반수의 출석과 출석위원 과반수의 찬성으로 의결
	소위원회	소위원회는 재적위원 전원 출석과 출석위원 과반수의 찬성으로 의결
조정신청	① 조정위원회는 당사자 일방으로부터 분쟁의 조정신청을 받은 경우에는 지체 없이 그 신청 내용을 상대방에게 통지하여야 한다. ② 통지를 받은 상대방은 그 통지를 받은 날부터 7일 이내에 조정에 응할 것인지에 관한 의사를 조정위원회에 통지하여야 한다.	
조정기간	① 조정위원회는 조정신청을 받으면 조정 불응 또는 조정의 불개시 결정이 있는 경우를 제외하고는 지체 없이 조정 절차를 개시하여야 하며, 신청을 받은 날부터 60일 이내에 그 절차를 마쳐야 한다. ② 조정위원회는 그 신청을 받은 날부터 60일 이내에 조정을 마칠 수 없는 경우에는 조정위원회의 의결로 그 기간을 30일의 범위에서 한 차례만 연장할 수 있다.	
당사자의 수락여부 통보	조정안을 제시받은 당사자는 제시받은 날부터 14일 이내에 조정안의 수락 여부를 조정위원회에 통보하여야 한다. 이 경우 당사자가 그 기간 내에 조정안에 대한 수락 여부를 통보하지 아니한 경우에는 조정안을 수락한 것으로 본다.	
조정의 중지	조정위원회는 당사자 중 일방이 소를 제기한 경우에는 조정을 중지하고 그 사실을 상대방에게 통보하여야 한다.	
조정의 효력	당사자 간에 조정서와 같은 내용의 합의가 성립된 것으로 본다.	
하자진단 등의 요청	조정위원회는 당사자의 신청으로 또는 당사자와 협의하여 대통령령으로 정하는 안전진단기관, 하자감정전문기관 등에 하자진단 또는 하자감정 등을 요청할 수 있다.	
하자판정 요청	조정위원회는 당사자의 신청으로 또는 당사자와 협의하여 「공동주택관리법」에 따른 하자심사·분쟁조정위원회에 하자판정을 요청할 수 있다.	

2024 제27회 시험대비 전면개정판

박문각 주택관리사 핵심요약집 2차 주택관리관계법규

초판인쇄 | 2024. 4. 10. **초판발행** | 2024. 4. 15. **편저** | 강경구 외 박문각 주택관리연구소
발행인 | 박 용 **발행처** | (주)박문각출판 **등록** | 2015년 4월 29일 제2015-000104호
주소 | 06654 서울시 서초구 효령로 283 서경 B/D 4층 **팩스** | (02)584-2927
전화 | 교재 주문 (02)6466-7202, 동영상문의 (02)6466-7201

판 권
본 사
소 유

정가 25,000원

ISBN 979-11-6987-968-2 | ISBN 979-11-6987-967-5(2차 세트)